U0569007

中国人民大学
中国社会发展研究报告 2022
区域发展的乡村社会基础

RENMIN UNIVERSITY OF CHINA
RESEARCH REPORTS ON CHINA SOCIAL DEVELOPMENT 2022
FOUNDATIONS OF RURAL SOCIETY OF REGIONAL DEVELOPMENT

主　　编　张建明　洪大用　刘少杰
执行主编　董运生

中国人民大学出版社
·北京·

中国人民大学发展研究报告
编委会

主　任　刘　伟
副主任　王利明
委　员（按姓氏笔画排序）
　　　　　马　中　　王利明　　毛基业　　刘　伟
　　　　　刘大椿　　刘元春　　杜晓勇　　李路路
　　　　　杨伟国　　杨瑞龙　　吴晓求　　陈　岳
　　　　　郝立新　　贺耀敏　　袁　卫　　郭庆光
　　　　　郭庆旺　　董克用　　韩大元　　温铁军

出版说明

2002年以来，中国人民大学年度系列发展报告（即《中国人民大学中国社会发展研究报告》、《中国人民大学中国经济发展研究报告》和《中国人民大学中国人文社会科学发展研究报告》）的出版发行，引起了社会各界和广大读者的广泛关注，产生了较大的社会影响，成为我校一个重要的学术品牌。

中国人民大学系列发展报告的各个子报告均由编委会负责审定选题、整体框架、主要内容和编写体例，组织有关专家召开研讨会，审核报告的写作提纲。各报告实行主编负责制，主编由校学术委员会主任、秘书长会议确定，学校聘任；主编聘请副主编或执行副主编。各报告根据主题，分别聘请相关部门的领导和知名学者担任顾问。中国人民大学社会学理论与方法研究中心、中国人民大学中国经济改革与发展研究院和中国人民大学人文社会科学发展研究中心分别作为《中国人民大学中国社会发展研究报告》、《中国人民大学中国经济发展研究报告》和《中国人民大学中国人文社会科学发展研究报告》的依托单位，在组织和写作方面发挥了主要作用。

根据实际情况及学者建议，学校对年度系列发展报告进行了一些调整。2010年，《中国人民大学中国法律发展报告》开始列入年度系列发展报告。2012年，学校在上述系列发展报告的基础上推出了"研究报告系列"，涉及经济、社会、新闻和教育等学科，拓展了研究领域。现在，报告的编写出版工作已纳入学校的年度科研计划,成为一项常规性工作。2014年,学校根据"研究报告系列"发展的实际情况,决定不再出版《中国人民大学中国经济发展研究报告》和《中国人民大学中国人文社会科学发展研究报告》。

  由于报告所涉及的问题大多具有重大、复杂和前沿性的特点,加上写作与出版周期较短及研究水平的局限,尽管我们尽了努力,报告中的不足或易引起争议的地方仍在所难免。欢迎专家和学者批评指正。

中国人民大学发展研究报告编委会
2023年7月1日

目　录

导论　积极优化区域发展的社会基础 …………………………… 1
　一、研究社会基础的结构论和空间论 …………………………… 1
　二、区域发展社会基础的构成与分析 …………………………… 3
　三、优化区域发展社会基础的重要途径 ………………………… 6
第一章　区域发展的研究现状与乡村社会基础 ………………… 11
　一、区域发展的研究现状 ………………………………………… 11
　二、区域发展中的乡村建设和乡村研究 ………………………… 21
　三、乡村建设中的技术治理 ……………………………………… 29
　四、激活乡村建设的社会基础 …………………………………… 37
第二章　乡村耕地经营权流转的社会基础
　　　　——基于耕地经营权与规模化的考察 ………………… 42
　一、耕地产权制度结构逐渐完善 ………………………………… 42
　二、耕地经营权流转概况 ………………………………………… 45
　三、流转成就、存在问题及其原因 ……………………………… 55
　四、结语：加强耕地经营权流转的社会基础建设 ……………… 62
第三章　新乡村建设的组织基础
　　　　——基于山东烟台经验的实地考察 …………………… 70

· 1 ·

一、新乡村组织建设的关注 ………………………………… 70
二、新型复合式乡村社区组织体系是乡村组织振兴的目标 …… 74
三、新型复合式乡村社区组织体系建设的烟台实践 ………… 77
四、结语：完善新乡村建设的组织建构 …………………… 87

第四章　激活乡村社会发展的动力基础
　　　　——基于山东曹县淘宝村的典型考察 ……………… 89
一、主体与空间：乡村社会基础的重要内容 ……………… 89
二、激活乡村社会的主体活力 ……………………………… 91
三、激活乡村社会的空间动力 ……………………………… 97
四、内生动力：主体与空间的多元互动 …………………… 106
五、结语：激活乡村社会发展的主体活力与空间动力 …… 108

第五章　乡村社会发展的秩序基础
　　　　——关于陇东地区乡村社会基础的考察 …………… 110
一、乡村社会团结的现实经验与研究问题 ………………… 110
二、乡村社会团结的内生型秩序 …………………………… 115
三、乡村社会团结的行政嵌入型秩序 ……………………… 121
四、乡村社会团结秩序性力量的场域建构 ………………… 125
五、结语：推进内生外嵌型秩序的形成与维系 …………… 131

第六章　文旅融合特色村落的空间基础
　　　　——基于东北乡村旅游重点村的实地考察 ………… 133
一、文旅融合特色村落的产生背景 ………………………… 134
二、文献简述与空间视角下的理论新探 …………………… 135
三、文旅融合特色村落的建设过程 ………………………… 139
四、文旅融合特色村落的空间基础 ………………………… 143
五、结语：完善东北乡村振兴发展的社会基础 …………… 152

第七章　乡村"三治"融合路径优化的人力基础
　　　　——基于皖北乡村青年群体的实地考察 …………… 156
一、乡村社会"三治"融合体系亟待青年人力支持 ………… 157
二、青年群体助力乡村社会"三治"融合现状 ……………… 159
三、乡村"三治"融合中的青年群体参与困境 ……………… 167
四、青年助力乡村社会治理路径优化的国内外经验 ……… 173

五、青年群体助力乡村"三治"融合的路径优化 …… 177
第八章　城乡收入差距缩小的社会基础
　　　　——基于浙江省城乡居民收入差异的考察 …… 182
　　一、浙江城乡居民收入差距的现状 …… 184
　　二、浙江城乡居民收入差距缩小的物质基础 …… 189
　　三、浙江城乡居民收入差距缩小的制度基础 …… 195
　　四、浙江城乡居民收入差距缩小的群众基础 …… 202
　　五、结语：夯实共同富裕建设的社会基础 …… 209
第九章　乡村振兴的平台和技术基础
　　　　——基于农民网商与电商平台关系的视角 …… 211
　　一、农民网商为何依附于电商平台？ …… 212
　　二、电商平台建构强势地位与关系的机制 …… 215
　　三、农民网商摆脱平台依附关系的制约因素 …… 219
　　四、结语：营造乡村振兴的平台和技术基础 …… 223

后　记 …… 225

Contents

Introduction Actively Optimizing the Social Foundations of Regional Development 1
1. Structural and Spatial Theories of Social Foundations 1
2. Composition and Analysis of the Social Foundations of Regional Development 3
3. Important Ways to Optimize the Social Foundations of Regional Development 6

Chapter 1 Status Quo of Research in Regional Development and the Social Foundations of the Countryside 11
1. Status Quo of Research on Regional Development 11
2. Rural Construction and Rural Studies in Regional Development ... 21
3. Technological Governance in Rural Construction 29
4. Activating the Social Foundations of Rural Construction 37

Chapter 2 The Social Foundations of Rural Farmland Operation Right Circulation: An Examination of the Farmland Operation Right and Its Scale 42
1. Gradual Improvement of the System Structure of Farmland

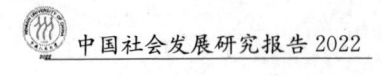

Property Right ········ 42

2. Overview of the Farmland Operation Rights Circulation ········ 45

3. Achievements, Problems and Causes of Circulation ········ 55

4. Conclusion: Strengthening the Social Infrastructure of the Farmland Operation Rights Circulation ········ 62

Chapter 3　Organizational Basis of New Countryside Construction: A Field Study of Yantai Practice in Shandong Province ········ 70

1. Concerns about the Organizational Construction of New Countryside ········ 70

2. New Composite Rural Community Organization System as the Goal of Rural Organization Vitalization ········ 74

3. The Practice of Yantai in the Construction of New Composite Rural Community Organization System ········ 77

4. Conclusion: Improving the Organizational Construction of New Countryside Construction ········ 87

Chapter 4　Activating the Driving Forces of the Rural Social Development: A Case Study of Taobao Village in Cao County, Shandong Province ········ 89

1. Entities and Space: Important Elements of the Foundation of Rural Society ········ 89

2. Activating the Vitality of the Entities of Rural Society ········ 91

3. Activating the Spatial Drives of Rural Society ········ 97

4. Endogenous Drives: The Multiple Interactions between the Main Forces and Spatial Drives ········ 106

5. Conclusion: Activating the Vitality of the Entities and Spatial Drives in the Development of Rural Society ········ 108

Chapter 5　The Order Foundations in the Development of Rural Society: A Study of the Rural Society in Longdong Region ········ 110

1. The Practical Experience and Research Issues of Rural Social Solidarity ········ 110

2. The Endogenous Order of Rural Social Solidarity ········ 115

3. The Administrative Embedded Order of Rural Social
   Solidarity ·· 121
4. The Field Construction of the Orderly Force of Rural Social
   Solidarity ·· 125
5. Conclusion: Promoting the Formation and Maintenance of
   Endogenous and Exogenous Order ·· 131

**Chapter 6 The Spatial Foundation of Cultural Tourism Integration
Featured Villages: A Field Study of the Key Tourism Villages
in Northeast China** ··· 133

1. The Background of Cultural Tourism Integration Featured
   Villages ·· 134
2. Literature Review and a Theoretical Exploration from the Spatial
   Perspective ··· 135
3. The Construction Process of Cultural Tourism Integration Featured
   Villages ·· 139
4. The Spatial Foundation of Culture Tourism Integration Featured
   Villages ·· 143
5. Conclusion: Improving the Social Foundation of Northeast China's
   Rural Revitalization ·· 152

**Chapter 7 The Manpower Base for Optimizing the Integration Path of
"Three Governance" in Rural Villages: A Field Study of
Rural Youth Groups in Northern Anhui** ···················· 156

1. The Integration of "Three Governance" in Rural Society Calls for
   Urgent Support from Youth Manpower ··· 157
2. Status Quo of Youth Groups Helping Rural Society to Integrate the
   "Three Governance" ··· 159
3. The Participation Dilemma of Youth Groups in the Integration of
   "Three Governance" in Rural Areas ··· 167
4. Domestic and Foreign Experiences of Young People Assisting in
   Optimizing the Path of Rural Social Governance ···························· 173
5. Optimizing the Path for Youth Groups to Help the Integration of

· 3 ·

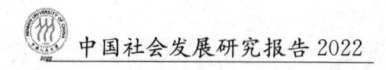

"Three Governance" in Rural Areas ……………………………… 177

Chapter 8　The Social Foundations for Narrowing the Income Gap between Urban and Rural Areas: An Examination of the Income Disparity between Urban and Rural Residents in Zhejiang Province …………………………………………………………… 182

1. The Current Situation of Income Disparity between Urban and Rural Residents in Zhejiang Province ……………………… 184
2. The Material Foundations for Narrowing the Income Disparity between Urban and Rural Residents in Zhejiang Province ………… 189
3. The Institutional Foundations for Narrowing the Income Disparity between Urban and Rural Residents in Zhejiang Province ………… 195
4. The Mass Foundations for Narrowing the Income Disparity between Urban and Rural Residents in Zhejiang Province ………………… 202
5. Conclusion: Tamping the Social Foundation of Building Common Prosperity …………………………………………………… 209

Chapter 9　The Platform and Technical Foundation of Rural Vitalization: From the Perspective of the Relationship between Farmers' Online Business and E-Commerce Platforms …………………… 211

1. Why Are Farmers' Online Business Dependent on E-Commerce Platforms? ………………………………………………… 212
2. The Mechanism for Building Strong Positions and Relationships on E-Commerce Platforms ………………………………………… 215
3. Constraints for Farmers' Online Business to Get Rid of Dependency Relationship ……………………………………………… 219
4. Conclusion: Building the Platform and Technical Foundation for Rural Vitalization ……………………………………………… 223

Afterword ……………………………………………………………… 225

Abstract

The 2022 *Research Report on China Social Development* centers around the theme of "Optimizing the Rural Social Foundations of Regional Development". It comprises an introductory chapter and nine sub-reports. The introductory chapter, titled "Actively Optimizing the Social Foundations of Regional Development" provides a comprehensive overview of the annual report's theme, while the nine sub-reports focus on different aspects of rural social development, including organizational, driving forces, orderly, spatial and group foundations.

In the introductory chapter, the author highlights that while numerous regional development strategies and goals have been proposed by the central government, many scholars have overlooked the social foundation of regional development. They have focused mainly on economic development and market integration, neglecting the significance of the social dimension. However, the Beijing—Tianjin—Hebei region, for instance, is not merely a geographic area but also a social space with immense diversity, comprising millions of people. This diversity contributes to the vitality of regional development but also creates unbalanced and uncoordinated issues that hinder it.

The author then provides a theoretical analysis of the structural and spatial theories of social foundations. The former delves deeply into the elements of society, but this approach can sometimes obscure the overall state of the social foundation, making it difficult to achieve a holistic understanding. In contrast, the latter, based on phenomenology, considers the diversity and hierarchy of the spatial location of social foundations, the locality and difference of their spatial scope, the integrity and interaction of the spatial relations, and the physicality and representation of the spatial perception. This approach offers a clearer presentation of social foundations, both in academic research and in daily perception of the living world.

Next, the author analyzes the composition of the social foundations of regional development, arguing that they are composed of grassroots social elements that support and advance regional development. The social foundation is judged on its ability to provide stable support and advance vitality to regional development. The author suggests that the study of the social foundation of regional development should be carried out from the perspective of spatial theory, comparing institutional relations and urban and rural community structures, similar to the "community analysis" advocated by Fei Xiaotong. This approach enables a holistic understanding of the social foundation and reveals its important role in the imbalance of regional development.

The author then discusses ways to optimize the social foundations of regional development. The methods used should address the main issues faced by the region. For example, one common problem in several large development regions in China today is the unbalanced and uncoordinated development, which is directly related to the unbalanced development of its social foundations. The advancement of digitalization and networking has the potential to overcome spatial restrictions caused by geographical boundaries, local scopes, and administrative divisions, thereby achieving the transcendence of the imbalance in economic, political, cultural, social, and ecological development.

In rural areas, the central government is actively promoting the digital countryside strategy, which aims to address the imbalance in regional and urban-rural development through digital and network development. This requires rural cadres and people to improve their ability to learn and use digital and network technologies to achieve rural revitalization. In cities, it is necessary to adjust the existing social construction and social governance models, recognize the dominant position of professional groups in urban grassroots society, and integrate the social entity vitality of professional groups into urban society to mobilize their enthusiasm to participate in and support regional development.

On the Internet, countless network groups have formed a new grassroots society in urban space, which is a new social basis for economic, political, cultural, social, and ecological development and a new social basis for promoting regional development that should be emphasized and actively optimized. The challenge that remains is how to optimize the very active and massive network groups, enhance and expand the positive energy in them that can support regional development, and cultivate a new type of digital, networked, and intelligent social foundation with vigorous vitality for high-quality development.

Chapter 1 provides an overview of current research on regional development and the foundation of rural society from a holistic perspective. It consists of four main parts.

The first part discusses the current state of research on regional development from different disciplinary perspectives. It analyzes the factors and mechanisms of coordinated regional development, as well as the economic and social effects of regional integration. The authors note that significant regional development disparities exist due to differences in social foundations, including institutional reasons such as administrative division and policies, as well as differences among regional development factors. Therefore, promoting coordinated regional development requires specific analysis based on the actual situation of each region.

The second part covers rural construction and rural studies in regional development, focusing on four aspects: the theoretical construction of rural development, the direction of rural development, the research of the main subjects of rural construction, and rural regional development in urban-rural relations. In recent years, the academic community has increasingly discussed the rural construction movement in the People's Republic of China. Scholars have summarized the historical experience of rural construction and enriched the theoretical system of rural construction. However, rural construction involves various aspects of rural society, such as politics, economy, culture, and the main body, making it a complex project. Therefore, clarifying the development direction and basic issues of rural construction is essential. Scholars have proposed various approaches in selecting rural development paths due to the complexity of the rural situation and differences in perspectives. The problem of rural movement and rural Villagers' immobility has always plagued rural construction from the perspective of subjects forces of construction. Discussions have been held on activating the vitality of rural society, and research has been conducted on the relationship between multiple subjects in rural governance. Scholars have also studied the imbalance of rural development and the difference of rural development between regions from the urban-rural perspective. The integrated development of urban and rural areas is the path to realizing the development of rural modernization.

The third part focuses on technology governance in rural construction. the "Internet+" has integrated with agriculture, rural education, rural culture, and rural medical care, influencing the development and changes of rural production, life, and ecology. Scholars from disciplines such as sociology, journalism, political science, and economics have explored the impact of the Internet on rural culture, economy, and governance using qualitative research methods. They have identified the current development status and problems of the Internet and digital technology in rural areas and have provided theoretical and practical insights into rural construction. This part includes research on rural culture in the context of "Internet+", the study of rural economy under digital technology, and the investigation of rural governance in digital form.

The fourth part aims to activate the social foundations of rural construction. It proposes a comprehensive approach to activate the social foundation of the countryside, including improving the construction of the digital countryside and strengthening the countryside construction. Additionally, this part examines the mechanism to activate the participation of the subjects of rural construction. It includes research on the external incentives and organizational system guarantees that drive the subjects to participate in rural construction. However, academia has not given enough attention to the cultivation of farmers' intrinsic digital literacy and its role in the development of the digital countryside.

Chapter 2 examines the circulation of farmland operation rights and large-scale operation in agriculture. The author starts by discussing the development process of the structure of the farmland property rights system. He argues that we must adhere to the collective ownership of rural farmland to avoid greater political risks. At the same time, the author analyzes the development history of the farmland property rights structure and points out that the arrangement of the property rights structure with the separation of ownership, contracting, and operation rights is a major innovation of the rural farmland system.

There are multiple contradictions and conflicts in the circulation of operation rights of farmland, and the author suggests taking a series of measures to promote its healthy development. The author then provides an overview of the circulation of farmland operation rights from five aspects: the proportion of area circulated, the spatial distribution of circulation, the main modes of circulation, the main types of circulation, and the distribution of the subjects of circulation and the uses of circulation.

In the next section, the author introduces the achievements, problems, and causes of the circulation of farmland operation rights. While the transfer of farmland operation rights has had some positive effects such as alleviating the abandonment of farmland, promoting the increase of farmers' income, and promoting the modernization of agriculture, there are also certain problems in this process. Small disputes can develop into conflicts, and when the conflicts accumulate to a certain extent and cannot be resolved, there is a possibility of group incidents. In addition to these risks, there are also a series of risks in the circulation of operation rights and the process of scale operation itself, which can bring negative consequences and hazards to the whole society, farmers' families, and scale operators. The causes of these problems are multiple, including imperfect relevant institutions, unsound governance institutional mechanisms, relatively lagging agricultural finance and insurance, and excessive penetration of capital logic. One of the fundamental reasons behind these causes is the weakness or absence of the required social foundation.

Finally, the author considers how to strengthen the social infrastructure for the healthy circulation of farmland operation rights and moderate scale operation in China. He suggests establishing the dominant position of farmers, strengthening the construction of villagers' self-governed organizations, fostering legitimate social groups in villages, and constructing a composite governance mechanism in villages.

Chapter 3 uses the rural construction in Yantai City, Shandong Province as an example to discuss the organizational foundation of new rural construction. In this region, the construction of the new composite rural organization system is based on the development and expansion of the new rural collective economy as the link. The village party organization is the core, while the village collective economic organization and the village committee self-governing organization act as the two wings. The endogenous village organization is a supplement, and the grassroots political organization is the support.

The effective integration of rural grassroots party construction and the development of the new type of collective economy in Yantai City has accumulated valuable experience in promoting the construction of new villages in China. This is of great significance to the rural society, the vast peasant groups, and even the comprehensive promotion of the localized practice of rural revitalization strategy. It also better explains the possible practical path and development direction of rural organization construction in the new era. The case village described by authors shows that through the development and expansion of the new-type collective economy led by the Party branch, the village-level organization and the villagers can establish close interest links. The village collective and individual farmers can effectively realize equity-based and labor-based interest linkage and relationship coordination mechanisms, thus constructing a new rural community of interest that ultimately realizes the organization of farmers and the construction of villages.

The new composite community organization system manifests the one-nucleus multiplicity of governance subjects and the consultation and co-management of pluralistic subjects. The mutual embeddedness of village Party organizations and new collective economy is the core element to realize rural organization revitalization.

Chapter 4 discusses the driving forces of rural social development based on a case study of Taobao Village in Cao County, Shandong Province. The author believes that the activation and optimization of rural social foundation is the key link to promote rural revitalization and enhance the level of regional development.

In the rural social foundation, the subjects and space are important elements. The investigation of Taobao Village in Cao County shows that the subjects of rural society in Cao County include rural capable people, villagers, and the government, while the space is mainly embodied in geographic space, social space, representational space, and network space. The close connection and full interaction among these three subjects, as well as the close interaction with the four spaces, are important forces for the rural revitalization and regional economic development in Cao County.

The vitality of the rural social subjects in Cao County is mainly manifested in the economic advancement, the role models of rural capable people, and the strong support of the government. The driving force of the rural social space in Cao County is mainly manifested in the provision of material elements by the geographic space, the construction of relationship networks by the social space, the activation of action base by the representational space, and the optimization of resource structure by the network space. The endogenous driving force of the development of rural society in Cao County mainly originates from the benign interaction of three subjects, the construction and production of four spaces, and the multifaceted interaction between subjects and spaces.

Analyzing the generation and composition of endogenous driving force of rural social development in Cao County through the key clues of "subjects" and "space" can provide relevant experience for the development of rural society in other regions.

Chapter 5 examines the development and transformation of rural society in GaoBai Town, located in Longdong. The author explores the basis of rural social development and how new order forces emerge and engage in mutual construction and mutual game, resulting in various patterns of China's rural social development during the transition period.

The state and its grassroots power have dissolved the factors that maintained traditional rural order over the past more than 70 years. As a result, when the state's power forcefully enters the countryside and establishes an overwhelming dominance, the traditional autonomy of rural areas is overshadowed, and rural society undergoes a movement-oriented leap.

Using institutional change theory, the author examines the construction and shaping of rural social order within a specific rural community social space with a certain social structure and network relationship. The author analyzes the relationships among individual villagers, between individuals and groups (village organizations), and among groups based on specific social situations or interests.

The goal is to understand and analyze how the original order form of rural society adapts and integrates new ones when the traditional elements of maintaining unity in rural society encounter the embedding of external administrative forces. The author explores the influence of external forces and the series of mutual constructions and games between internal and external forces that shape social solidarity and order maintenance of the village and its changes, resulting in different social order construction effects.

Chapter 6 presents a field study of key tourism villages in Northeast China, where the author discusses the spatial basis of cultural tourism integration featured villages. The integration of cultural tourism and rural revitalization has the potential to optimize and adjust the industrial structure in rural areas, promote local economic development, and bridge the gap between urban and rural development.

The integration of culture and tourism involves interpenetration, cross-integration, and reorganization of cultural tourism industries and related elements, which requires breaking down industrial boundaries or element fields to form new symbiotic relationships. As a result, the formation of culture and tourism integration featured villages has a multi-dimensional spatial attribute impact. To investigate this phenomenon, the author analyzes villages with cultural-tourism integration characteristics in Northeast China, looking at their transformation process and development status in terms of geographic space, social space, representational space, and network space.

The author explores the spatial basis in different dimensions, considering its use and limitations. From a systemic perspective, the author focuses on the interactive behaviors of social subjects and their internal logical relationships in different dimensions of space. The goal is to explain the process and internal laws of the integrated development of culture and tourism and clarify the imbalance in regional development between urban and rural areas.

Given the background of unbalanced development, the author analyzes how rural revitalization can be achieved through the integration of rural culture and tourism, examining the limitations of this approach. The author also analyzes the internal mechanism of culture and tourism integration from different spatial basis elements and the status quo and characteristics of the spatial basis in Northeast China. This provides first-hand research and realistic thinking in the context of the new era for the revitalization of Northeast rural areas.

Chapter 7 examines rural youth groups in northern Anhui Province and focuses on the manpower base for optimizing the integration paths of "three governance" in rural villages. In the author's view, grassroots governance is the cornerstone of national governance, and the coordinated promotion of township (jiedao) and urban-rural community governance is the basic project to realize the modernization of the national governance system and governance capacities. The core of rural social governance lies in the participation of multiple subjects, and the key to good governance lies in talents, especially young talents with advanced technology and innovative ideas.

However, with the in-depth advancement of supply-side structural reforms in rural society, there are still some problems that need to be overcome in the process of rural youth helping rural social governance, such as the outflow of rural elites, ordinary young and middle-aged labor, the lack of internal organization and cooperation in rural areas, the lack of self-confidence of farmers, the lack of capital, the serious shortage of agricultural resources, and the difficulties in increasing farmers' income.

Based on the background of the rural revitalization strategy, the author focuses on the theme of innovation of youth groups' contribution to the path of rural social governance. Based on detailed field research, the author explores the path of good governance in rural society from the integration of "three governance" namely autonomy, morality, and the rule of law. This provides necessary support for the effective promotion of the rural revitalization strategy in the new era and offers necessary action reference for youth participation in the implementation of the strategy. Additionally, suggestions are offered to deepen the modernization process of rural social governance system and governance capacity.

Chapter 8 discusses the social basis for the narrowing of the urban-rural income gap, starting with the income disparity between urban and rural residents in Zhejiang Province. In recent years, Zhejiang Province has achieved significant results in exploring solutions to the problem of unbalanced and inadequate development, and has the foundation and advantages to carry out the construction of a common prosperity demonstration zone, which cannot be achieved without a social foundation that can provide stable support for the development.

The social foundation of regional development is composed of grassroots social elements that can support and promote regional development and involves rich content. Therefore, based on the analysis of macro data at the provincial level, the author comprehensively and objectively understands the social foundation, strategic tasks, regional scope, and regional problems of

Abstract

Zhejiang Province's economic and social development, providing a prominent analysis and overview.

The author believes that the key to Zhejiang Province's ability to explore how to solve the problem of unbalanced and insufficient development is that Zhejiang Province has tapped its own advantages to reduce the urban-rural gap, regional gap, and income gap year by year. Focusing on the regional development strategy of common prosperity, the social foundation for the construction of common prosperity demonstration zone in Zhejiang Province mainly includes the spatial distribution of material foundation (finance, industrial structure, and economic model), institutional foundation (fiscal expenditure structure, equalization policy), and mass foundation (employment structure and entrepreneurial enthusiasm) in urban and rural areas. The existence of these basic social elements provides a steady stream of driving forces for the coordinated development of Zhejiang Province's economy and society.

Chapter 9 focuses on the online platforms that form the basis for the survival and development of farmers' businesses. It examines the relationship between farmers' online businesses and e-commerce platforms which are critical for their success in the rapidly developing field of rural e-commerce. Understanding the production relationship between these two entities is of great significance.

E-commerce platforms have established a dominant position through their data resources, technology, and financial capital. This has led to several comparative advantages, such as concentrated traffic, strong branding, and significant funds. The platforms also offer capabilities such as accurate data matching, technology empowerment, and currency digitization. However, while these advantages are beneficial to e-commerce platforms, they can also create dependencies of farmers' online businesses.

To combat this dependency, farmers' online businesses have explored various strategies, including expanding their scale, operating unofficially, and jumping to different platforms. However, factors such as talent, technology, and capital shortages, as well as consumption upgrades and platform disciplines, have limited their success.

To promote the high-quality development of farmers' online businesses, we need to bring together various stakeholders to strengthen the market capacity of these businesses. We should also guide e-commerce platforms to support farmers' online business development in targeted ways. Finally, the author reflects on the existing theories of the platform economy and suggests that the flexible nature of production relations is the real changes and challenges that the new organizational models such as the platform economy, digital, and sharing economies that bring to us.

导论　积极优化区域发展的社会基础

一、研究社会基础的结构论和空间论

只要提出或实施区域发展战略，就不可避免地凸显出地方社会具有无可置疑的基础地位。因为无论是京津冀地区、长三角地区，还是长江经济带、粤港澳大湾区，这些区域都不仅是特定的地理范围，更是几亿人口生活于其中、充满了多样性和差异性的社会空间。社会生活的多样性和差异性，既为区域发展带来了活力、注入了生机，也使区域发展产生了很多不平衡、不协调的问题。

在关于社会与经济的研究中，不仅有波兰尼、格兰诺维特等社会学家明确地论述了社会结构在经济关系或市场行为中的基础地位，就连充分论述了经济在社会发展中具有基础地位的马克思，也只是在归根结底的意义上强调了经济的决定作用，并认为思想观念或意识形态等非经济因素在某些条件下也对经济具有重要的反作用。波兰尼明确强调经济活动或市场行为一定是嵌入在社会结构之中的，必须在经济与社会互为基础的关系中看待社会的发展变迁。① 格兰诺维特在经济行动嵌入社会网络关系的论述中，更加深入地论述了社会关系的基础地位。②

社会学对社会关系或社会结构在发展中的基础地位有了明确认识，并且，大多数社会学家都像波兰尼和格兰诺维特等人那样从结构论视角对社会基础开展了分析式研究。结构论社会学在经济与社会的区别关系中清晰地论述了家庭、组织、阶级、阶层、社区、民族、国家以及制度、宗教和意识形态等社会构成要素的内容、形式与功能，阐述了这些构成要素的历史演化和发展变迁，并形成了专注于社会不同构成要素的专门性认识，建立了家庭社会学、组织社会学、社区社会学、制度社会学和民族社会学等名目繁多的分支学科。

分支社会学纷纷建立，持续繁荣，特别是到了 20 世纪中叶，结构主义走向鼎盛时期。在反对宏大叙事、主张通过具体叙事更加深入地分析社会具体构成的背景下，经典社会学确立的对社会开展整体性认识的理论承诺被进一步瓦解，社会学研究的碎片化、分散化进一步加剧。而这种趋势的直接结果之一便是，本来是作为整体存在的社会基础，在分支学科的视野中其整体联系被淹没，社会学家分别深入研究了家庭、组织、阶级、阶层和社区等社会构成要素，却未能在整体联系上阐明这些社会构成要素就是企业、市场或经济寻求发展而脱离不了的社会基础。

在社会学对社会基础开展结构论分析的同时，另一种关于社会基础的研究即由现象学推进的空间论的社会基础研究，也在不断地深入和展开。胡塞尔在 20 世纪 30 年代发出了哲学社会科学研究要回归日常生活世界的呼唤，而他所论述的"日常生活世界"就是未分化或非专业化的原初世界，相当于结构论社会学所论述的社区生活或基层社会，也就是最基本的社会基础。胡塞尔认为，经济、政治、文化等主题化生活和各种专业化领域，都是在日常生活世界基础之上派生出来或分化出来的，只有从日常生活世界出发、站在日常生活世界的立场，才能认清各种专门领域发展变迁的根本。

梅洛-庞蒂在坚持日常生活世界基础地位的前提下，进一步深化了现象学的空间论研究。梅洛-庞蒂认为，人们在生活世界所形成的知觉表象具有

---

① 刘少杰. 西方经济社会学史 [M]. 北京：中国人民大学出版社，2013.
② 同①.

首要的地位。知觉表象是身体对周围世界综合性和整体性感知的身心图式，是首要的、最基本的生命空间。正是根据知觉表象，人们形成了对社会空间的认识，并支配自己进入了社会空间，展开了丰富多彩的社会生活。梅洛-庞蒂的研究深化了对知觉表象等感性意识活动在基层社会的重要性的认识，更进一步说，他的观点启发了对社会基础的主观性特别是感性主观重要性的认识。

现象学的日常生活基础论和马克思主义社会学关注基层社会的观点，在列斐伏尔那里形成了汇合与发展。列斐伏尔承认日常生活的基础地位，但又认为人们在日常生活中的思维与心态需要得到提升，应当用辩证思维批判日常生活因商品化、物化和符号化而产生的社会异化，主张通过唤醒人们的批判意识提升人们的主体性，进而优化社会基础、推动社会发展进步。20世纪70年代，列斐伏尔对后工业社会来临后的城市改造开展了政治经济学的空间论批判，在关于基层群众空间位置、空间权利和空间表象的论述中，伸张了基层社会的空间正义。

总之，结构论和空间论的研究都关注了社会基础的地位与意义。结构论对社会构成要素的深入分析，虽然深化了对社会结构的分析认识，但却淡化了对社会基础整体状态的把握，以至人们难以通过结构论的分析式研究形成对社会基础的整体性认识。以现象学为基础的空间论研究，虽然不像结构论那样对社会基础的构成结构做了深入分析，但是空间论研究注重社会基础空间位置的多样性、层次性，空间范围的地方性和差异性，空间关系的整体性和互动性，空间感知的身体性和表象性，进而使社会基础比较清晰地呈现在学术研究的理论视野和生活世界的日常感知中。

二、区域发展社会基础的构成与分析

区域发展的社会基础是由可以支持和推进区域发展的基层社会要素构成的。一般说来，区域发展的社会基础包括基层社会中的社会资本、文化资本、人力资本、民间资本、社会群体、社会活力、社会心态、生活水准、社会保障和社会秩序等方面。区域发展的社会基础涉及的内容十分丰富，考察区域发展的社会基础，要根据区域发展的战略任务、区域范围、区域问题，做出突出重点的分析和概括。区域发展社会基础包含各种要素，判定是否为区域发展社会基础的构成要素的主要根据是，其能否给区域发展提供稳定支持和推进区域发展的活力。

上述社会基础所包含的内容，虽然近些年已经得到了社会学和相关学科的高度重视和深入研究，但它们没有将其作为具有密切内在联系和联动效应的、可以支持和促进区域发展乃至国家发展的社会基础加以考察和研究。研究者应当把这些结构论的研究成果放到空间关系中加以整合，实现对社会基础的整体性把握，以便更清楚地揭示其对经济、政治、文化和生态发展的基础地位和支撑作用。这种研究不仅对于在新形势下追求高质量发展、区域发展、一体化发展、区域振兴与区域开发等具有重大战略意义，而且对于突破社会学研究偏重社会构成要素的结构分析而缺乏对社会结构、社会活力和社会基础做出整体把握的局限具有重要的学术价值，是对社会学和相关学科在学术体系、学科体系和话语体系上的重要创新。

在空间论视角中开展区域发展的社会基础研究，相近于费孝通先生所倡导的"社区分析"。在《乡土中国》的后记中，费孝通提出了如何摆脱长期困扰社会学研究的边缘化问题，他认为一个有效的方式是在社区空间中分析社会生活的结构。"社会现象在内容上固然可以分成各个制度"，经济制度、政治制度和法律制度等分别构成了经济学、政治学和法学的研究对象，于是形成了各门具体的社会科学，而在各门具体科学的诞生过程中，社会学逐渐变成了剩余学科。社会学要想摆脱这种边缘化困境，可以从各种制度的关系和比较不同社区的结构开展研究。①

从各种制度的关系方面开展研究，不仅可以使社会学同专门研究各种制度的社会科学区分开来，有了其他学科不具备的学术视角，而且在制度关系中抓住了各种制度交叉的纽结，也就是抓住了制度纵横相交的交叉点，这些交叉点恰恰是各种具体科学未能关注的。如果社会学在各种制度的相交关系、会合关系中研究社会现象或社会问题，社会学就可以借此实现"从庭院走向堂奥"的变化。"从各制度的相互关系上着眼，我们可以看到全盘社会结构的格式。社会学在这里可以得到各个特殊的社会科学所留下的，也是它们无法包括的园地。"②

---

① 费孝通. 乡土中国 [M]. 上海：上海人民出版社，2006.
② 同①.

而要实现在制度关系中研究制度的纽结，看到"全盘社会结构的格式"，必须把这些制度关系或制度纽结放到社区空间中加以考察，并开展在社区时空坐落中的社区分析。"社区分析的初步工作是在一定时空坐落中去描画出一地方人民所赖以生活的社会结构。在这一层上可以说是和历史学的工作相通的。"① 在时空坐落或在一定历史条件下的空间范围中分析社区的各种制度关系或社会现象，强调了在这个视野中展开的各种社会构成要素的整体联系或空间关系，由此就可以在研究者的视野中呈现出支持或是限制区域发展的社会基础。

我们主张在乡村和城市社区开展区域发展的社会基础研究，其目的之一就是把社会资本、人力资本、民间资本和社会活力等支持和推进区域发展的社会要素，放到一个特定的空间范围中加以把握，由此可以清楚地认识"全盘社会结构的格式"，从整体联系上看清社区或乡村等基层社会对区域发展的支持或限制。"以全盘社会结构的格式作为研究对象，这对象并不能是概然性的，必须是具体的社区，因为联系着各个社会制度的是人们的生活，人们的生活有时空的坐落，这就是社区。每一个社区都有它的一套社会结构，各制度配合的方式。因之，现代社会学的一个趋势就是社区研究，也称作社区分析。"②

如前所论，虽然对如社会资本、人力资本、民间资本和社会活力等这些社会现象所开展的分门别类研究即结构论分析，深入到了这些社会结构的构成要素或对制度关系做出了深入分析，明确揭示了社会结构的本质特征、变化机制、运行模式和作用功能，但是，这种分析和研究如果固守所关注社会现象的要素结构分析，而不注意将分析的结果在诸如乡村或社区的某种空间范围里整合起来，则不仅难以看清其"全盘社会结构的格式"，而且也难以讲清这种具有整体联系的社会结构在区域发展中的基础地位和支撑作用。

在中国社会经过四十多年改革开放的发展，社会结构已经高度分化且出现严重不平衡问题的历史条件下，认识和评价社会基础的地位与作用，就更应当注重在局部空间或区域空间中开展整体联系的调查研究。譬如同是长三角地区，为什么在浙江出现了很多城里人已经"下不了乡、落不进

---

① 费孝通. 乡土中国[M]. 上海：上海人民出版社，2006.
② 同①.

户"的"美丽乡村",而在安徽却出现了很多青壮劳动力纷纷流向他乡的"空巢"村落?又如,2018年,浙江省户籍人口4 999.8万,常住人口5 737万,净流入人口737.2万;同年安徽省户籍人口7 082.9万,常住人口6 323.6万,净流出人口759.3万。① 浙江与安徽的人口的净流入和净流出差别如此之大,这意味着两个省的社会基础发生了巨大的变化。因为无论是流入还是流出的人口,几乎都是具有较强选择、进取甚至开拓能力的人。人口流入意味着该地区的社会基础在增强,而人口流出则意味着该地区的社会基础在削弱。如果在乡村或城市社区里考察这种人口流动,会更加清楚地了解特定空间范围中的社会基础是增强了还是削弱了。

类似这样在同一个区域中发生的具有明显差别的发展状况,虽然从地理位置、环境资源和经济发展等方面能找出很多重要根据,但地方的人力资本、社会资本、民间资本和社会活力等社会因素则具有更重要的基础地位。如果把这些基层的社会因素整体联系起来加以考察,则能明确揭示社会基础在区域发展中所起的重要作用。相反,如果分别论述社会基础各种构成要素在区域发展中的作用,那么同资本投入和市场机制等经济因素相比,其重要程度就无法相提并论了。

三、优化区域发展社会基础的重要途径

优化区域发展社会基础的途径是多样的,但哪些途径是比较重要的?是应当优先采取的?这要根据区域发展面临的主要问题去选择。就当前比较引人注目的几个较大地区的区域发展而言,普遍存在的问题首先是发展的不平衡、不协调问题。正是在这个意义上,中央强调了京津冀的协同发展、长三角的一体化发展、长江经济带发展和粤港澳大湾区发展的协同性和整体性联系,化解不平衡矛盾,实现协调的高质量发展。而这些地区存在的发展不平衡和不协调问题,与其社会基础的发展不平衡直接相关。

区域发展及其社会基础的不平衡,首先表现为在不同的地理环境、地

---

① 林小昭. 延迟退休脚步渐近,31省份各有多少劳动年龄人口?[EB/OL].(2020 - 12 - 07)[2024 - 03 - 01]. https://www.yicai.com/news/100867759.html.

方区位和行政区划中的发展差别。虽然不能简单地从这些空间边界来寻找区域发展不平衡的原因，但当这些空间区隔中的发展状态和社会基础呈现明显差别后，这些空间边界就成为区域发展不平衡的重要界限。

形成这种边界效应的原因很复杂，一方面在于区域中或区域间的空间边界对地理资源、地方文化和行政管理起着不可轻视的隔离、限制和管理的作用。这些作用不仅有可能就是区域发展不平衡形成的初始因素，而且还可能是使区域发展不平衡进一步扩大的助推因素。另一方面，当区域发展不平衡已经在经济、政治、文化、社会和生态等方面明显展现出来，社会成员清楚认识到此并在生活上已经明显感受到贫穷与富裕、先进与落后的差别效应时，人们不仅在心理上形成了认同和评价等方面的社会心态差别，而且也会在资源识别和机会寻求的驱动下形成由落后向先进地区的人口流动，导致区域发展及其社会基础不平衡的进一步扩大。

因此，通过何种途径超越区域发展空间边界的分割、落差和限制，成为化解区域发展及其社会基础不平衡矛盾的关键。在数字化和网络化的快速发展中，突破区域发展的空间界限、空间差别和空间不平衡的有效途径已经日见清晰地呈现出来，即可以通过数字化和网络化发展突破地理边界、地方范围和行政区划的空间边界限制，实现对经济、政治、文化、社会和生态等方面发展不平衡的超越。虽然这种超越并非简单易行，但是从数字技术和网络技术的本质特点和作用功能上看，只要充分发挥这些信息技术的作用，是可以有效地突破空间边界限制的。

中央和地方正在大力推进的数字乡村发展战略，其目标之一就是通过数字化和网络化发展，化解区域发展不平衡和城乡发展不平衡的矛盾。数字技术和网络技术是信息技术，其促进经济社会的发展是靠数据计算、信息交流和信息传递而发挥作用的，而通过互联网进行的数据计算和信息交流与传递，都不受地理边界和地方空间的限制，具有超越空间边界的强大功能。并且，各种发展要素一旦同互联网和数字化结合起来，也会形成超越空间边界的积极效应，诸如数字经济、电子商务、网络金融、网络经营、网络教育、网络医疗等，都已充分表现了网络化和数字化对空间边界的超越功能。

数字化和网络化发展是高质量的发展，对社会基础的依赖程度要远远高于工业化对社会基础的依赖程度。工业化是以工业生产技术的革新和应用为基础的，要求工人及技术人员对工业生产技术实现熟练的利用和控制，但工业生产技术对操作者的要求远不及数字技术和网络技术对从业者的要求复杂。虽然很多数字技术和网络技术在日常生活的使用中具有"人人都会用"的简单效应,但当将之用于寻求发展的数字化管理、网络化经营以及大数据应用时,问题就变得复杂起来。不具备一定程度的数字化操作技术和互联网开发运用能力,想把数字化和网络化作为突破空间边界限制的发展途径,是无法实现的。

正因如此,中央把数字乡村建设看成实现乡村振兴的重要战略,并且认为激活乡村主体,提高乡村干部和群众学习和运用数字技术和网络技术的能力,是实现数字乡村发展和乡村振兴目标的关键。2019年5月16日,中共中央办公厅和国务院办公厅印发的《数字乡村发展战略纲要》指出"充分发挥网络、数据、技术和知识等新要素的作用,激活主体、激活要素、激活市场,不断催生乡村发展内生动力",把激活主体放在催生数字乡村建设内在动力的首位,明确地指出了数字乡村建设是以乡村社会基础的优化为前提的。

在城市中,化解区域发展及其社会基础的不平衡问题比在乡村更加复杂。经过几十年的大规模城市化发展,中国城市发生了十分复杂的时空压缩与扩展。所谓时空压缩表现为变化速度加快和复杂程度提高,而时空扩展则表现为空间边界扩张和包含内容复杂分化。这些变化都增加了城市的社会矛盾和治理难度。为了应对这些变化,各级政府在城市社会治理中做了很多努力,其主要目标是加强社会治理、稳定社会秩序。诸如"网格化管理"等措施,虽然在稳定社会秩序方面取得了一定的成效,但同中央关于社会治理既要稳定秩序又要激发活力的目标相比还存在较大差距。

激发活力是为实现区域发展战略而加强城市社会基础建设的重要任务。持续稳定的社会秩序和积极向上的社会活力,是实现城市发展和区域发展两个不可或缺的要素。党和政府应当充分利用城市数字化和网络化迅速发展的有利条件,在城市社会的基层——居民社区开展以和谐秩序和积极活力并举为目标的高水平社会治理,把城市基层社会建设成支持高质量发展的社会基础。

区域发展的城市社会基础建设还有一个比较难以解决的问题是,虽然居民社区是城市的基层社会,但城市居民社区中的活动主体并不是城市发展的主体,而主要是离退休人员和学龄前儿童。城市发展的主体是户籍在社区、房产在社区、居住在社区,但社会活动不在社区的职业群体。从事各种活动的职业群体（包括在学校读书的学生），不仅他们在职场的活动不在社区，而且他们回到社区的家庭后，其社会活动主要也不在社区。他们或者是在社区之外的公共场所开展各种社会交往活动，或者是在互联网上开展形式多样、内容丰富的信息交流活动，亦即开展脱离社区空间的脱域活动。

就此而言，城市居民社区主要是社会边缘群体（离退休人员和学龄前儿童）活动的空间，而掌握城市发展资源、创造城市财富、推进城市发展的社会主体群体（职业群体）的主要社会活动不在城市居民社区之中。于是，对于居民社区的社会建设和社会治理，这部分社会主体群体难以发挥稳定社会秩序、激发社会活力的作用，为经济社会发展建设一个积极向上、秩序稳定的社会基础也就难以实现。因此，推进区域发展的社会基础优化还必须调整现有的社会建设和社会治理模式，明确认识职业群体的社会主体地位，把激发职业群体的社会主体活力，调动他们参与和支持区域发展的积极性，也纳入城市社会基础的建设任务中。

在数字化和网络化快速发展的新形势下，无论大、中、小城市都出现了大量难以计数的网络群体，这是一种崭新的社区现象，很多学者称之为"脱域社区"或"网络共同体"。微信群、QQ 群、抖音群、博客群、陌陌群……名目繁多，难以列数。这些展开形式多样、活动内容丰富的网络群体，虽然是通过数字技术或网络技术连接起来的，曾被一些人称为"虚拟群体"的网络群体，但其参与群体是社会生活的主体群体，其活动内容是同经济、政治、文化、社会和生态等各种现实生活紧密联系的，是人类社会数字化、网络化和智能化的表现形式。

无限丰富的网络群体，虽然其活动空间超越了物理社区和地方空间的限制，但作为广大社会成员热情投入、普遍参与的社会活动群体，已经构成了城市空间中的新基层社会。称之为新基层社会，是因为它是大多数城市居民广泛参与的日常生活形式，其活动内容同日常生活融为一体、无法分离。这种新基层社会展开了新的活动方式，并形成了新的经验基础——传递经验。更进一步说，以网络群体为表现形式的新基层社会，是经济、政治、文化、社会和生态发展的新社会基础，是推进区域发展应当加以重视和积极优化的新社会基础。

当我们说网络群体是区域发展的新社会基础时，并非认为所有的网络群体和网络群体中的全部因素都是支持区域发展的社会基础，而是说网络群体作为新基层社会,是社会基础存在的空间范围,其中包含了支持区域发展的社会资本、人力资本、社会心态和社会活力等社会基础的构成要素。需要进一步探索的问题是:如何优化十分活跃且海量存在的网络群体,提升和壮大其中可以支持区域发展的积极能量,为实现高质量发展培育具有旺盛活力的数字化、网络化和智能化的新型社会基础?

第一章　区域发展的研究现状与乡村社会基础

一、区域发展的研究现状

区域发展的相关文献最早可以追溯到 20 世纪 60 年代左右关于区域农业的研究，进入 21 世纪之后文献数量激增。对近几年的文献进行梳理后发现：从研究主题来看，区域发展的研究主要围绕着区域协调发展、区域差异和区域经济等方面展开，其中以区域经济为主题的研究居多；从研究趋势来看，区域一体化、区域协调发展、绿色发展、技术创新及长三角和粤港澳等规划区逐渐成为新的研究热点；从学科分布来看，涉及经济学、教育学、社会学、人口学、管理学等学科。区域发展研究或从宏观层面运用量化方法构造模型以反映区域之间的差异，把握区域整体发展面貌；或聚焦某一区域发展状况的研究，以促进地方区域协调发展。具体研究内容主要有以下几个方面：

（一）不同学科视角下的区域差异研究

学界对区域差异的研究成果较为丰硕，区域发展差异扩大化已成为学界共识。区域差异的研究视角包括区域发展差异的内涵与测量、区域差异的形成原因、区域差异的时空表现、区域差异的社会影响和存在的问题等。从学科视角来看，经济学多从宏观角度对某一区域内或区域间的经济差异进行计量分析；教育学多关注区域间教育发展不平衡问题；人口和经济空间格局的演变与区域差异的形成有密切关系，因此，人口学多以人口流动与分布来表征区域差异；随着区域经济一体化的发展，区域间的合作与联系逐渐紧密，也为府际治理机制与法律规制带来了挑战，所以，政治学和法学等学科分别从治理机制的建构与完善、区域法制协调等角度为促进区域协调发展展开研究；农学研究区域差异则较多关注区域农业的发展差异，以及区域发展对农业经济的影响；社会学多聚焦区域差异所衍生的社会问题，从社会结构和治理等方面对区域差异进行研究。

首先，区域发展差异的内涵与测量主要涉及经济学、人口学和教育学领域，学者往往采用量化的指标体系来测量区域发展现状，用与经济相关的指标系数和产业分布、教育布局以及人口状况衡量区域发展差异。刘夏明等以人均GDP作为地区收入的近似指标，用总基尼系数指标对地区差异进行测算，发现地区差异在20世纪90年代之后一直在扩大。[①] 李裕瑞等使用全国地级行政单元的数据资料构建指标体系，探讨了地级行政单元工业化、城镇化、信息化和农业现代化发展水平及其影响因素。[②] 教育学往往用教育规模、资金支持等指标反映区域差异，郑雁通过对浙江省11个地区高职院校的实证研究发现，高职教育在规模布局、财政经费投入方面存在不均衡现象。[③] 人口学常从人口与经济的相关性进行区域差异分析。陈蓉等从老龄化程度和速度两方面考察了人口老龄化区域差异及其演化趋势，认为地区资源配置和经济发展失衡导致的收入水平和就业机会不均衡使得欠发

---

① 刘夏明，魏英琪，李国平. 收敛还是发散？：中国区域经济发展争论的文献综述［J］. 经济研究，2004（7）.
② 李裕瑞，王婧，刘彦随，等. 中国"四化"协调发展的区域格局及其影响因素［J］. 地理学报，2014，69（2）.
③ 郑雁. 浙江省高等职业教育区域均衡发展实证研究［J］. 职业技术教育，2015，36（12）.

达地区老龄化速度更快、老龄化程度更高。①

其次,学界分别从经济增长、人口集聚和社会基础等方面对区域差异的形成原因进行了探讨,这些研究指出区域差异的形成原因主要有产业和物质资源分布不均引起的经济差距、人才和教育科技资源分布不均引起的教育差距、区域间差异引起的人口流动等,而且区域总体差距会随着区域间差距的扩大愈加显著。经济学主要围绕着区域经济差距的影响因素进行了分析。杜宇等从增长极的视角指出,南北地区在产业结构优化与新旧动能转换、国内外市场发展水平、人口和物质基础资源等要素承载能力方面的差异是导致南北经济差距扩大的重要原因。② 科技人才空间分布演变进程与区域经济社会转型相关,对区域发展起到促进作用。刘国瑞指出,随着中央与地方在经济和民生领域的交叉布局以及政府与市场力量的交互作用,影响我国高等教育空间布局的因素更加复杂,实现区域高等教育协调发展的难度更大。③ 钟秉林等认为高等教育发展面临着教育资源分布不均匀、集群发展内生动力不足、区域制度壁垒和文化差异等问题。④ 肖周燕指出人口与经济分布格局是资源配置的结果,二者不一致程度越高,区域差异也就越明显。⑤ 杨东亮等指出人口集聚对区域经济发展水平具有显著的正影响,且人口集聚的经济效应具有区域差异,城镇化、人力资本和人口抚养比是人口集聚影响区域经济发展的重要途径。⑥ 刘少杰从社会基础的角度分析了区域差异形成的原因,指出:区域发展及其社会基础的不平衡,首先表现为在不同的地理环境、地方区位和行政区划中的发展差异;另外,人们在资源识别和机会寻求的驱动下形成由落后地区向发达地区的人口流动,从而导致区域发展及其社会基础不平衡的进一步扩大。⑦ 赵家章认为区域社会

---

① 陈蓉,王美凤. 经济发展不平衡、人口迁移与人口老龄化区域差异:基于全国287个地级市的研究 [J]. 人口学刊,2018,40 (3).
② 杜宇,吴传清. 中国南北经济差距扩大:现象、成因与对策 [J]. 安徽大学学报(哲学社会科学版),2020,44 (1).
③ 刘国瑞. 我国高等教育空间布局的演进特征与发展趋势 [J]. 高等教育研究,2019 (9).
④ 钟秉林,王新凤. 新发展格局下我国高等教育集群发展的态势与展望 [J]. 高等教育研究,2021 (3).
⑤ 肖周燕. 中国人口与经济分布一致性的空间效应研究 [J]. 人口研究,2013,37 (5).
⑥ 杨东亮,任浩锋. 中国人口集聚对区域经济发展的影响研究 [J]. 人口学刊,2018,40 (3).
⑦ 刘少杰. 积极优化区域发展的社会基础 [J]. 社会学评论,2021,9 (1).

资本中的区域信任、社会规范、社会网络和社会结构都会影响到区域贸易，而区域贸易是造成我国区域经济差异的重要因素，因此在分析区域经济差异时，要明确社会资本的作用。①

再次，学界对区域差异时空表现的研究较为广泛，各学科分别从各自学科视角论证了区域差异的时空表现，既有时间分野下对区域发展差距状况的纵向讨论，也有对城市群和东、中、西等地区差异表现的横向研究。此方面研究指出，南北方的经济差距在逐渐缩小，但教育资源、人才、基本公共服务等在区域和城乡间的差距却更加明显。经济差距是区域发展不平衡的主要表现之一，是中国经济发展长期存在的现象，学界对我国东、中、西和东北板块的区域差距、协调发展，以及南北差异等进行了较多的探讨。刘传明等研究了五大城市群数字经济发展地区差异，发现区域间数字经济发展差距逐渐缩小，数字经济发展差异主要来源于城市群间差异。②胡晨沛等指出自改革开放以来，南北方农业经济发展差距逐渐缩小，东、中、西部的发展差距是现阶段中国农业经济发展差距的主要来源。③赵晨等在研究中发现科技人才区域分布差异较大且呈现持续扩大趋势，这将导致东、中、西部地区科技人才分布出现显著的马太效应和叠加效应，不利于区域经济社会协调发展。④社会学借助个体与社会的状态来反映区域差异，从微观视角入手反映区域的差异表现。麻宝斌等从社会公平视角对民众的环境认知进行了研究，发现与农村户籍人口相比，城镇户籍人口更加看重环境优美；与西部地区相比，中部和东部地区居民更倾向于认为一些人居住在环境污染地区是不公平的。⑤江爱平指出我国各区域间存在较严重的基本公共服务非均等化，东、中、西部地区的基本公共服务水平呈现出显著的梯度差距。由于导致基本公共服务非均等化的基本因素在较长时期内无

---

① 赵家章. 社会资本、贸易与中国区域协调发展：理论分析及战略思考［J］. 经济社会体制比较，2014（5）.
② 刘传明，尹秀，王林杉. 中国数字经济发展的区域差异及分布动态演进［J］. 中国科技论坛，2020（3）.
③ 胡晨沛，李辉尚，郭昕竺. 1978—2017年中国区域农业经济发展差距与结构特征［J］. 浙江农业学报，2020，32（12）.
④ 赵晨，张永胜，牛彤. 中国科技人才区域分布差异发展趋势及效应研究［J］. 科学管理研究，2020，38（5）.
⑤ 麻宝斌，杜平. 经济社会地位、户籍类型与区域发展差距：民众环境公平认知的影响因素［J］. 社会科学研究，2018（1）.

法消除，基本公共服务区域差距存在进一步扩大趋势。① 李晶等从健康、教育、收入和生态环境等维度对区域人类发展空间差异及演变趋势进行了研究，发现人类发展的地区差距呈不断扩大趋势，空间分布格局存在一定的空间锁定和路径依赖性，在方向上具有明显的空间分异性，呈现东高西低的非均衡空间分布特征。②

最后，在区域差异的社会影响方面，一方面，区域中的社会、经济和政治制度会对当地的发展状况产生影响，区域间行政系统的融合状况也会引起区域差距的变化；另一方面，区域发展条件更优越的地方会吸引更多的政策支持、人才参与，由此进一步加剧了城乡或区域间差距。经济学分析了区域经济和产业结构协调发展的影响因素。张满银等从经济系统、社会系统和生态系统对京津冀协同发展状况进行了评估，发现京津冀区域协同中的经济、社会和生态环境区域发展存在明显差异。③ 高国力等指出区域政策差别化、精准化水平不足，城乡一体化统筹发展格局尚未完全形成等原因导致区域发展不协调。④ 教育学和人口学主要分析了区域差异对科技教育协调发展的影响，以及人才分布壁垒对差异扩大的促进作用。卓泽林等认为当前高等教育改革还处在促进区域协调发展的探索阶段，助力区域协调发展的完善机制尚未建立，区域之间的合作互助和利益补偿未能实现，成熟的区域高等教育生态系统尚未形成。⑤ 邸晓星等对京津冀人才合作机制进行了分析，指出行政壁垒、三地人才市场的分割状态以及人力资源区域内分布不均衡等导致区域人才一体化机制不尽如人意。⑥ 相比其他学科以经济差异为重心的论述，社会学更关注区域差异引发的社会后果，强调从社会结构和社会问题等视角对区域发展差异的社会影响进行多方面分析。徐红梅等认为，改革开放以来，我国东部、中部和西部的城市化发展

---

① 江爱平. 我国区域间基本公共服务非均等化的现状与发展趋势［J］. 广西社会科学，2010（8）.
② 李晶，王海星. 生态文明视域下中国区域人类发展空间差异与演变趋势［J］. 世界地理研究，2020，29（6）.
③ 张满银，全荣. 京津冀区域协同发展评估［J］. 统计与决策，2020，36（4）.
④ 高国力，李天健，孙文迁. 改革开放四十年我国区域发展的成效、反思与展望［J］. 经济纵横，2018（10）.
⑤ 卓泽林，杨体荣，马早明. 高等教育改革如何促进区域协调发展：以京津冀、长三角和粤港澳大湾区为例［J］. 江苏高教，2020（12）.
⑥ 邸晓星，徐中. 京津冀区域人才协同发展机制研究［J］. 天津师范大学学报（社会科学版），2016（1）.

速度存在明显差异,这一显著差异使得我国存在城市化发展水平差距较大的问题,并且城市化发展水平差距过大会引起大量人口流动、"大城市病"及高房价等社会问题。① 周国华等指出,城市快速发展必然以空间资源的高强度开发利用为前提,空间资源的开发涉及人类生存与区域发展的各个方面,由此衍生出一系列"空间冲突"问题,而空间冲突一旦升级至失控级别,将会导致空间资源失配、空间开发失序、生态系统失衡、社会发展失稳等问题。② 因此,区域发展研究不能仅考虑经济增长,也要认真对待区域发展差异的负面影响。

(二) 区域协调发展因素分析与机制建构

区域协调发展相关文献的研究视角可分为两个方面:一是区域经济发展的相关性分析。这类研究多见于经济学、教育学和人口学等学科,分别从经济发展的影响因素、教育对经济发展的驱动作用和人口与经济增长的相关性进行分析。二是促进区域协调发展的建议类文献。区域差距是区域发展的正常现象,但差距扩大引起的资源和人口与发展需求的不匹配将会导致较多社会问题。区域间活动与合作的增加也为区域间治理和法规制度的约束带来了挑战。在这类文献中,政治学、法学分别对区域政府治理机制与路径、促进区域协调发展的法律制度进行了研究。社会学的研究视角较为丰富,众多研究从社会治理、社会资本、城乡一体化和理论基础等方面进行了分析。

首先,从区域经济发展的相关性研究来看,学者们围绕经济增长的影响因素进行了广泛的研究,对于促进区域协调发展具有重要作用。有研究对政策、科技与区域发展的关系进行了讨论,也有研究从区域间的合作出发讨论了如经济协作、人才聚集等与区域差距的关系。在经济学中,学者多从经济模式、产业结构和经济要素等方面对区域协调发展进行研究。张晶③、刘和

---

① 徐红梅,李钒. 国内城市化发展区域水平差异研究综述 [J]. 城市问题,2010 (6).
② 周国华,彭佳捷. 空间冲突的演变特征及影响效应:以长株潭城市群为例 [J]. 地理科学进展,2012,31 (6).
③ 张晶. 创新驱动区域经济可持续发展研究:基于 1996—2014 年江苏省的数据检验 [J]. 广西社会科学,2016 (10).

东等①指出区域创新驱动能够促进经济高质量发展。李顺明等提出探索财税体制改革，协调好区域间财政关系，从而促进区域经济协调发展。② 李猛等指出"飞地经济"作为一种新的区域经济合作模式，有助于打破行政区划界限，促进区域协调发展。③ 教育学多从高校、科技创新等因素与经济发展的耦合协调关系展开研究。孔伟等指出区域高等教育与科技创新之间具有很强的耦合作用，但二者创新协调发展程度不佳，整体水平偏低④，而且高校科技创新与区域经济发展的耦合协调度在空间上整体呈现出东高西低、南高北低的特征。人口和经济空间格局演变与区域差异的形成有密切关系。杨东亮等通过分析人口集聚对区域经济发展的影响机制发现，人口集聚对区域经济发展水平具有显著的正影响。⑤ 但赵晨等指出从长远的发展趋势及影响效应来看，持续扩大的科技人才区域分布差异不利于协调发展。⑥

其次，政策建议类文献多从区域治理和协调发展两个方面展开研究，学者们从政府治理、社会结构和要素间的协调合作以及区域发展理论层面讨论了促进区域协调发展的路径，如对地方政府治理能力、社会组织、社会资本以及区域发展的社会基础的讨论。在区域经济联系日益紧密和协调发展的要求下，政府间的联系和依赖也日益加强，合作共治趋势不断深化，推动政府治理模式转变、适应跨域治理和协调区域间发展关系成为学者关注的热点。余璐等认为地方政府协同治理面临的困境主要有治理环境层面的资源短缺和配套制度滞后、治理方式层面的治理流程不畅、治理结构层面的结构失衡和分散化治理。⑦ 柳建文指出随着区域发展的组织化趋势越来

---

① 刘和东，刘童. 区域创新驱动与经济高质量发展耦合协调度研究 [J]. 科技进步与对策，2020, 37 (16).
② 李顺明，杨清源，唐世芳，等. 统筹区域经济协调均衡发展的财税对策 [J]. 税务研究，2020 (3).
③ 李猛，黄振宇. 促进区域协调发展的"飞地经济"：发展模式和未来走向 [J]. 天津社会科学，2020 (4).
④ 孔伟，刘岩，治丹丹，等. 中国区域高等教育与科技创新协调发展测度实证研究 [J]. 科技管理研究，2020, 40 (9).
⑤ 杨东亮，任浩锋. 中国人口集聚对区域经济发展的影响研究 [J]. 人口学刊，2018, 40 (3).
⑥ 赵晨，张永胜，牛彤. 中国科技人才区域分布差异发展趋势及效应研究 [J]. 科学管理研究，2020, 38 (5).
⑦ 余璐，戴祥玉. 经济协调发展、区域合作共治与地方政府协同治理 [J]. 湖北社会科学，2018 (7).

越明显，通过区域性组织来协调经济区、经济圈和城市群之间的关系成为一种新的区域协调路径。① 社会学领域对区域发展的研究由来已久，目前学界多从区域协调发展要素、社会治理和理论基础等方面进行研究。学者们通过对人口、社会资本和社会结构等影响区域发展的要素进行分析提出了改善意见。刘伟在分析社会资本与区域创新的关系时指出，社会资本可以以促进信息传播和降低监督成本、促进知识外溢和降低知识收集成本的方式促进区域创新。② 刘长喜等指出区域发展不等同于简单的经济发展，它是一个追求区域要素合理化、区域结构有序化的过程，即人口、资源、环境与经济间的协调，其核心是区域空间结构的发展与优化。③ 社会治理研究主要涉及城乡一体化协调发展、跨区域治理模式和治理主体等方面。饶旭鹏等对区域城乡协调发展理念和实现路径进行了阐述，认为坚持协调发展理念，首先要推动城乡协调，解决区域发展差距、空间失衡及区际冲突；其次是推动新"四化"有机结合，实现良性互动，使得各个系统功能相互补充、协调发展，以此推动社会发展、维持社会稳定；最后要强化农村建设中的软硬实力，使之协调发展。④ 王佃利等论述了跨域治理理念下的区域管理特征，指出从区域发展动力与目标来看，区域一体化发展以各城市为主体，出现了跨行政区划、跨部门职能、跨行政层次的各种问题，科层制式的区域管理方式已无法适应新状况；从区域管理的运行模式来看，缺少社会组织参与区域管理，行政主导特色明显；从区域管理的合作手段来看，缺乏切实有效的政策工具，依赖于行政手段来推进一体化进程，各种行政协议难以落实。⑤ 徐文俊等认为社会组织可以通过提供就业机会、推动政府服务体系拓展和服务功能开拓等形式，解决市场和政府无暇顾及、不愿顾及或解决不力的社会问题，缓解社会矛盾，促进区域协调发展。⑥

---

① 柳建文. 区域组织间关系与区域间协同治理：我国区域协调发展的新路径 [J]. 政治学研究，2017 (6).
② 刘伟. 社会资本与区域创新：理论发展、因果机制与政策意蕴 [J]. 中国行政管理，2018 (2).
③ 刘长喜，罗鑫，刘豪兴. 论费孝通的区域发展思想 [J]. 社会，2005 (2).
④ 饶旭鹏，贺娟娟. 协调发展：农村社会发展的路径与策略 [J]. 黄河科技大学学报，2016，18 (5).
⑤ 王佃利，史越. 跨域治理理论在中国区域管理中的应用：以山东半岛城市群为例 [J]. 东岳论丛，2013，34 (10).
⑥ 徐文俊，徐强. 浅议区域发展中非政府组织的作为 [J]. 商业研究，2005 (5).

从区域协调发展理论的讨论来看，学者们从区域发展的社会基础层面讨论了推进区域合作、促进地方发展的实现路径。费孝通在区域经济模式的研究中指出经济发展具有地理上的区域基础，各区域不同的地理条件包括自然、人文和历史因素，均具有促进和制约其社会经济发展的作用，因而不同地区在经济发展上具有不同的特点，具有相同地理条件的区域有可能形成一个在经济发展上具有一定共同性的经济区域，这些区域由于某种经济联系有可能形成一个经济圈或地带。在进行区域发展研究时，需要微观与宏观、理论与实际、人文与地理相结合，既要把全国经济发展看成一盘棋，又要联系全球性经济发展的大趋势。① 随后有一些研究对费孝通的小城镇、区域经济发展理论进行了论述。基于空间论的视角，刘少杰认为区域发展的社会基础是由可以支持和推进区域发展的基层社会要素构成的，并将其划分为社会资本、文化资本、人力资本、民间资本、社会群体、社会活力、社会心态、生活水准、社会保障和社会秩序等，指出应当在结构论和空间论的综合中认识区域发展的社会基础，在整体联系上认清社区或乡村等基层社会对区域发展的支持或限制，认为数字乡村建设、城市空间中的新基层社会是推进区域发展应当加以重视和积极优化的新社会基础。②

（三）区域一体化的经济与社会效应研究

一体化发展是区域协调发展的高级形态，能够促进地区发展、缩小地区差距。随着京津冀协同发展、长三角一体化和粤港澳大湾区建设等国家重大区域战略实施，较多研究集中于探讨区域规划中区域经济发展、区域一体化、产业结构、绿色发展等问题，以及城镇化建设对于区域协调发展带来的影响。经济学对此进行了研究。现有研究对区域一体化发展的形成基础、作用和影响进行了分析，指出城市群或城镇化等将会促进区域间、城乡间的协调发展，但区域一体化发展中也存在着区域创新乏力问题，面临诸多不确定性社会风险等障碍。张爱华等在分析城镇化与低碳经济发展间的关系时指出，城镇化对低碳经济发展的促进作用大于阻碍作用，但当

---

① 费孝通. 农村、小城镇、区域发展：我的社区研究历程的再回顾 [J]. 北京大学学报（哲学社会科学版），1995（2）.
② 刘少杰. 积极优化区域发展的社会基础 [J]. 社会学评论，2021，9（1）.

城镇化发展到一定程度时会阻碍低碳经济的发展。① 安树伟指出"一带一路"将改善区域发展不协调的现状，形成东西两翼带动中部崛起，从而形成海陆统筹、东西互济、面向全球的开放新格局。② 杜德林等分析了长江经济带知识产权空间格局与经济发展的耦合关系，指出长江经济带知识产权与经济发展具有较好的耦合关系，但多数城市知识产权布局仍略滞后于经济发展，并强调创新驱动是制约长江经济带经济发展的关键因素。③ 社会学主要从推动区域一体化的影响因素进行分析。张湖林指出武汉城市圈在中部地区具有地理位置优势，且自然资源、科技教育、产业基础和发展机遇等条件较为优越，因此可以发挥武汉城市群的带动作用，使其成为中部崛起的推动力量。④ 马明清等则对"一带一路"沿线国家新闻主题时空变化规律、社会关键因素、社会稳定度、安全风险因素进行了研究。⑤

通过对区域发展相关研究文献的梳理，我们可以发现区域经济研究居多，经济学、教育学和人口学等学科研究分别从不同维度分析了区域差异的学科表现，从与经济协调发展相关性论述了如何促进区域协调发展。政治学和法学等学科研究主要关注了政府治理方式的适应性和协调区域间发展关系、促进经济发展和分配公平。社会学研究多从城乡一体化、城市群、社会治理、社会结构和社会资本等角度来探讨区域发展的影响和引发的社会问题，不仅关注经济方面的区域差异，也关注区域发展差距带来的负面影响，既有实证分析，也有理论基础的探讨。学者们在对区域间相互影响的考察中常使用计量分析方法与技术，但不同研究者所建立的模型不同，选取指标不同，这往往导致所得结论不尽相同。从整体来看，区域发展之间存在显著差异且仍在不断扩大，不同区域由于社会基础的差异而面临着不同的发展困境。区域差异形成的原因既有行政区划分割和政策等制度原因，也有区域间发展要素的差异原因。因此，促进区域协调发展的机制与

---

① 张爱华，黄杰. 城镇化对区域低碳经济发展效率影响的实证研究 [J]. 陕西师范大学学报（哲学社会科学版），2015，44（4）.

② 安树伟. "一带一路"对我国区域经济发展的影响及格局重塑 [J]. 经济问题，2015（4）.

③ 杜德林，王姣娥，焦敬娟. 长江经济带知识产权空间格局与区域经济发展耦合性研究 [J]. 长江流域资源与环境，2019，28（11）.

④ 张湖林. 论促进中部崛起的城市带动战略：以武汉城市圈为例 [J]. 中南民族大学学报（人文社会科学版），2011，31（1）.

⑤ 马明清，袁武，葛全胜，等. "一带一路"若干区域社会发展态势大数据分析 [J]. 地理科学进展，2019，38（7）.

措施需要根据区域的实际状况进行具体分析。

二、区域发展中的乡村建设和乡村研究

以乡村建设为主题的研究主要涉及乡村建设研究的理论体系、乡村建设的发展方向、乡村建设的主体、城乡关系中的农村区域发展等方面,具体的研究内容主要有美丽乡村建设、数字乡村建设、城乡融合发展、新型城镇化、农业农村现代化以及对民国时期以来乡村建设研究的理论总结。乡村建设的内容涉及农村经济、文化、生活和政治等多个层面。现有研究多基于对具体案例的阐释或多案例的比较分析揭示乡村建设经验,从乡村建设的历史进程和实践中总结乡村建设理论,诠释乡村建设的话语体系,从现代性、发展性等维度审视乡村建设的具体层面。总体来看,学者们从不同角度对乡村建设展开了广泛的研究。

(一) 乡村建设的理论体系

民国时期兴起的乡村建设运动是我国百年乡村建设史中的重要内容,一些学者对乡村建设的历史实践与思想进行了总结,以建构乡村建设运动的理论并充分诠释其话语体系,对今天的乡村建设提供理论指导。一些学者从中国百年乡村发展史的研究视角出发,对民国时期以来的乡村建设思想与实践进行了考察。在乡村建设百年进程中,乡村建设思想也在传承与扬弃中不断地与时俱进,以"新农村建设"为例,王先明指出,这一主张和思想贯穿了百年乡村建设思想及其社会实践,时代的发展和进步对其基本意涵提出了新的要求。[①] 潘家恩等立足"反思现代化"及"反向保护"的理论,认为民国乡村建设是激进现代化进程导致乡村破败,从而民众自发地去建设乡村的行动。[②] 一些学者对乡村建设著名代表人物的思想进行

---

① 王先明. 中国乡村建设思想的百年演进(论纲)[J]. 南开学报(哲学社会科学版), 2016(1).
② 潘家恩, 温铁军. 三个"百年":中国乡村建设的脉络与展开[J]. 开放时代, 2016(4).

了阐释，如对梁漱溟、晏阳初、陶行知等人的乡村建设或乡村教育思想的研究。谢君君对梁漱溟的乡村建设思想的经验与缺失进行了梳理，指出文化救国到文化自觉的逻辑一直贯穿在梁漱溟的思想中，他试图通过乡村教育去塑造一种新的道德伦理文化，最终实现乡村的文化自觉和文化复兴，但是因缺乏对现实社会的细致考察，丧失了乡村的群众基础而未能成功。①

在乡村建设的不同历史时期，基于对乡村现实和发展方向的认识，学界从不同角度讨论了乡村建设理论，如费孝通的小城镇理论、区域发展理论，刘少杰对乡村建设社会基础的讨论，等等。袁青青认为，费孝通的研究最先从农村微观社区开始，他在研究农村的基础上研究小城镇，进而探寻宏观的区域发展之路，他的区域发展理论不仅具有理论价值和实践价值，而且与国际上的区域发展理论不谋而合，能为我国区域经济的发展提供理论指导和科学依据。②刘少杰认为，区域发展是嵌入在区域范围或地方空间中的发展，乡村社区和城市社区中的人力资本、社会资本、文化资本、民间资本和社会活力等是区域发展社会基础的构成内容。不仅不同区域之间，就是同一区域内部，其社会基础也是不平衡、不协调的，这是实现区域发展战略目标应该克服的不利因素。应当在结构论和空间论的综合中清楚地认识区域发展的社会基础，在整体联系上认清社区或乡村等基层社会对区域发展的支持或限制，并通过有效的途径积极优化区域发展的社会基础。③秦国伟等以安徽省为例，结合新常态下农村区域发展的现状和特点构建了较为全面的评价指标体系，建立计量模型进行分析，并在此基础上，针对各区域发展存在的问题提出了对策建议。④综上所述，乡村建设具有深厚的理论基础，学者们从历史经验的梳理、现实情况的认识总结和与经典理论对话等层次对乡村建设的理论进行了总结，同时区域状况的差异、乡村社会的复杂性为乡村发展带来的挑战，也导致理论视角之间存在差异。

---

① 谢君君. 从文化自救到文化复兴：梁漱溟乡村建设思想的现代价值 [J]. 社会科学战线，2021 (12).
② 袁青青. 费孝通区域发展研究：源起历程与现代启示 [J]. 经济研究导刊，2020 (1).
③ 刘少杰. 积极优化区域发展的社会基础 [J]. 社会学评论，2021，9 (1).
④ 秦国伟，卫夏青，田明华. 新常态下我国农村区域发展水平评价研究：以安徽省为例 [J]. 开发研究，2016 (2).

（二）乡村建设的发展方向

总体来看，乡村建设的发展方向经历了从城市主义取向的发展模式到注重乡村发展的转变，如现阶段倡导的城乡融合发展、新型城镇化、农业农村现代化等。从乡村建设的内容来看，学者们着眼乡村建设的重点应该是文化、经济抑或党政建设，围绕着如何发展、实现什么样的发展以及存在的问题展开了丰富讨论。

首先，从乡村发展方向来看，实现农业农村现代化是乡村建设未来的发展方向。我国区域发展状况差异较大，乡村建设的重点应根据各地实际情况采取不同策略，在展开实践时需要协调社会、经济、文化、生态等多种元素间的关系，坚持以农民为主体、实现农业农村现代化的乡村发展方向。无论是乡村建设运动、社会主义新农村建设抑或是乡村振兴战略，始终离不开对"发展"议题的关注。乡村振兴的重点是在城乡融合基础上推进农业农村优先发展，乡村振兴战略不是"去小农化"，不是乡村过度产业化，不能盲目推进土地流转，不能消灭农民生活方式差异，不能轻视基层"三农"工作，应在坚持乡村和农民主体地位的基础上实现农业农村与现代化发展的有机结合。① 乡村建设理念和发展总体规划决定着乡村的发展方向，对基本问题认识的差异决定了乡村发展路径的差异。在城乡差距较大、农村资源缺乏以及推进实现农业农村现代化的背景下，纪志耿指出美丽宜居乡村建设应遵循整体谋划、分类推进、渐进实施、引领带动、人文关怀、改革创新"六个取向"，搞好美丽宜居乡村建设规划和设计，保持灵活性和多样性、稳妥性和实效性的统一，重视绿水青山和文化传承，提升农民的参与度和获得感。② 在小农户与市场衔接的路径探索中，各地可在农业转型的基础上借助政府、市场、资本、网络的力量引导小农户与大市场对接。

其次，学界围绕如何建设乡村、建设的重点是什么也展开了丰富的讨论。我国各区域发展状况很不均衡，乡村发展程度不一，乡村建设的重点应立足于农村实际情况采取不同策略。当前我国农村区域发展中的问题主

---

① 叶敬忠. 乡村振兴战略：历史沿循、总体布局与路径省思［J］. 华南师范大学学报（社会科学版），2018（2）.

② 纪志耿. 当前美丽宜居乡村建设应坚持的"六个取向"［J］. 农村经济，2017（5）.

要包括农村区域发展不平衡、农村区域环境污染、行政区与经济区的矛盾、农村劳动力跨区域流动带来的问题、城镇化带来的负面影响等。① 从区域发展状况来看，由于历史传统、自然条件和国家政策等原因，我国东、中、西部地区农村经济、基础设施和公共服务面临着发展不平衡问题，农村劳动力的就业结构和供求关系也有明显的区域性特征。这种非均衡发展对乡村治理资源、民主治理、乡村社会转型和社会结构都产生了重大影响。② 我国的农村大体可以区分为东部地区的经济发达村庄和中、西部地区的一般农业型村庄，经济发达村庄的建设目标应当定位于乡村的"更强""更富""更美"，一般农业型村庄的乡村振兴战略应当更加注重基础设施的完善和公共服务的健全。③ 农村区域发展是一个涉及方方面面的系统工程，促进当前农村经济与区域发展对农村第二、三产业的发展有积极的影响，对振兴农村、全面建成小康社会也有显著意义。④ 因此，乡村建设的未来发展应根植于其自身所具有的价值体系，纳入社会、经济、文化、生态等多方面的实践内容，根据各地的实际情况开展具有针对性的在地实践，引导社会各界重新认识乡土，积极参与乡土实践。⑤

最后，乡村是一个复杂的社会系统，各地区乡村的实际情况也有差异，因此，学者们对乡村建设的重点内容也产生了较多争论。贺雪峰认为当前农村存在的消费不合理、闲暇无意义、社会关系失衡等问题的根本在文化方面，应通过抵制消费主义思潮、移风易俗、政治动员等形式进行文化建设，以缓解乡村文化破坏所引发的各种弊病。因此，乡村建设的重点是文化建设。⑥ 李永安从经济制度的角度出发，指出乡村建设要以农村土地产权制度改革为基础，让政府的主导角色更接近于市场性而非行政性，优化政府投资方式和基层干部开拓性工作的政治环境，形成上下互动的合力，逐步增强市场机制调节资源的作用，带动城乡要素互动。⑦ 也有学者强调以发

---

① 左停，陈瑜，齐顾波，等. 当前中国农村区域发展问题的现状和趋势 [J]. 中国农业大学学报（社会科学版），2006（3）.
② 杨嵘均，张浩书. 农村区域发展非均衡性与乡村治理结构的改革 [J]. 云南行政学院学报，2008（5）.
③ 桂华. 东中西部乡村振兴的重点有何不同 [J]. 人民论坛，2018（12）.
④ 朱小红. 促进当前农村经济与区域发展的相关举措探析 [J]. 农业开发与装备，2020（4）.
⑤ 杨亚妮. 我国乡村建设实践的价值反思与路径优化 [J]. 城市规划学刊，2021（4）.
⑥ 贺雪峰. 乡村建设的重点是文化建设 [J]. 广西大学学报（哲学社会科学版），2017，39（4）.
⑦ 李永安. 美丽乡村建设须破解"梁漱溟之惑" [J]. 宁夏社会科学，2017（2）.

展集体经济的方式带动农民组织起来搞乡村建设，如李昌平研究指出，以村社内置金融为切入点的新农村建设，既能提升农民生产生活品质，重建农民及乡村组织的主体性，又可以将农民组织起来做自己的事情。[①]

乡村建设应当满足农民需求、维护农民的利益。乡村建设是一项艰巨且复杂的系统工程，既要带动社会力量参与乡村建设，更要激活农民的主体性。基于对乡村建设百年实践探索历程的梳理，韩园园等指出乡村未来发展要遵循人本逻辑，以农民为本位，促进农民全面发展。[②]在乡村建设中存在四种差异较大的类型，代表着不同的发展方向，包括：为农民在农村生产生活保底的乡村建设；由地方政府打造的新农村建设示范点；满足城市中产阶级乡愁的乡村建设；借城市中产阶级乡愁来赚钱的乡村建设。其中只有保底的乡村建设才是当前国家应当重点支持的乡村建设，它能为绝大多数普通农村的普通农民提供基本生产生活秩序的保底。[③]农民是乡村的主体，乡村发展应当注重发扬农民主体性，坚持以农民为本的发展伦理，满足农民美好生活需求，激发农民参与乡村发展的活力。[④]

（三）乡村建设的主体

在乡村建设行动中，推动多元主体参与乡村建设是我国始终积极倡导和践行的理念，学界对政府、农民和社会组织等"推进要素"进行了研究，积极探索建设主体融入乡村治理、乡村经济和文化建设等方面的措施。从现有的研究来看，如何激发农民主体性始终是乡村建设无法回避的难题。农民是乡村建设的主体，但是在乡村建设中始终存在着乡村动而村民不动的问题。学界对农民主体性地位的影响因素和激励措施展开了较多的讨论。此外，新乡贤、中坚农民、返乡青年越发成为乡村建设的重要力量，学界围绕着这些群体在乡村治理、乡村文化建设和产业发展等方面中的参与展开了论述，指出他们在乡村建设中具有带动引领作用，能够激发普通农民

---

① 李昌平. 中国乡村复兴的背景、意义与方法：来自行动者的思考和实践[J]. 探索与争鸣, 2017（12）.
② 韩园园, 孔德永. 乡村建设百年探索与未来发展逻辑[J]. 河南社会科学, 2021, 29（7）.
③ 贺雪峰. 谁的乡村建设：乡村振兴战略的实施前提[J]. 探索与争鸣, 2017（12）.
④ 王露璐. 谁之乡村？何种发展？：以农民为本的乡村发展伦理探究[J]. 哲学动态, 2018（2）.

参与乡村建设的意愿。

长期以来，中央在"三农"工作中一直强调农民的主体性问题，这也一直是乡村治理的重要研究内容，但在具体实践中，农民的主体性问题始终没有得到很好的解决。学界围绕着农民主体性缺失的原因、对乡村发展的影响和激活农民参与乡村建设的措施进行了较多论述。乡村振兴中农民主体性困境是青年群体大量流失导致的人口结构变动、市场或政治权利体制和农村资源转换机制不足、村民个体化倾向增强以及乡村振兴文化价值取向差异等多重因素累加引起的，因此需要对农民增权赋能，提高他们参与乡村治理和合作的能力。① 在乡村建设行动中，受农民参与机会和权利，农民参与意愿、能力和责任，参与渠道和参与规则的影响，农民的参与程度表现出无参与、象征性参与、深度参与等多种样态。② 在乡贤回归的背景下，新乡贤作为一支德才兼备的贤能人士队伍，对乡村人才振兴来说无疑具有重要意义。新乡贤能以多种途径参与乡村治理，进而实现有效、良性的乡村治理。③ 新乡贤在一定程度上契合了乡村治理主体多元化的需要，其蕴含的内在逻辑与乡村呼唤软治理机制的需求契合，有效纾解了乡村传统治理困境。④ 中坚农民也是推动乡村振兴的理想主体。杨磊等指出他们能够增强乡村政治与治理的能动性和稳定性，而且以中坚农民为主体的发展模式为实现乡村振兴提供了新的道路，能够有效衔接政策与外在资本力量，使之融入乡村建设。⑤

在资源下乡的背景下，越来越多的社会力量也参与到乡村建设与发展中，学界对政府、市场、村民等主体在乡村建设中的关系及其参与路径进行了研究。社会组织作为多元治理主体之一，能从农村产业、生态环境、乡风文明、乡村治理以及生活富裕等方面促进乡村发展，既与乡村振兴的内在逻辑契合，又可以解决现实困境，推动乡村振兴战略的实施。⑥ 殷梅英指出以农村基层党组织为核心、农村专业合作经济组织为龙头、社会组织

---

① 王春光. 关于乡村振兴中农民主体性问题的思考 [J]. 社会发展研究，2018，5 (1).
② 邓大才. 乡村建设行动中的农民参与：从阶梯到框架 [J]. 探索，2021 (4).
③ 彭瑞康，周婉婉，吴雪玲. 乡村振兴战略下新乡贤参与乡村治理的思考 [J]. 云南农业大学学报（社会科学），2019，13 (1).
④ 付翠莲. 乡村振兴视域下新乡贤推进乡村软治理的路径研究 [J]. 求实，2019 (4).
⑤ 杨磊，徐双敏. 中坚农民支撑的乡村振兴：缘起、功能与路径选择 [J]. 改革，2018 (10).
⑥ 萧子扬. 社会组织参与乡村振兴的现状、经验及路径研究：以一个西部留守型村庄为例 [J]. 四川轻化工大学学报（社会科学版），2020，35 (1).

为支撑、村民自治组织为基础的"四位一体"组织体系，为实施乡村振兴战略提供了坚强的组织保障。①多元主体协同共治是满足农村社会治理需求的选择，但在实际运行中也存在着政府、村干部以及村民等主体性缺失、治理主体难以有效合作、治理机制缺乏制度保障等问题。②

（四）城乡关系中的农村区域发展

近年来，随着乡村基础设施的逐渐完善和公共服务水平的显著提高，一些已经进城的农业转移劳动力返乡创业，城乡人口对流互动明显增多，乡村地区的农业与制造业、服务业融合发展态势日益显著，城市资本也积极寻求在乡村的投资机会，城乡融合发展、互动发展成为大势所趋，这也将成为促进区域协调发展的重要方式。③统筹城乡发展是正确处理城乡关系的需要。郑佳宁指出，新型城镇化是实现现代化的必由之路，能够克服乡村发展片面化和农业发展不足等问题。④

现有研究从区域发展的维度讨论了城乡关系的构建路径。郑宇翔认为应该从加快农业现代化进程、推动城乡统筹发展和加大财政投入方面入手。⑤张引君从经济建设、政治建设、文化建设与社会建设"四位一体"的角度出发，阐述了农村区域发展建设的对策。⑥王红霞指出现代化城乡区域发展体系建设是中国区域政策实践的转型探索与创新，要坚持以人民的发展权利为中心，重视传统地理划分的宏观空间、城市群空间和具有中国特色的城乡二元空间，构建优势互补、协调联动的现代化城乡区域发展体系。⑦进入21世纪以来，区域发展战略的作用对象已经逐渐由单一对象转变为多重对象。其中农村地区不仅是中国区域经济格局的重要组成部分，且其空间范围比城市地区更为广阔。因此，在区域发展战略中要考虑农村，

---

① 殷梅英. 以组织振兴为基础推进乡村全面振兴 [J]. 中国党政干部论坛, 2018 (5).
② 杜智民, 康芳. 乡村多元主体协同共治的路径构建 [J]. 西北农林科技大学学报（社会科学版）, 2021, 21 (4).
③ 史育龙. 城乡区域发展新格局：认识演进、战略优化与实施对策 [J]. 开发性金融研究, 2020 (3).
④ 郑佳宁. 新型城镇化发展存在的问题及乡村区域发展对策 [J]. 乡村科技, 2020 (10).
⑤ 郑宇翔. 农村区域发展现状分析及策略研究 [J]. 农技服务, 2014, 31 (9).
⑥ 张引君. "四位一体"解决农村区域发展问题的对策构建 [J]. 河南农业, 2016 (35).
⑦ 王红霞. 现代化城乡区域发展体系研究 [J]. 上海经济研究, 2020 (4).

并将其纳入空间规划，与城市互补互助，形成良性的空间互动与健康的空间结构。①

一些研究从地区发展现状和发展中存在的问题等角度进行了讨论，发现各地农村发展状况差异显著，地区发展所面临的困境也不相同，总体来看，可以归结为以下几个方面：落后的小农经济阻碍了现代化农业种植方式的广泛应用；剩余劳动力人口向城市大量转移，农村地区发展缺乏人才支持；生产工具比较落后，农业基础设施有待完善，科技水平仍有待提高；农民缺乏发展资金，贷款渠道少，限制了产业规模的扩大；经济作物权重偏低，特色养殖所占比重较小，特色经济效应不强。农村区域发展离不开金融的支持，农村金融发展同样呈现区域性特点。蔡艳芝认为内源发展和外源发展是区域经济发展的两大基本战略，并进一步指出西部农村社会不仅内源发展的基础薄弱，比如乡镇企业发展滞后、农村居民收入水平偏低，同时外源发展的动力也不足，比如外资利用效果不佳、对外贸易额度偏低。为了解决这些矛盾，其建议西部村镇区域的发展应以内源为主，走内外并举的发展道路。② 为了解决乡村发展中存在的问题，各地也展开了较多的探索，这些实践经验主要可以归纳为以下几个方面：革新农村经济发展观，探索新发展模式，如合作社、生态农业等；加大对"三农"的扶持力度，提高农业补贴水平和农业科技装备的普及与应用水平，提高农民综合素质；完善和发展金融机制，通过拓宽贷款渠道、简化贷款手续、建立农民贷款绿色通道、有效利用农村闲散资金等方式，提高资金供应的稳定性；依托互联网拓宽产品销售渠道，扩展农村经纪人效应，构建营销网络。王慧讨论了山东省农业产业化经营对农村发展的推动作用，指出山东省通过政府积极引导、以农业和农户为基础、强化市场培养、以科技做支撑和引入龙头企业等方式，形成了诸如外贸导入型、特色农业推进型、市场启动型、龙头企业带动型以及新型经济合作组织延展型等农业产业化发展模式，实现了农村经济结构的优化，促进了农业生产的规模化和区域化，缓解了农村劳动力的就业压力，增加了农民收入。③

---

① 蔡之兵. 改革开放以来中国区域发展战略演变的十个特征 [J]. 区域经济评论，2018（4）.
② 蔡艳芝. 西部村镇区域发展战略的选择与调整 [J]. 西安交通大学学报（社会科学版），2011，31（1）.
③ 王慧. 山东省农业产业化经营与农村区域发展研究 [J]. 地域研究与开发，2002（2）.

综上所述，乡村建设是一项复杂的系统工程，涉及乡村社会中政治、经济、文化和主体等多方面的内容，因此，明确乡村建设的发展方向和基本问题是首要任务。基于乡村情况的复杂性和看待问题角度的差异，在乡村发展路径的选择中，学者们提出了不同的方法。从建设主体来看，乡村动而村民不动的问题始终阻碍着乡村建设的发展，学界围绕着激活乡村建设主体活力的问题进行了较多的讨论，并且对乡村治理中多元主体间的关系进行了研究。

三、乡村建设中的技术治理

在全球信息技术变革背景下，以人工智能、区块链、大数据等为代表的新兴技术不断应用到乡村建设中，为乡村建设带来了新的发展机遇。2005年中央一号文件首次提出"加强农业信息化建设"，标志着国家对农业信息化的重视上升至顶层设计层面，此后政府积极开展以网络化、信息化为路径的乡村建设。[①] 在乡村社会中也掀起了数字乡村的浪潮，实施数字乡村战略是乡村振兴的迫切需要，数字乡村为乡村振兴的实现提供了路径支撑，数字乡村自身的多维数字赋能是乡村全面振兴的强劲推动力。学界围绕着以互联网为载体的信息技术展开了较多讨论，此方面的研究处于上升阶段。通过对近几年的文献进行梳理，我们发现研究主题主要有："互联网＋"、数字经济、数字乡村、信息鸿沟、乡村电商、淘宝村、乡村旅游、乡村治理等。其中，"互联网＋"作为推进实施数字乡村战略的重要组成部分，目前已经和农业、乡村教育、乡村文化、乡村医疗实现了融合，影响着乡村生产、生活、生态的变化和发展。从文献学科分布来看，主要有社会学、新闻学、政治学、经济学等学科。从研究方法来看，学者们主要以质性的方法深入描述了互联网对乡村文化、经济、社会治理等方面的影响，讲述了网络或数字技术在乡村的发展现状、存在的问题，从理论与实践层面回答了数字乡村如何建设等。

---

① 曾亿武，宋逸香，林夏珍，等. 中国数字乡村建设若干问题刍议[J]. 中国农村经济，2021(4).

(一)"互联网+"下的乡村文化研究

从现有的研究来看,以智能手机、社群、短视频或直播等为载体的互联网技术助推乡村文化发生变化,使乡村文化以新的形式进行传播,从而影响着乡村社会结构的变化。村民借助移动互联网从私人领域走向网络公共空间,就关注的村庄议题展开讨论,这也激发了村民参与乡村公共事务的意愿,线上线下两种参与方式的结合再造了乡村社会秩序,增强了农民对乡村文化的认同。学者们对互联网在乡村文化建设中的作用展开了充分讨论,指出信息技术重构了乡村文化传统的传播方式和传播内容,帮助农民建立和发展了其文化主体意识,通过农民的网络使用与文化实践促进乡村文化主体的公共参与意识,实现了文化的再生产,催生出多元化的村民价值观念,而多元的价值观念反过来也能促使乡村社会趋于理性,推进乡村文化的现代化转型。但是,数字空间中的文化传播也存在内容单一、逐渐消解村民对乡村传统文化的认同感、乡村和家庭中的人际关系受到冲击以及民间活动日渐式微等问题。

网络创新了乡村文化的传播形式,为乡村文化提供了一个数字表达空间,村庄也得以自主向外界展示和传达乡村独特的文化,同时数字技术和相关知识融入乡村也在改变着乡村社会结构,如对乡村文化、乡村认同、家庭及村民成员间关系的影响,这些都冲击着原本的乡村社会。刘娜指出快手App成为以乡村人为主要活跃群体、传播乡村影像与展现乡村文化的重要线上场域,以网络短视频的方式展现着乡村人独特的价值审美、生存状态、乡土价值观念,逐渐成为乡村身份界定与文化认同的线上空间。[①] 韩春秒指出以乡村为本体、以农民为主体的乡村原创短视频的兴起,有望突破主流媒体传播内容与农民生活的疏离,弥补农村草根媒介发育不足的缺憾,缓解农民"被代言""被传播"的尴尬,实现基于农民主体、内生性的乡村文化传播回归。[②] 以智能手机为载体的移动网络的流行,在不同层面推动了乡村及村民的认知、行动和发展方式等发生转变,既可能阻隔成员交

[①] 刘娜. 重塑与角力:网络短视频中的乡村文化研究:以快手App为例 [J]. 湖北大学学报(哲学社会科学版), 2018, 45 (6).

[②] 韩春秒. 乡音、乡情、乡土气:管窥乡村原创短视频传播动向 [J]. 电视研究, 2019 (3).

往，也可能促进特殊群体的社会融入和认同。冯强等以"三重勾连"理论为框架分析了智能手机如何与农民日常生活发生勾连：首先是作为物品的智能手机在农村被采纳和扩散的话语和实践；其次在符号文本层面，村民移动网络的内容消费呈现出家庭分工模式和权力关系等带来的差异性，且网络消费实践与个体生命经验间也相互关联；最后在空间、文化和社会场景层面，移动网络实践改变了原有的农业生产习惯和管理方式，也导致家庭共享空间的式微与"卧室文化"的形成，而对于出国、打工和远嫁的村民而言，移动网络更多用来维护既有的地缘和血缘关系。[①]

面对村庄人口流动性增强、空心化严重、公共精神缺失等问题，如何整合乡村社区是非常棘手的问题。公共参与是建构社区认同的重要因素，但是，来自现代化、消费文化的侵蚀加速了乡村社会公共性的消解，因此如何促进公共参与是亟待解决的难题。信息技术为增强乡村认同提供了新的形式。互联网时代的乡村社会呈现一种由农业社会向信息社会、由工业社会向信息社会双重转变的趋向，这种转变对乡村社会产生了积极影响——既可以丰富和创新乡村产业的内涵与形式，提高互联网时代乡村综合效益，也能线上线下双向互动，构建互联网时代乡村社会互动新形式，增强社会整合度。[②] 数字网络为村民提供了交往的公共空间，强化了村民间的交往，推动了乡村公共性的产生。牛耀红指出乡村数字社区公共领域通过虚拟在场将"半熟人社会"转变为"熟人社会"，建构了乡村内生秩序。新媒介赋权村庄体制外精英形成媒介自组织，这一组织通过移动网络平台的话语表达、媒介动员、公共行动等方式，连接了分散在不同空间的村民，强化了村民的社会关联，促进了乡村社会发育。[③] 又如以"为村"这一移动互联网平台为载体的网络公共空间，在这一网络空间中，村民社区公共生活得以复兴，村民共同参与书写乡村集体记忆、共同参与乡村公共文化建设，这对建构乡村认同起到了重要作用。[④] 熊万胜等指出在网络影响下，

---

① 冯强，马志浩. 科技物品、符号文本与空间场景的三重勾连：对一个鲁中村庄移动网络实践的民族志研究 [J]. 国际新闻界，2019，41（11）.
② 章军杰. 互联网时代乡村振兴战略的路径选择：基于梅家坞村的调查研究 [J]. 浙江工商大学学报，2018（4）.
③ 牛耀红. 建构乡村内生秩序的数字"社区公共领域"：一个西部乡村的移动互联网实践 [J]. 新闻与传播研究，2018，25（4）.
④ 牛耀红. 移动传播时代：村民网络公共参与对乡村社区认同的建构：基于甘肃陇南F村的田野调查 [J]. 社会学评论，2017，5（1）.

"技术整合"型社会整合机制正在形成，包括以行政力量为主要代表的系统整合、以公共社区认同为建设目标的社区整合，以及社区中的家庭与个体日常生活运行所需要的生活整合。这既为国家系统力量深入农村社区找到了新通道，也推动了行政村层面上社区公共性的建构。①

（二）数字技术下的乡村经济研究

数字技术与乡村经济发展始终是数字乡村建设的重点内容，现有研究主要围绕着数字经济的发展现状、数字技术与乡村经济结构展开了讨论，对电子商务、淘宝村、"直播＋电商"、乡村旅游等经济发展模式进行了深入分析。从理论与实践来看，数字经济创新了农村经济发展模式，拓展了城乡之间的资源沟通渠道，同时借助网络数字平台的力量，不断创新的经济发展形式激活了乡村资源，改变着乡村的生产生活空间。但是，乡村数字基础薄弱、技术设施成本高、农业转型困难等问题也在制约着乡村经济发展。

首先从数字经济的发展现状来看，这类研究主要讨论了数字技术在推动乡村经济发展中的作用，与数字普惠金融、电子商务、旅游业、返乡创业的探讨联系紧密，目的在于通过数字技术激活乡村要素实现乡村高质量发展。齐文浩等认为数字经济可以创新农村经济发展模式、弱化城乡二元结构壁垒、为农业生产注入新活力以及促进农村经济可持续发展，是助推乡村经济高质量发展不可或缺的动力。② 赵羚雅对乡村振兴背景下互联网使用与农民创业的关系进行了研究，发现互联网使用显著提高了农民创业的概率，通过拓宽农民信息渠道、丰富农民社会资本、增强农民风险偏好三种渠道促进农民创业。③ 但是乡村数字化建设正处于初始阶段，各地区数字基础建设差异较大，因此也面临着数字鸿沟、人才和经济制约等问题。陈潭等从区域、城乡、阶层、代际四个层面指出当前数字乡村建设面临的信息鸿沟，而且信息投资差距、设备差距、消费与能力差距抑制了农村群体

---

① 熊万胜，徐慧. 技术整合：数字技术推动行政村社区整合的机制研究［J］. 社会科学，2022（3）.
② 齐文浩，张越杰. 以数字经济助推农村经济高质量发展［J］. 理论探索，2021（3）.
③ 赵羚雅. 乡村振兴背景下互联网使用对农民创业的影响及机制研究［J］. 南方经济，2019（8）.

数字力的迸发，从而导致了信息鸿沟的扩大再生。① 在冯朝睿等看来，数字经济的发展障碍包括城乡二元发展格局引起的数字鸿沟、农业数字化转型中的障碍、数字治理能力不足、成本过高等多重实践困境。②

发展乡村电子商务是发展乡村经济的重要方式，学界围绕电子商务的发展现状和逻辑、对乡村社会以及城乡关系的影响等展开了丰富的研究。电子商务作为网络化、虚拟化的新型经济活动，深刻地改变了传统农村的生产和生活方式，以淘宝村的形式在地理空间上实现了规模和集聚化发展，在微观层面上实现了新型城镇化进程中的产业升级与转型。③ 电子商务作用下的乡村城镇化是信息化时代新的自下而上的进程，这一进程是对乡村地区社会、经济环境与物质空间的系统重构，体现为跃迁的就业非农化、全面的生活现代化以及集约的空间城镇化特征，以"人的城镇化"带动"空间城镇化"。④ 农村电商在实现乡村精准扶贫的过程中，不仅引起了当地经济形态和社会关系网络的变化，拓宽了创业就业渠道，也激活了流动人口"回乡创业"的热情，进而重构了乡村地区的经济、社会和文化意义。⑤ 随着网络直播、短视频的兴起，"直播＋电商"的兴起成为乡村振兴、农民致富的新选择，激活了现有农村电子商务系统，给年轻人提供了就业创业的平台与机会，补齐了乡村振兴的"人才短板"。⑥

淘宝村的发展也面临着很多困境，制约着贫困地区乡村经济的发展。杜永红指出，贫困地区农村电子商务的发展存在资源配置效率低，获取资源与发展的能力弱以及农产品规模化、标准化程度低等问题，制约了贫困地区农民利用电子商务就业创业和增收脱贫目标的快速实现。⑦ 陈宏伟等发现淘宝村在促进农村经济发展时并没有改善人居环境和公共服务，反而阻

---

① 陈潭，王鹏. 信息鸿沟与数字乡村建设的实践症候 [J]. 电子政务，2020 (12).
② 冯朝睿，徐宏宇. 当前数字乡村建设的实践困境与突破路径 [J]. 云南师范大学学报（哲学社会科学版），2021，53 (5).
③ 杨思，李郇，魏宗财，等. "互联网＋"时代淘宝村的空间变迁与重构 [J]. 规划师，2016，32 (5).
④ 罗震东，何鹤鸣. 新自下而上进程：电子商务作用下的乡村城镇化 [J]. 城市规划，2017，43 (3).
⑤ 王盈盈，谢漪，王敏. 精准扶贫背景下农村电商关系网络与地方营造研究：以广东省五华县为例 [J]. 世界地理研究，2017，26 (6).
⑥ 王志和. "直播＋电商"如何助力乡村振兴 [J]. 人民论坛，2020 (15).
⑦ 杜永红. 乡村振兴战略背景下网络扶贫与电子商务进农村研究 [J]. 求实，2019 (3).

碍了乡村人口的回流与扎根，甚至出现了老人与儿童留守在城市、中青年劳动力进村务工的"反留守"现象。① 淘宝村的形成与发展有着自身的逻辑，一些研究对淘宝村的发展逻辑、生计方式等展开了研究。在淘宝村创业集聚的"萌芽""形成和发展""成熟""转型和升级"四个阶段都有不同的影响因素，主要表现为地区创业文化传统激发了农民识别和发现创业机会、创业带头人的示范效应促进了创业机会的扩散、互联网等基础设施的完善加速了产业集群的形成、制度支持与政府引导促进了集群转型与升级。② 周大鸣等指出互联网电子商务在乡村的出现和普及，推动村落社会空间体系向城镇空间体系转变，如前店后厂式的居住空间、商业空间的出现与发展、专业工业园区的建立以及互联网衍生的多元产业空间，同时乡村的生计模式也开始摆脱农业种植，逐步向城市生计模式靠拢。③

发展乡村旅游电子商务成为拓展市场的重要手段，电子商务与乡村旅游结合是适应市场要求的一种必然趋势，学界对互联网与乡村旅游资源融合的发展现状和困境进行了研究。④ "互联网＋乡村生态旅游"是乡村地区产业发展的新形式，在"互联网＋"行动计划的影响下，乡村生态旅游的营销模式、经营消费模式都在网络化发展，不仅带动了乡村生态旅游产业的发展，也逐渐向农村电子商务、第三产业等周边产业延伸。⑤ 网络营销能大幅提升乡村旅游经营效益，但是，网络技术影响下的乡村旅游存在营销观念落后、营销无创新、促销方式单一、营销缺乏整体规划等问题。⑥

（三）乡村治理数字化研究

从现有研究来看，数字治理技术已在乡村治理领域得到扩展与应用，推动了乡村治理数字化。数字乡村背景下的乡村治理研究主要从数字赋能

---

① 陈宏伟，张京祥. 解读淘宝村：流空间驱动下的乡村发展转型 [J]. 城市规划，2018，42 (9).
② 于海云，汪长玉，赵增耀. 乡村电商创业集聚的动因及机理研究：以江苏沭阳"淘宝村"为例 [J]. 经济管理，2018，40 (12).
③ 周大鸣，向璐. 社会空间视角下"淘宝村"的生计模式转型研究 [J]. 吉首大学学报（社会科学版），2018，39 (5).
④ 廖军华. 论我国乡村旅游电子商务的发展 [J]. 湖北农业科学，2010，49 (7).
⑤ 周菲菲. 互联网＋时代乡村生态旅游发展策略探析 [J]. 农业经济，2016 (8).
⑥ 冀晓燕. 网络新媒体发展下乡村旅游的营销策略 [J]. 社会科学家，2020 (2).

角度进行了讨论，分析了数字乡村治理内涵、数字乡村治理的特征以及数字治理与乡村治理的关系。数字乡村建设运用数字信息技术，重构传统乡村治理。数字技术为乡村建设提供了网络空间，实现了线上线下双向互动，从而推进乡村治理转型。总的来看，数字技术赋能于乡村治理各维度，为乡村治理增添了活力，弥补了传统乡村治理方式存在的不足。在由数字信息构造的数字空间平台中，村民交往突破了地域限制，数字空间赋予村民参与公共事务的机会，也促进了村民在数字空间中的交往，构建了新型乡村治理共同体。但是技术赋权下的乡村公共能量场也存在"话语无序"和"传播偏向"的风险、数字鸿沟、网络舆论带来的信任风险、网络监管难题以及基础设施建设薄弱等风险与问题，已成为数字乡村实践发展的障碍。

　　数字技术在乡村治理中以赋能治理主体的形式发挥作用，为治理主体参与乡村治理提供了便捷的途径，现有研究从数字赋能、技术治理与乡村治理、数字技术与治理主体等维度分析了数字化的治理方式。从数字赋能的角度来看，数字乡村建设遵循从传统管理到数字治理、从平台建设到资源整合、从技术服务到赋能共享、从适度收益到长效发展的实践逻辑，凸显了以人为本、成效导向、统筹集约、协同创新的优势特点。[①] 沈费伟指出现代信息技术可以激发村庄的内生活力，为乡村授权赋能。技术赋能体现为信息技术赋能于村民个体、政府、市场组织、社会组织等主体和乡村政策、制度与治理结构。他分别从微观、中观、宏观层面剖析技术赋能存在的困境，认为其主要表现为个人技术赋能层面的观念困境与文化困境，组织技术赋能层面的参与困境与组织困境，以及社区技术赋能层面的制度困境与结构困境。[②] 胡卫卫等认为互联网技术嵌入乡村社会改变了乡村治理结构，打破了传统乡村治理中基层政府"话语霸权"和草根群众"政治冷漠"的结构性困境，在解构国家行政权力专断性、拓展乡村空间公共性和克服信息传播单向性的同时，通过技术赋能的形式提升了农民的民主意识和政治热情。[③] 数字治理改变了传统的治理方式，推动治理主体间的关系发生转

---

① 沈费伟, 叶温馨. 数字乡村建设：实现高质量乡村振兴的策略选择 [J]. 南京农业大学学报（社会科学版），2021, 21 (5).
② 沈费伟. 乡村技术赋能：实现乡村有效治理的策略选择 [J]. 南京农业大学学报（社会科学版），2020, 20 (2).
③ 胡卫卫, 辛璟怡, 于水. 技术赋权下的乡村公共能量场：情景、风险与建构 [J]. 电子政务，2019 (10).

变。从数字治理与乡村治理的关系来看，在信息时代的大背景下，"互联网+党建"依靠互联网平台及信息技术、互联网思维，创新党组织自身建设的方式方法，提升基层党组织的乡村治理能力。信息技术为农村基层党组织建设和社会治理带来重大变革，引领乡村治理体系的现代化建设。[1] 数字技术改变了治理主体参与乡村治理的途径，可以将分散各地的村民集聚其中，不同地域的村民均可以通过数字空间参与乡村治理。马丽等指出"互联网+"下的乡村治理提升了乡村治理专业化水平、重塑了村民利益诉求、强化了村民参与意识与管理者责任感以及纠正了基层权力的"跑偏"，实现了乡村治理创新。[2]

互联网技术融入乡村治理是势之所趋，在信息科技推动下，乡村治理各领域的数字化实践取得了一定成效，但我国多数农村地区经济、文化发展落后，这就决定了技术治理将会为乡村治理带来新的挑战，主要体现为信息鸿沟增加了乡村治理成本；无序网络参与引发了农村社会问题甚至影响了乡村社会的稳定，增加了乡村治理的复杂性。[3] 目前乡村治理数字化还处于畅通信息渠道层面，在数字化基础设施、数字资源整合、数字意识、数字化人才队伍建设方面仍存在诸多问题。[4]

以上从乡村文化、乡村经济与乡村治理三方面对乡村建设中的技术治理研究进行了回顾总结。从网络的发展趋势来看，数字技术日益成为推动乡村社会发展创新的重要因素，网络融入乡村社会已成为不可避免的社会发展趋势，改变了乡村发展方式、乡村社会结构，为乡村社会注入了新的发展活力。在文化建设中，"互联网+"在改变乡村文化传播形式和内容的同时，也重塑了乡村社会的凝聚力，成为重构乡村公共性的数字基础。数字乡村建设的重要目的在于推动乡村经济发展，提高农民的生活质量。从现有的实践来看，通过网络平台，乡村实现了资源的转换，但是也应看到，对大多数普通村庄而言，数字技术的使用能力依然有待提高。数字化与乡村治理始终是重要的治理议题，大数据与乡村治理、乡村治理网格化、"互联网+"政务服务改变了传统的治理方式。现有研究多从理论上思考数字

---

[1] 宗成峰，朱启臻."互联网+党建"引领乡村治理机制创新：基于新时代"枫桥经验"的探讨 [J]. 西北农林科技大学学报（社会科学版），2020, 20 (5).

[2] 马丽，张国磊."互联网+"乡村治理的耦合、挑战与优化 [J]. 电子政务，2020 (12).

[3] 房正宏，王冲. 互联网时代的乡村治理：变迁与挑战 [J]. 电子政务，2017 (1).

[4] 冯献，李瑾，崔凯. 乡村治理数字化：现状、需求与对策研究 [J]. 电子政务，2020 (6).

治理，缺少对数字治理的实证分析，还需要深入讨论不同数字治理方式对乡村社会的影响。当前数字乡村建设总体上仍处于起步阶段，还需要对数字乡村建设的经验、评价标准以及制约因素和发展路径等进行探索。

四、激活乡村建设的社会基础

学界主要从乡村建设主体和建设内容方面讨论了如何激活乡村建设的社会基础，以问题为出发点，针对乡村建设中存在的问题提出具体的解决措施，或对具体案例的实践经验进行总结，或从政策、制度层面提供策略。在网络越来越重要的趋势下，以数字或信息技术激活乡村建设的社会基础已经成为不可阻挡的潮流，数字乡村建设成为乡村建设的重要内容，学界针对数字建设中农民动力不足、数字素养缺乏等问题提出了解决措施。从建设主体角度来看，乡村建设需要发动多元主体参与其中，现有研究从激活农民主体性、政党引领、社会组织参与等不同视角出发，讨论了如何推动多元主体参与乡村建设。在建设内容方面，乡村治理、经济建设和文化建设等都是乡村建设内容，有研究针对乡村建设的某项内容进行了论述，如文化建设应注重发挥文化的作用，强调用传统文化来凝聚人心，重建农民组织和社会秩序；经济建设应从经济入手来组织社会，发动乡村社会生产关系革命，继而推动生产力的大发展；乡村治理重在强调基层政府的带动和引领作用，改变传统治理方式，重建和优化乡村社会秩序。

（一）激活乡村社会基础的综合路径

这类研究可以分为以下两方面：一是对完善数字乡村建设路径的探讨，学者们基于数字乡村建设的特质以及发展中存在的问题提出解决措施，推进信息技术融入乡村社会；二是从乡村建设的内容出发讨论如何建设乡村，如从乡村产业、乡村治理或文化等层面提出如何促进某一方面建设内容的发展，问题视角的差异决定了解决措施的不同。从总体来看，这类研究都突出了信息技术在乡村建设中的重要性，致力于激发农民参与到乡村建设中的积极性。

首先,从对数字乡村建设的研究来看,学者们对数字技术与乡村建设间的关系、信息技术的运用等进行了讨论。数字乡村致力于推进乡村经济、政治和文化等全面建设,实现乡村高质量发展,是推动城乡融合的新路径。刘少杰等指出数字乡村建设中的内在矛盾是外部力量与内生动力、理性规划与感性存在、统一模式与多样差异之间的矛盾。在数字乡村建设行动的开展中,需要总结历次乡村建设行动的历史经验与教训,处理好外部力量与内生动力、理性规划与感性存在、统一模式与地区差异之间的矛盾,充分利用激活主体、激活要素和激活市场这三大推进路径。① 针对城乡之间日益扩大的数字鸿沟,吕普生认为应当推动涉农资源的信息化建设与农业数字化转型,通过技能培训提高农民的信息感知和使用能力,加快信息基础设施建设,提高农民信息可及性,降低信息使用成本,促进城乡资源流通与融合发展,让农民可以从信息使用中获得利益。②

其次,学者们从乡村建设的不同方面出发对优化乡村建设的路径进行了探索,研究内容主要涉及乡村文化、治理和产业发展。从振兴乡村文化建设的路径来看,周锦等认为文化建设是支撑乡村振兴的发展基础,需要长期致力于文化建设,形成文化主导的乡村发展模式。乡村是传统文化的重要载体,本身就拥有许多物质文化遗产和非物质文化遗产,乡村文化建设路径可以从复兴传统村落文化建设、建设特色小镇、打造具有文化品位的美丽乡村和建设乡村文化网络空间来实现。③ 互联网创新了乡村文化的传播途径,也丰富了乡村文化的建设路径。庞慧敏等认为网络时代的乡村文化建设应当从以下几方面展开:培育网络"新乡贤",实现对网络舆论的引导;整合和引导乡村社会关系,探索乡村文化传承的合理创新,重建乡村文化的代际传播模式,维护乡村社会关系稳定;改变乡村文化单一的传播内容,创新乡村文化传播内容与手段,将人际传播与大众传播紧密结合起来。④

乡村治理也是乡村建设研究的重要内容,学者们从治理主体、治理方式等角度出发讨论了乡村治理的优化措施。熊万胜指出,治理的最终目的

---

① 刘少杰,林傲耸.中国乡村建设行动的路径演化与经验总结[J].社会发展研究,2021,8(2).
② 吕普生.数字乡村与信息赋能[J].中国高校社会科学,2020(2).
③ 周锦,赵正玉.乡村振兴战略背景下的文化建设路径研究[J].农村经济,2018(9).
④ 庞慧敏,王馨誉.网络时代乡村文化传播的重建与策略[J].传媒,2018(24).

就是要实现乡村社会的"治理性团结",重建和优化乡村社会秩序。实现治理振兴的关键在党,应以党的建设来推动乡村的社会治理或者社会建设。通过乡村治理实现乡村振兴的路径可以表述为:在结构上推动社区体系、组织体系、制度体系和政经关系等治理体系建设,在功能上围绕提升农民生活品质、搞好新农村建设,从功能定位、治理理念、队伍建设和财力保障等方面提高帮助群众创造美好生活的能力。① 刘伟认为政府需要转向"服务引领制"的治理模式,即以服务提升执政党基层社会治理绩效,进而引领基层社会发展。其大方向是坚持精英—大众整合、服务吸引和存量管理,实现路径是去官僚化和加强党员群体管理两大基本路径。②

此外,也有学者从农业产业和生活方面讨论了数字乡村建设的策略。毛薇等指出,首先应从推广农业产业现代化信息技术、培育乡村新产业和数字乡村建设人才层面推进农业产业数字化;其次应从加强乡村电子政务和乡村规划建设,以及社会治安层面实现农村治理数字化;最后应从完善乡村信息基础设施建设、做好数字乡村与网络扶贫的衔接、成立乡村信息社层面实现农村生活数字化。③ 也有学者对其他方面的内容进行了研究。张军指出应当从经济、文化、生态、福祉和政治五个方面加强乡村建设,促进乡村振兴。④

(二) 激发乡村建设主体参与的机制研究

乡村建设离不开主体参与,多元主体参与是推进美丽乡村建设的重要保障,现有研究从构建驱动机制激活农民主体性、完善基层组织建设以及农民数字素养培养等方面探讨了如何激发乡村建设主体的力量。一方面,学者们从外部制度保障、组织体系、精英带动等层面分析了激活乡村建设行动主体参与的路径,为相关主体参与乡村建设提供保障。另一方面,数字乡村建设是推动实现农业农村技术化治理的重要路径,针对农民数字素

---

① 熊万胜. 试论乡村社会的治理振兴 [J]. 中国农业大学学报 (社会科学版),2019,36 (3).
② 刘伟. 从"嵌入吸纳制"到"服务引领制":中国共产党基层社会治理的体制转型与路径选择 [J]. 行政论坛,2017,24 (5).
③ 毛薇,王贤. 数字乡村建设背景下的农村信息服务模式及策略研究 [J]. 情报科学,2019,37 (11).
④ 张军. 乡村价值定位与乡村振兴 [J]. 中国农村经济,2018 (1).

养和技能偏低的现实困境，学者们从乡村网络基础设施建设、数字化水平以及媒介使用偏好等层面探讨了如何缩小数字鸿沟，让信息技术更好地为民所用。

具体而言，驱动乡村建设主体参与乡村建设的外部激励和组织体系保障是学者们的研究重点。何得桂从政府、农民、资本和学术机构的合作角度出发讨论了驱动机制：在宏观层面，不同主体要实现互动协同和有效整合，以形成强大、可持续的合力；在中、微观层面，要促进公共政策、资本、科技、文化等多个驱动要素的协调优化，不仅要注重发挥法律与公共政策、资金与利益的驱动作用，更要重视和增强科技与人才、文化与教育对美丽乡村建设的基础性动力。① 数字技术融入乡村社会遵循自上而下的路径，因此，需要基层政府完善政策支撑、夯实数字基础设施建设、培育农民数字素养、建设多元治理主体有效参与路径。② 尹广文指出，在激活和培育乡村建设行动主体的路径中，需要充分利用大数据、云计算、人工智能等数字化技术手段，促使乡村建设行动主体在思维认知和建设行动等方面实现数字化转型，推动乡村建设过程、要素和内容的数字化转换，进而实现精准高效的乡村建设目标。③

另外，从现有研究来看，数字乡村建设存在对农民内在数字素养的培育及其在数字乡村发展中的作用重视不够的问题。作为乡村建设的主体，农民的数字素养水平决定着数字乡村建设的"底色"和建设成效，目前，数字乡村建设存在信息技术鸿沟和农民数字素养偏低的困境。因此，推动互联网技术融入乡村社会需要培育高素质农民，提升农民数字素养。应从完善乡村网络基础设施建设和提高数字化水平培育层面入手，拓展农民数字媒介接触渠道、提高农民数字媒介认知水平、提升农民媒介数字素养。④ 苏岚岚等指出应以低成本、高效率、低风险的参与促进数字乡村单一领域发展，以农民数字素养为纽带激活乡村数字基础设施、产业、生活、生态、

---

① 何得桂. 中国美丽乡村建设驱动机制研究［J］. 生态经济，2014，30（10）.
② 冯朝睿，徐宏宇. 当前数字乡村建设的实践困境与突破路径［J］. 云南师范大学学报（哲学社会科学版），2021，53（5）.
③ 尹广文. 乡村振兴背景下数字乡村建设的行动主体激活与培育［J］. 社会发展研究，2021，8（4）.
④ 常凌翀. 数字乡村战略下农民数字化素养的价值内涵与提升路径［J］. 湖南社会科学，2021（6）.

治理协同发展的互动关联系统，优化系统结构和要素配置，生成数字乡村发展新的内生动力，提高数字乡村发展质量。①

　　综上所述，本章从区域发展的研究现状、区域中的乡村建设研究、乡村建设中的技术治理以及激活乡村建设的社会基础四方面对区域发展的研究现状和乡村社会基础进行了文献回顾。通过对近年来文献的梳理，可以发现针对区域发展的研究主要集中于区域协调发展、区域差异以及区域或城乡一体化战略，这类研究主要从宏观视角出发，通过经济指标、人口分布和科技教育布局等维度反映了区域发展现状及差距。研究指出，区域间的发展差距在人口分布、公共基础建设等方面愈加明显，因此区域发展未来的研究将会聚焦于如何促进区域协调发展。区域中的乡村建设研究主要讨论了乡村建设的理论体系、乡村发展方向和建设主体以及城乡关系中的农村发展。乡村建设是一项复杂的工程，推动农业农村现代化面临着建设主体动力不足、如何实现小农户对接大市场、如何处理不同主体间的关系等问题。现有研究对乡村建设运动和各地开展的乡村建设实践进行了经验总结，通过对实践的反思丰富乡村建设理论体系，探讨了如何建设乡村、激活主体参与乡村建设等问题，未来研究也将会继续沿着这一路径，讨论如何推动乡村经济发展、实现治理方式转变以及激发主体参与乡村建设的活力。现在的乡村建设引进了网络数字技术，且这一因素在推动乡村社会发展中的作用也越来越重要。乡村文化、经济建设和数字治理是乡村建设技术研究中主要讨论的几个方面。从现有研究中可以看到，数字技术在丰富乡村文化的同时也催生了新的乡村秩序，以淘宝村、网络直播的形式创新了乡村经济发展模式，互联网时代的乡村治理突破了传统治理方式的局限，数字技术正逐渐深入乡村社会的各个方面，也在改变着乡村的社会关系和社会结构。目前数字乡村建设正处于起步阶段，还存在信息基础设施建设差、缺乏人才支持以及技术作用不明显等问题，因此，未来乡村建设中的技术研究应继续讨论数字乡村建设面临的困境，从理论和实践经验层面总结乡村数字化建设路径。

---

①　苏岚岚，张航宇，彭艳玲. 农民数字素养驱动数字乡村发展的机理研究［J］. 电子政务，2021（10）.

第二章　乡村耕地经营权流转的社会基础
——基于耕地经营权与规模化的考察

一、耕地产权制度结构逐渐完善

（一）集体所有权得到维持

在原始社会中，氏族一般实行耕地共有制，未产生耕地归属和所有权意识。但在原始社会晚期，氏族部落组织日益衰落，耕地共有制随之衰落，共有耕地大多化为个人所有，形成了耕地个人私有的财产观念，出现了大土地所有者和以耕地抵押现象。在奴隶社会和封建社会中，耕地名义上属君主所有，但实际为各类私人所有，如奴隶主和地主等。

1840年鸦片战争后，我国逐渐沦为半殖民地半封建社会，耕地集中程度日益提高，自耕农日益丧失土地所有权并沦为贫农和佃农。民国时期，孙中山主张的"三民主义"并未实现，耕地反而日益向官僚、军阀和大地主手中集中。

新中国成立后，1950年的土地改革通过统一分配土地确立起农民的土地所有制，获得耕地的农民表现出空前的积极性。不过，在这种土地所有制方式下，农民的生产规模小，不利于农业生产力的发展、社会主义制度的巩固和社会主义工业化，而且农民之间很快出现分化。因此，在农民的土地所有制实行期间，全国即开始建立农业生产互助组，在保留耕地属农民所有的同时实行劳动互助。1953年我国开始建立初级农业生产合作社，耕地由合作社集中经营，合作社把农民组织起来进行更高层次的联合生产。1955年下半年开始至1956年底，初级农业生产合作社迅速转向高级农业生产合作社，取消入社分红制，耕地由个人私有制变成合作社集体所有制。在人民公社时期，整个公社可以自由调配耕地。在农业发展遭遇挫折后，人民公社又逐渐实行"三级所有、队为基础"的制度。而20世纪80年代初开始的家庭联产承包责任制改革，仍坚持耕地的集体所有制。

坚持农村耕地的集体所有制，是中国耕地制度的重要特征。历史表明，完全的耕地私人所有制最后往往会导致耕地大规模集中到少数私人手里，社会陷入两极分化，并引发社会动荡。因此，中国必须坚持耕地的集体所有制，否则国家将面临较大政治风险，执政党将面临严重执政风险，社会制度将面临合法性风险，社会发展将面临方向性风险。因此，党和国家对耕地私有化高度警惕，始终坚持耕地集体所有制，强调绝不能突破耕地集体所有的政治红线，以有效规避政治风险。

（二）"三权分置"初步确立

中国耕地产权结构经历了从复杂到简单，再到复杂的变迁过程。我国历史上曾形成过较为复杂的耕地租佃制度和产权结构，地主拥有耕地所有权，同时往往把耕地租给佃农，委托专业收租人收租。佃农只要交租交税就可长期拥有租佃权而不被随意剥夺，甚至地主出售所有权（田底权）也不会影响佃农的租佃权（田面权）。佃农还可以"二地主"身份将田面权转租给"二佃户"。新中国成立后到改革开放前，我国主要形成的是一种相对简单的产权制度安排，即集体共有、集体生产、平均分配的产权结构。家庭联产承包责任制解决了劳动过程监督困难和分配非正义问题，也符合农民的传统小农思维方式和耕作理想，在短期内极大地促进了农民的生产积极性，提高了农业生产效率。但是，家庭联产承包责任制的制度红利与边际效用逐渐递减，农民

"一夜跨过温饱线却三十年未过富裕坎",耕地的小规模、分散化、细碎化增加了家庭经营成本,农户无力投资改进技术,阻碍了农业机械化,农业发展很快又进入了新的徘徊期,削弱了集体经济[1],农民市场权利日益弱化,更无法"脱农入工"。[2] 到了世纪之交,乡镇企业和集体经济增值收益分红越来越少,集体提留逐年增加,农民负担日益沉重,农村矛盾急剧恶化,群体事件不断出现,一度陷入"农民真苦、农村真穷、农业真危险"的状态。而与此同时,东部地区出口加工产业的发展形成了巨大的劳动力市场需求,农民纷纷"外逃式"务工,承包地闲置和撂荒现象日益增多,有的县30%的承包户选择弃耕,弃耕面积占该县耕地面积的比例高达23.7%。[3] 2006年起国家取消农业税,城市开始反哺农村,国家日益重视农村民生建设,但农业衰败和农村空心化趋势仍在继续。[4]

面对此种情况,耕地流转越来越成为一个紧迫的问题。1984—2006年中央一号文件均鼓励耕地流转,提倡规模经营,于是工商资本、地方基层政府和农村内生精英逐渐参与耕地整治和流转,农业规模经营主体日益增多。2008—2014年,全国家庭承包耕地流转面积年均增长率达24.4%,流转比例逐渐达到30.4%。[5] 但是,人们对耕地流转客体一度存在模糊的甚至不正确的认识,有的人将耕地流转客体视为承包经营权流转甚至所有权流转,有的人则认为实质是买地卖地或耕地私有化。有鉴于此,2014年中央一号文件明确提出落实所有权、稳定承包权和放活经营权的重大改革思想,2016年中共中央办公厅、国务院办公厅印发《关于完善农村土地所有权承包权经营权分置办法的意见》正式确立耕地所有权归农民集体所有、承包权归原承包户所有、经营权归实际经营主体所有的"三权分置"的产权结构安排。党的十八届五中全会和十九大报告又提出要完善"三权分置"办法,明确"三权"各自权能并对"三权"平等保护。至此,耕地"三权分置"的产权结构安排基本定型,农村耕地制度完成了一次重大创新。

---

[1] 杜建辉. 驻村录:中国北方乡村生活考察报告 [M]. 郑州:河南大学出版社,2009.
[2] 陈驰. 一个基层干部对中国土地问题的思考 [EB/OL]. (2015-10-14) [2023-08-31]. https://ontheroad.blogchina.com/2688608.html.
[3] 杨涛,王雅鹏. 农村耕地抛荒与土地流转问题的理论探析 [J]. 调研世界,2003 (2).
[4] 李永萍. 土地抛荒的发生逻辑与破解之道 [J]. 经济学家,2018 (10).
[5] 王桂民,陈聪,曹光乔,等. 中国耕地流转时空特征及影响因素分解 [J]. 农业工程学报,2017,33 (1).

耕地"三权分置"产权结构安排的复杂性、涉及利益主体的多元性、价值目标的多重性、所涉因素的系统性与多层次性，使得耕地经营权流转内含公平与效率、自由与强制、开放与封闭、市场配置与行政干预、本地适当规模经营与外来工商资本超大规模经营等多重内在矛盾，以及国家政策价值目标、新型经营主体工具理性、传统农户生存理性、科层官员合法性之间的多重冲突。为此，党中央和国务院一再强调"三个相适应"，即农业适度规模经营发展要与城镇化进程和农村劳动力转移规模相适应，与农业科技进步和生产手段改进程度相适应，与农业社会化服务水平提高相适应，以促进耕地经营权的健康流转。

二、耕地经营权流转概况

在 20 世纪 80 年代初，农户之间存在零星的自发流转耕地经营权行为，目的在于耕作经营方便而非规模经营。以规模经营为目标的耕地经营权流转始于经济发达地区，20 世纪 80 年代中后期，东部地区外向型出口加工业日益发达，本地农民大量办厂进厂，他们实际上是最先撂荒或流转自己承包耕地的那一批人。进入 21 世纪后，广大农村地区的留守农民大多已无力耕种，第一代农民工返乡务农率又极低，其子代更是普遍脱离农业生产。承包户的耕地撂荒日益严重，承包户出于税负压力将部分或全部耕地私下自发交给亲友、乡邻耕作。2006 年国家免除农业税后，面对更加普遍的耕地撂荒，各级政府纷纷采取措施促进耕地经营权的流转，工商资本纷纷下乡，又出现了剥夺承包权、耕地非农非粮化以及各种流转管理服务乱象。为了促进耕地经营权流转的规范化，2012 年农业部确定 33 个市（县、区）作为试点，经过几年试点取得了较好的成效，积累了成功经验，包括要坚持集体所有权和家庭承包权，要适应市场经济推进流转，要以专业大户、家庭农场、农民专业合作社为土地经营主体，规模经营要适度，要建立流入者经营能力审查制度并加强流转监督管理，要建立和完善土地租金预付制度、农业保险补贴和风险保证金制度等。自 2016 年耕地"三权分置"有关办法实施以来，耕地经营权流转逐渐加速，流转比例逐渐提高，流转模式日益多样化，流转参与主体日益多元。

(一) 流转的面积占比

在耕地"三权分置"有关办法出台前，全国耕地经营权流转面积和比例的上升相对缓慢。全国耕地经营权流转面积占家庭承包耕地面积的比重1996年为2.6%，2007年为5.2%，2008年为8.9%，2009年为12%，2010年为14.7%，2011年提高到17.8%，到2013年已达25.7%，比重超过40%的省份达5个，主要是经济相对发达省份。① 2014年农村集体耕地面积的92.8%都由农民家庭承包，共约13.3亿亩，签订承包合同2.21亿份，颁发土地承包经营权证2.06亿份，其中经营权流转面积4.03亿亩，占家庭承包经营耕地面积的30.4%。② 到2015年底，全国耕地面积20.2亿亩，其中约13.5亿亩由农民家庭承包，承包耕地经营权流转面积达到4.47亿亩，占总承包耕地14.8亿亩的33.3%。③

在耕地"三权分置"有关办法出台后，经营权流转进一步提速。到2016年6月底，家庭承包耕地流转面积4.79亿亩，占全国家庭承包耕地面积比例达到35.1%。④ 2017年，全国耕地流转面积5.12亿亩，占家庭承包耕地比重达到37%，有5个省（市）的耕地流转比例达到50%以上，其中上海75.4%、北京63.2%、江苏61.5%、浙江56.8%、黑龙江52.1%。⑤ 2004年全国家庭承包耕地流转面积为0.58亿亩，而2018年已超过5.3亿亩，占家庭承包耕地面积的比重已超过40%。⑥ 2020年全国家庭承包耕地

---

① 其中1996、2010年数据源自：郜亮亮.中国农地流转市场的现状及完善建议 [J].中州学刊，2018（2）；2007、2008、2009年数据源自：陈敏.土地流转中的政府责任思考 [J].农村经济，2010（8）；2011年数据源自：各省区市家庭承包耕地流转情况（截至2011年底）[EB/OL].（2012-05-28）[2024-03-01]. https://www.nctudi.com/news/detail-24946.html；2013年数据源自：农业部经管总站体系与信息处.2013年农村家庭承包耕地流转情况 [J].农村经营管理，2014（5）.
② 韩长赋.全国耕地流转面积占总承包耕地比重超过三成 [J].中国农民合作社，2015（10）.
③ 高帆.中国乡村振兴战略视域下的农民分化及其引申含义 [J].复旦学报（社会科学版），2018，60（5）.
④ 农业部经管总站体系与信息处.2016年农村家庭承包耕地流转及纠纷调处情况 [J].农村经营管理，2017（8）.
⑤ 2017年农村家庭承包耕地流转情况 [J].农村经营管理，2018（10）.
⑥ 国家统计局农村司.农业生产跃上新台阶 现代农业擘画新蓝图：新中国成立70周年农村经济社会发展成就报告 [J].农村·农业·农民（B版），2019（9）.

流转面积已超过 5.55 亿亩。①

（二）流转的空间分布

东、中、西部地区和东北地区流转进展不平衡。东部人口城镇化程度最高，经营权流转的空间最宽裕，流转率最高。2016 年上海浦东新区流转比例达 76.1%②，北京市流转比例为 63.2%③，广东省耕地规模化耕种面积占全部实际耕地耕种面积的比重为 20.1%。④ 2018 年，福建省受访的耕地流转户中有 46.9% 的农户将耕地流转给专业大户，3.9% 的农户将耕地流转给家庭农场，3.9% 的农户将耕地流转给专业合作社，5.7% 的农户将耕地流转给龙头企业，还有 39.6% 的农户将耕地流转给有剩余劳动力的其他一般农户。⑤ 从总体上看，东部地区各省份经济相对发达、社会资金相对充足、农民市民化速度更快，耕地经营权流转进展也更快，耕地直接出租比重较少，更多的是采取股份制流转，在经营权流转费保险、贷款抵押保险和经营风险保险方面取得了系列经验，特别是上海以家庭规模经营为主要模式的经验值得借鉴。

中部多是农业大省。2016 年，安徽耕地流转率接近 50%⑥，其中凤阳县小岗村大部分耕地经营权被重新集中到小岗村创新发展有限公司并对外出租。2016 年，耕地经营权流转率，湖南为 41.71%⑦，河南为 40%。⑧ 湖

---

① 高云才. 保持农村土地承包关系稳定并长久不变 [N]. 人民日报，2020-11-09 (12).
② 周文. 上海浦东新区推进农村土地流转机制创新 [N]. 农民日报，2016-10-18 (7).
③ 2017 年农村家庭承包耕地流转情况 [J]. 农村经营管理，2018 (10).
④ 广东省第三次全国农业普查领导小组办公室，广东省统计局. 广东省第三次全国农业普查主要数据公报（第一号）[EB/OL]. (2018-01-29) [2024-03-01]. https://dara.gd.gov.cn/nyyw/content/post_1480245.html.
⑤ 范金旺. 福建耕地流转对农业收入影响研究 [J]. 农业与技术，2018，38 (1).
⑥ 姜刚. 安徽：农业适度规模经营耕地流转率近 50% [EB/OL]. (2017-01-16) [2024-03-01]. https://www.gov.cn/xinwen/2017-01/16/content_5160281.htm.
⑦ 湖南省农业农村厅. 农村土地流转趋势及风险防范策略：2016 年湖南省农村土地流转情况调查 [EB/OL]. (2017-03-20) [2024-03-01]. https://agri.hunan.gov.cn/agri/xxgk/gzdt/gzdt_5/201703/t20170320_4107316.html.
⑧ 农业部办公厅，井钦锋，梁希震，马孟蛟. 2016 年农业农村经济形势及对策调研系列情况 [EB/OL]. (2016-10-30) [2024-03-01]. http://www.ghs.moa.gov.cn/gzdt/201904/t20190418_6180892.htm.

北省是"三权分置"改革的发源地之一，截至2016年底，家庭承包耕地流转比例为39.5%。① 从总体上看，中部各省耕地经营权流转具有一定内生空间和条件，但因为农村人口比例较大，城镇化水平不如东部，规模化经营面临较大的人口转移压力，而农民对耕地和农业的依赖性更强，导致流转的外部环境支持较弱。

西部地区流转率相对较低。2016年耕地经营权流转率，广西壮族自治区为25%以上②，陕西为39%，内蒙古为32.5%，四川为33.8%，宁夏为26.7%，甘肃为24.6%（截至2016年9月底），云南为19.5%。③ 贵州安顺平坝区乐平镇塘约村的塘约模式影响较大。

东北三省耕地经营权流转最主要的特点就是规模大，因为该区域的农户承包地面积相对较大。2015年，黑龙江农村土地流转面积近0.69亿亩，农村土地规模经营面积近0.64亿亩，2017年，56个县（市）建立了农村产权及土地流转平台。④ 2018年，吉林省长春市农村土地流转面积达837万亩，占该市耕地总面积的44.6%。⑤ 辽宁省农村土地流转程序不规范，土地流转市场体系不健全等限制了土地流转。⑥ 东北三省直接出租耕地经营权的比例较低，大多数耕地经营权经由集体流转，而且也主要是流转给村内农户和各种专业合作社。

---

① 湖北省农业厅2016年工作总结［EB/OL］.（2017-01-23）［2024-03-01］. https://nyt.hubei.gov.cn/zfxxgk/fdzdgknr_GK2020/ghxx_GK2020/ndjhyzj_GK2020/202009/t20200908_2898121.shtml.

② 袁琳. 广西2016年农业农村发展多方报捷［N］. 广西日报，2017-01-11（6）.

③ 数据分别参见：陕西省统计局. 陕西农村土地流转的现状与思考［EB/OL］.（2017-03-24）［2024-03-01］. http://tjj.shaanxi.gov.cn/tjsj/tjxx/qs/201703/t20170324_1627879.html；高雅，刘玥. 供给侧改革背景下的农村土地流转问题：以内蒙古地区为例［J］. 农村经济与科技，2018，29（17）；李淼. 我省耕地流转率大幅提升至33.8%［N］. 四川日报. 2017-03-29（2）；宗时风. 圆梦，只争朝夕：2016年宁夏农业发展丰硕收官［EB/OL］.（2017-01-11）［2024-03-01］. https://www.gov.cn/xinwen/2017/01/11/content_5158720.htm；"十二五"以来甘肃省农村土地流转活力显现［EB/OL］.（2016-11-29）［2024-03-01］. http://gs.cnr.cn/gsxw/kx/20161129/t20161129_523294888.shtml；云南省农业厅. 云南省农业厅2016年政府信息公开工作年度报告［EB/OL］.（2017-01-20）［2024-03-01］. https://www.yn.gov.cn/zwgk/zfxxgkpt/zfxxgknb/zfxxgknb2016/szbmndbg2016/201912/t20191223_185879.html.

④ 参见黑龙江省政府网发布的2016年政府工作报告和2018年政府工作报告.

⑤ 张亚丽，白云丽，辛良杰. 耕地质量与土地流转行为关系研究［J］. 资源科学，2019，41（6）.

⑥ 李新仓. 农村土地流转与规模经营的法律对策研究：基于辽宁的实证调研［J］. 农业经济，2016（2）.

全国耕地流转面积占承包面积比重较高的前 10 个省份中，6 个属于东部地区，主要分布在经济活跃的长江中下游与京津地区以及东北的黑龙江省，另有重庆市和四川省。但东部各省份之间差异也较大，特别是三大直辖市的耕地流转率普遍较高，北京与天津耕地的非粮化程度较高，上海的耕地流转规模更大，农民增收效果更为明显，农民分享增值的机会与比例更大。以广东省为代表的珠江三角洲经济发达省份，依靠外来劳动力和非本地工商资本从事农业生产，形成的是以现代农业经济主体、现代市场化经营、现代企业化管理和现代劳资关系为特征的农业企业模式。在长江三角洲的东部省份，以家庭农场模式为主。黄河三角洲的东部大省，则又相对落后，主要是规模化经营和合作社模式，多种经营主体并存。中部省份一方面在加速耕地经营权流转，但集中流转较多。西部省份人均耕地面积较少，流转空间主要是因为外出务工农民增多而存在。其中一些耕地多、人口少的大省，单个家庭的耕地面积较大，但生产经营不是由家庭进行，而是由专业从事生产与服务的组织承包。西部省份外出务工农民比例更大，从而提高了耕地经营权流出意愿与流出比例，同时留守家庭和农民的教育水平相对更低，抑制了耕地流入意愿，所以西部耕地经营权流出供给总体上大于流入需求，且内生的规模经营者更少。就平均耕地流转规模看，东北规模最大，西部规模次之，中部规模再次之，东部规模最小。

　　经济发达与欠发达地区的耕地经营权流转状况存在明显差异。首先，经济发达地区耕地流转率相对较高，欠发达地区的耕地流转率相对较低。其次，从总体上看，欠发达地区耕地经营权流转嵌入社会关系和政治系统的程度较高，经济发达地区的市场化流转程度相对较高而嵌入性相对较低。嵌入性流转程度越低的地区，正式合同化流转的程度越高。当然，二者并不存在严格的相互排斥关系，一些地方的耕地流转过程为：先凭借社会关系网络和政治系统寻找交易对象，然后再严格按照相关要求签订流转合同，权利义务关系明确。最后，经济欠发达地区耕地经营权流动性相对较低，村庄陌生化程度相对较低，口头合约和嵌入关系的"自发性"流转更多，小规模社会网络治理机制发挥的作用较大，耕地流出增收效果不明显。从短期看，流转纠纷即使存在，规模也比较小，且属于社会内生性纠纷，一般不会演变成大规模的矛盾冲突，矛盾冲突也较少转移到基层党政干部身上，对社会稳定性不会产生较大冲击。而在经济发达地区，村庄陌生化程度高，社会网络机制对成员内部机会主义行为可能失去约束力。同时农民更有现代契约精神，更偏向于市场化大规模流转，但流入方受到市场风险的影响程度更大，这可能给相关利益主体带来较大损失，使之产生矛盾纠纷。相对而言，这种矛盾纠纷更可能通过司法途径解决，当司法解决失败时，就可能演化为较大的矛盾冲突和群体事件。

此外，郊区与非郊区耕地经营权流转存在较大差异。一般情况下，非郊区农村耕地经营权流转比例相对较低，耕地主要是用于农业生产，非粮化程度更低，耕地经营权更可能主要是以私人或集体作为中介、以出租的方式流转。郊区耕地流转的比例更大，流转耕地非粮化和非农化的比例更高，更可能采取市场化方式，流转机制安排也更加复杂，股份制形式更为普遍。郊区还可以分为农业带动型郊区与非农业带动型郊区。非农业带动型郊区比例较大，经济发展主要源于城市经济辐射带动，农业的主要目的不是粮食生产而更可能是种植蔬菜等经济作物和发展观光休闲农业，因此耕地流转的非农化程度更高。但郊区农民往往不会把耕地简单出租，收取极少的流转费用，而更多的是采取股份制方式流转，以获取后续增值收益。农业带动型郊区的耕地流转则是以农业生产为主，此类地区经济综合实力较弱，在经营主体流转意愿方面，流入意愿大于流出意愿，更可能出现大规模农业合作社。

（三）流转的主要模式

在各地耕地经营权流转的实践过程中，出现了出租、入股、反租倒包、信托、网络化等流转模式。耕地流转方式以出租为主，2017年耕地出租4.14亿亩，占流转总面积的比重为80.9%。股份合作流转有所增加，占5.8%；反租倒包、信托、网络化流转占4.7%左右。[1]

出租流转是指耕地承包权人将经营权直接出租给他人或通过其他个人或村集体间接出租给他人并收取租金，不改变村组集体与承包者之间的发包—承包关系，更不涉及耕地所有权的转移。原承包方履行承包合同规定的权利和义务，而租入方按约定向承包户支付一定数额的租金。地租有绝对地租和级差地租Ⅰ、级差地租Ⅱ之分，出租流转大多只收取绝对地租或定额地租，原承包户不能获得增值收益，更不能作为主体之一参与自己流

---

[1] 2017年农村家庭承包耕地流转情况[J].农村经营管理，2018（10）.

出耕地的经营管理。经济越不发达、劳动力外出越多的地方，出租流转的比例越高。经济越是发达的地方，越是采取分成租，流出方可获得一定增值收益。

入股流转是指耕地承包户以经营权入股并获取收益和分红的流转模式。到2017年6月，全国耕地经营权入股面积达到2 419万亩，比2012年增加了47%。① 这种流转模式包括农民以经营权直接入股外来公司、农民与外来公司共同入股合作社、农民以经营权入股共建合作社等。就第一种而言，农民完全处于依附地位，与外来资本往往只存在简单经济关系，除收取分红外基本无其他关系。就第二种而言，一般农民可以参与合作社管理经营和获得股份红利，但主要决策者是外来公司。就第三种而言，一般农民并无决策权，具有更强市场意识和市场能力的农村精英起主导作用，其典型是贵州安顺塘约村耕地股份合作社，这既是正式合约流转也是一种嵌入式流转，既受正式制度支持也受非正式网络支持，耕地的用途、利益的分配能得到较好的监督。

反租倒包的特征就是外来工商资本、本地大户、村集体等将农民承包耕地经营权以一定价格租回并进行集中整治、改造或提升耕种条件，完善基础水利设施后再将其向外出租"倒包"，并进行有规划的统一经营。反租倒包涉及经营权的二次流转，二次流入经营权者主要是本组或本村农户家庭。这种模式将企业管理与竞争性家庭经营有机结合，既改善了小规模经营情况又避免了团队生产困境，缓解了代理与监督、激励等问题，较为有效地避免了机会主义和"搭便车"现象的发生，从而提高了内部经营管理效率，降低了管理成本、监督成本和交易成本，使经营管理日益现代化。

信托流转是指承包户自己或经由村集体将耕地经营权委托信托公司进行流转，并定期获得信托收益，信托公司将经营权转移到规模经营主体手中。有的规模经营主体也委托信托公司寻求耕地经营权。信托公司处于中间位置，代替承包权人监督规模经营者并收取服务费，保证租金按时足额给付，如果流入方不能按时足额支付，则由信托机构负责补足事项。有的信托公司由政府出资成立，目的在于推进耕地经营权流转，但这种流转往

---

① 王乐君，禤燕庆，康志华. 土地经营权入股的实践探索与思考启示 [J]. 农村经营管理，2018（11）.

往具有统一委托、统一流转的特征。

此外,还存在耕地经营权的网络化流转模式,即拥有耕地承包权的个体或集体与电商合作,在网络上向市民出租耕地经营权,并代为耕种,采收后经由物流配送到后者手中,这是利用信息网络突破城乡空间限制的流转形式。其与订单农业不同的是,市民直接参与了耕地流转,可决定流入耕地种什么和如何种等,具有经营的决策权,可通过视频监督与监控。网络与实体流转平台把产、供、销有机整合,信息网络、市场网络和社会网络在一定程度上都发挥了作用。

值得注意的是,耕地也可"一女两嫁"或"多嫁"。在不同时间特别是不同季节,同一块耕地有时会流转给不同的主体经营。例如,规模经营者在水稻或小麦收割后,将经营权转让给渔业或蔬菜规模经营者。耕地经营权的时段分割,增加了耕地利用率和产出价值,创造了更多劳动就业机会,提高了经营主体经营权流转收入,同时满足了不同利益群体的需要。但由于这种流转模式涉及的利益各方相对复杂,需要更高水平的信任、合作、互惠作为前提才能具有持续性。

(四)流转的主要类型

从流转的方式看,耕地经营权存在分散流转与集中流转之分。分散流转是承包户分散地将耕地流转给规模经营者,其优势在于承包户可以自主决策,确定流转面积、期限、价格、对象等,避免村委或基层政府的强制介入;劣势在于单个家庭信息搜寻能力、价格谈判和定价权、事后合约履行监督能力较弱,流入方需要与众多对象交易,时间成本、搜寻成本以及流出方违约导致的交易费用较高。集中流转则是在维持集体所有权与农民承包权的情况下,由村集体、政府或私人资本成立的整治公司,成批地同时流转村组数家甚至所有承包家庭的耕地经营权。其优点在于可以实现批量流转和减少交易费用,可以增强承包户的谈判定价权和提高耕地经营权租金,可以通过集体加强对耕地流转后非农化问题的监督。另外,集中流转往往采取合约化流转且产权相对明晰,因此可以减少自发流转可能产生的纠纷。但集中流转可能使原承包户个体失去自主流转的选择性,更难按需中止流转关系,还可能出现强制流转并引发矛盾冲突的现象。

从流转的途径看,耕地经营权流转存在嵌入性流转、市场化流转与行政化流转之分。嵌入性流转是流转双方借助社会关系网络来实现耕地经营权的流转，具有非合约化或关系合约的特征，流转期限、流转租金因流转对象而异，具有灵活性与互惠性。由于以社会关系网络为基础，嵌入性流转可以得到信任、合作、互惠的社会资本的支持，服从于地方小规模社会网络的内部治理机制，当然，文化传统、法治状况也会影响嵌入性流转的兴盛或衰微。流出方更可能选择关系网络中更有社会地位、声望、名誉、资源和更值得信任的流入方，从而有利于内生的规模化经营。市场化流转则是流转双方在市场中随机选择交易对象，然后根据耕地状况与供需状况确定价格，或者通过耕地流转服务中心、土地市场、网络平台等中介进行流转并向中介支付信息费用。市场化流转往往是正式合同化流转，流转的空间范围更大，但同时往往租金是定额地租且流转期限较长，流转双方不存在社会关系，缺少信任，特别是外来规模经营者流入的耕地可能成为一种"飞地"，生产经营过程更可能存在一些障碍。行政化流转以村"两委"或村集体甚至县乡政府为主导，以行政命令的方式推动耕地流转，其优点在于可以成批流转和增强议价权以及促进耕地的利用，但也为政府职能异化和干部权力寻租提供了机会。从总的趋势看，嵌入弱关系的同时市场化和正式合同化并得到政府支持和调节、司法保护的流转模式，是最为理想的流转模式。政府、市场与社会的有机结合更有利于耕地的有序流转，实现流转相关各方的正和博弈。

（五）流转主体分布和用途

流出主体分为初次流出主体和再流出主体。原家庭承包户是耕地经营权最主要的初次流出主体，2017年全国31.2%的承包户，即约7 070万个家庭流转出承包地的经营权，文化程度越高、年龄越低、非农收入比重越大越稳定、农业经营条件越差、承包地面积越少的农民工，越有可能流出耕地经营权。村委或集体经济主体有时也是初次流出主体，即把原保留的部分耕地和收回承包权的耕地的经营权流转给规模经营主体，被流出耕地的承包权在大调整时仍需发包给村民，流转收益由集体成员共有。耕地经营权的再流出主体包括流入经营权者由于经营失败等原因，将经营权抵押银行再流出或直接再流转给第三方，这类的再流出主体总量较少，原因往往是难以得到原承包权人和所有权人的同意。

耕地经营权流入主体类型更多，包括家庭农场、农业大户、合作社、村集体、外来工商资本农业企业等，其中家庭农场、合作社和农业企业是最主要的流入主体。到2016年底，纳入农业部门名录管理的家庭农场达44.5万家，流入了31.2%的耕地。① 以原承包户为基础的家庭农场平均劳动力为6人左右，以家庭成员为主要劳动力，雇工大多为临时工且数量较少，自主经营管理，98.2%从事种养业，其中60.8%从事种植业，平均经营规模为175亩，劳均经营面积为30亩左右。②

2016年，全国共有农民合作社179万个③，其中又包括联耕联种合作社、股份合作社、农机合作社等，总共流入22.7%的流转耕地。合作社的优势是把分散的农民组织起来实现规模化经营，以共同应对市场挑战，减少信息成本，增强谈判能力，加强产销对接和增加农民收益。合作社具有社会企业性质，在改善村庄公共产品供给，扭转村庄"原子化"、空心化趋势，重建乡村社会结构和生活意义等方面发挥了重要作用。④

2017年，10万多家工商企业流入9.8%的流转耕地⑤，规模相对较大且租期更长，雇用大量农业工人以现代企业治理结构和经营管理方式进行农业生产经营。一些外资公司采取信托、反租倒包、入股以及拍卖拍入等方式间接介入耕地流转，控制的耕地面积日益增多，甚至控制了一些农产品生产供给的关键环节。

从规模分布看，2017年我国规模经营主体的平均耕地经营规模已超日本，经营规模在50~100亩者为267.5万户，100~200亩者93.3万户，200亩以上者41.3万户，耕地流转后大部分用于种养业，耕地经营权流转后耕地的非粮化和非农化现象较为严重。2017年全国流转耕地用于种粮的面积为2.86亿亩，占流转面积的55.8%。特别是传统种粮大省耕地流转后非粮化值得关注，其中黑龙江省非粮化率为13.9%，吉林省非粮化率为24.3%，内蒙古自治区非粮化率为30.8%，安徽省非粮化率为34.0%，河北省非粮化率为34.3%，

---

① 杜志雄，肖卫东. 中国农业发展70年：成就、经验、未来思路与对策［J］. China Economist，2019，14（1）.
② 农业部经管总站体系与信息处. 2016年家庭农场发展情况［J］. 农村经营管理，2017（8）.
③ 国务院第三次全国农业普查领导小组办公室，中华人民共和国国家统计局. 第三次全国农业普查主要数据公报（第一号）［EB/OL］.（2017-12-14）［2024-03-01］. https://www.gov.cn/xinwen/2017-12/14/content_5246817.htm.
④ 黄宗智. 小农户与大商业资本的不平等交易：中国现代农业的特色［J］. 开放时代，2012（3）.
⑤ 2017年农村家庭承包耕地流转情况［J］. 农村经营管理，2018（10）.

河南省非粮化率为 34.8%，湖北省非粮化率为 37.7%，辽宁省非粮化率甚至达到 40.0%。① 非粮化后的耕地大多用于经济作物以及各种动物饲料和水产品的生产，或者用于休闲观光。流入规模越小、流转费用越高、劳动力越多、机械化水平越低的经营主体，非粮化的动机越强。②

三、流转成就、存在问题及其原因

（一）流转成就

耕地经营权的流转在总体上极大地缓解了劳动力转移后的耕地撂荒，使大量原本撂荒的耕地得到复垦。尽管西部边远地区耕地撂荒缓解程度有限，但民营经济发达的东部基本消除了耕地撂荒现象，中部地区每年减少近 30% 的耕地撂荒。

耕地经营权流转促进了农民增收。一方面，原承包户可获得相当于自己经营承包地的名义净收入。另一方面，他们可以从耕地上解放出来获得务工收入。部分以耕地经营权入股流转的农民，还可以获得股份分红。一些地方还将耕地经营权流转与精准扶贫相结合，部分农民因此脱贫。另外，对流出经营权后承包户的家庭收入与支出、社会保障、家庭关系和人际关系、工作稳定性、闲暇和劳动时间等多种因素进行考察，可以发现耕地流转后一般农民的感受效用度得以提高。③ 无论是流出经营权的农户还是流入经营权的农户，增收都比较明显。相对于流出方而言，流入方的收益更加明显，流入面积越大，平均收入也越高，规模经营者与一般承包户的收入差距日益拉大。

耕地经营权流转推动了农业的现代化。发展规模化经营缓解了耕地碎片化的难题，科技能得到更好的应用。特别是粮食主产区，农业生产大规

---

① 2017 年农村家庭承包耕地流转情况 [J]. 农村经营管理，2018（10）.
② 罗必良，仇童伟. 中国农业种植结构调整："非粮化"抑或"趋粮化"[J]. 社会科学战线，2018（2）.
③ 郭斌，孙夏. 农地经营权流转前后农户感受效用对比分析：以关中地区为例 [J]. 江苏农业科学，2018，46（12）.

模机械化、自动化和智能化,农业生产力、粮食单产面积和总产量都得到了较大提高。农产品品种改良、水利等基础设施建设、设施农业和更复杂的耕作制度得到大力推进。与规模化相适应的专业化和社会化生产经营得到进一步发展,农业生产日益产业集群化,具有各自"专用性资产"的农业服务主体围绕生产、销售、信息、金融、技术等环节形成了专业化服务企业集群,使农业生产力大大提高。《中华人民共和国2019年国民经济和社会发展统计公报》显示,2019年全国粮食种植面积比上年减少97万公顷,但产量增加了594万吨,经营权流转和规模化经营是农业粮食生产力提高的重要原因之一。此外,农业产业内部结构日益合理化,特别是粮食生产和肉禽生鲜等非粮生产的比重日益合理化,农业供给侧结构调整取得一定成效。

耕地经营权流转还促进了农村振兴和城乡融合。随着耕地经营权流转,集体经济力量增强,交通、水利等公共产品供给状况改善,村治停摆的现象有了很大改观,农村日益振兴,美丽乡村建设取得重大进展。农民就业转移加速,2016年第三次全国农业普查显示,全国共有3.14亿农业生产经营人员,而《中华人民共和国2019年国民经济和社会发展统计公报》显示,2019年全国常年在农村务农和生活者已低于2.6亿,其中适龄劳动力总量更低,农民就业转移明显,部分农民已升级为新型农业经营主体并实现了社会地位的向上流动。城乡进一步融合,农民生活空间日益转移到乡镇或聚居点,消费日益商品化。乡村日益成为规模经营者的生产经营空间,农村越来越远离乡土社会而逐渐走向"城乡社会",横亘在农民与城市居民之间的城乡二元对立结构日益消解。①

(二)存在问题

耕地经营权的流转和耕地规模化经营在较短时间内就取得了显著成就,但也存在一系列问题,相关的纠纷、矛盾、冲突、群体事件和各种风险逐渐增多,并影响到经营权流转的可持续发展。

从流转纠纷内容或标的来看,主要有租金及收益分配纠纷、耕地用途

---

① 匡远配,陆钰凤.农地流转实现农业、农民和农村的同步转型了吗[J].农业经济问题,2016(11).

纠纷、流转耕地附着物纠纷、专业技术服务纠纷，以及"公司＋合作社＋农户"模式在收购价格等方面的纠纷。造成流转纠纷的原因是多方面的，包括流转合同不规范，违反流转合同要求变更合同内容，单方面终止合同，以及政府流转服务和监管不到位，流转信息、档案管理、仲裁机构或平台建设滞后，流转资格审查、准入机制、农民利益保护机制不健全，以及相关制度矛盾或缺失，部分村民、流入方或干部行为失范和采取机会主义行为等。当一方投资—收益周期未结束而流出者无法依靠流转费生存而又无其他收入，以及相关方相对剥夺感十分强烈时，相关纠纷的处理就很难兼顾保护农民合法权益与支持土地流转，其中一些纠纷最终演变成矛盾冲突甚至群体事件。2016年通过调解解决的相关纠纷多达30多万件，其中村委会调解18.4万件、乡政府调解12.6万件、专门仲裁机构仲裁2.4万件，在仲裁纠纷中有1.96万件通过和解或调解得到解决。但是，经营权流转纠纷的调撤率低于民商案件，进入强制执行的案件越来越多，一些未及时化解案件和已经法院审结案件仍可能转化为信访案件。[1]

矛盾冲突是纠纷不能得到解决的进一步发展的后果，近年来因耕地流转纠纷不能及时化解而引发的社会矛盾已占农村矛盾的60%~70%。[2] 其中基层干部与承包户之间的矛盾冲突值得关注。一些干部同时扮演政府、村庄和自身的代理人三种角色，尽管多数会基于理性原则尽力维护三方利益和实现各方利益最大化，但也有部分村干部借特殊身份，搭政策便车牟取私利，长期不住村也不嵌入乡村社会关系，不理解农民日常生活世界的意义，动员和治理能力弱化；通过"软强迫"或"变相强迫"方式甚至动用地痞无赖强制流转和主导定价，将集体耕地私下流转以增加个人收入，扣留、骗取流转费和冒领补贴甚至贪污挪用惠农资金并导致农民获得的补贴大打折扣；在折股量化、股份收益分配、国家资源和项目分配方面行事不公，把各种优惠向特定规模经营者倾斜，使本村农民成长为规模经营者的难度增加。

承包户与规模经营主体的矛盾冲突也在日益增加。两种主体存在互利关系最终实现共同富裕，但原承包户相对于各类规模经营者而言处于弱势

---

[1] 农业部经管总站体系与信息处.2016年农村家庭承包耕地流转及纠纷调处情况[J].农村经营管理，2017（8）.
[2] 龙良富，黄英.内群吸引、社会范畴与农民集体行动：基于广东S村景区土地续约事件的案例研究[J].农村经济，2020（6）.

地位。由于普遍缺少流转租金合理动态调节机制，在流转收益分配方面，一般农户占比较低，难以分享增值收益，相对剥夺感较强。二者之间还存在资源性矛盾冲突，规模经营主体拥有更多的政治、社会资源，一般农户更难获得专项资金和各种补贴。官商关系更为密切，官民关系相对疏远，这加剧了一般农户对规模经营者的反感。一般农户常常视外来农场主为陌生人，不把"偷盗""哄抢"后者的行为视为违反村庄规范，甚至理所当然地行使"拾穗权"。同时，承包户发展田园经济与养殖副业的需要，常与规模经营者的生产经营活动相冲突。规模经营者则可能逐渐放弃雇用本村农民和提高封闭性，从而进一步加剧矛盾和冲突。

本地大户与外来工商资本规模经营者之间既相互合作也存在矛盾冲突，本地大户经营规模一般为20~50亩，属于中等收入水平的农村新"中间阶层"，是村庄内生的中坚和真正精英。外来资本往往拥有雄厚的资金和先进的技术设备，进入村庄后使本地大户面临更高的流转费压力，甚至使后者被挤出流转市场。政府政策和项目往往更重视外来规模经营者，而本地农民和家庭农场经营者可能被边缘化。此时本地大户心态可能失衡，从积极稳定力量变成不稳定因素，使乡村治理面临更大挑战。

当矛盾积累到一定程度而无法解决时，就有可能出现群体事件。近年来，耕地经营权流转引起的农民群体事件日益增多，其中包括耕地经营权强制流转型群体事件，即在未就流转价值达成共识的情况下，由村"两委"、基层政府或公司出面而形成的强制流转导致的群体事件。产品强制交易型群体事件也时有发生。龙头企业或合作社凭借包销合约，低于当期市场价格垄断收购相关农户的产品，并以尊重合同契约精神为由，阻止相关农户自主销售，从而引起相关农户的反抗并最终导致多起群体事件。耕地用途改变型群体事件则是流入方违反流转合同，改变耕地用途，使耕地无法复垦，原承包户通过合法渠道维权失败后，采取集体行动而引发的群体事件。一些流转演变成"以租代征"，而农民只能获得极少租金，因此反抗性相对强烈。租金拖欠和收益分配型群体事件增幅最为明显，特别是流转规模巨大、租金长期拖欠、地方政府无力解决、法院判决无法执行、规模经营者经营困难和无力支付、耕地难以复垦、无流转履约保证保险金以及外部经济环境变坏时，此种群体事件更易发生。此外，还存在规模经营环境污染型群体事件以及国家转移支付资源分利型群体事件，后者又被称为转移支付政策激励型群体事件。① 经营权流转引起的群体事件尽管总体上属于维权性和经济性的群体事件，但已日益成为农村群体事件的主要来源。

上述矛盾冲突和群体事件是一种风险来源，而经营权流转和规模经营过程本身也存在一系列风险。这些风险相互叠加对整个社会、农民家庭以及规模经营者都带来了一些消极后果和损害。规模经营主体面临的经营风险包括规模经营投资大、周期长而使资金链易断裂，经营理念可能脱离实际、所雇工人可能经验不足而违背农业生产规律，与所在村庄社会互动不多，难以获得信任，合作不足从而陷入经营困难等②；面临的市场风险包括成本上涨与产品价格下降导致的亏损，如在"火箭蛋""向钱葱""蒜你狠"后盲目扩大规模导致来年价格暴跌而亏损；面临的自然和生态风险包括各种自然灾害，以及高度专业化和长期种植一种作物或进行大棚生产破坏土壤生态，导致病虫害暴发和土壤性状下降等。处于龙头地位的规模经营者的风险，对其所在整个产业链条都会产生潜在的影响。对于流出经营权的承包户而言，他们面临长期失去经营权、流转费被拖欠、失业等风险。就整体而言，中国耕地面积不仅在日益减少，而且流转后非粮化和非农化比重过大，影响粮食安全。如果大量农业经营者出现经营困难，则还可能引发经营权抵押贷款金融系统风险，农业财政补贴可持续性风险，以及大量流出经营权农民加入后社会养老保险系统的可持续风险等。更重要的是，伴随着耕地经营权流转与农业规模化经营，乡村社会产业、就业、收入和阶层等结构在进一步转型。相对贫弱阶层在增多，向上流动空间收窄，阶层间社会距离拉大，农村社会面临较大整合压力。

（三）多重原因

耕地经营权流转和农业规模化经营取得显著成就及其成功经验值得归纳和总结，但其中存在的纠纷、矛盾冲突、群体事件以及相关个体和整体可能面临的风险背后的原因，则更值得探讨。这些问题的产生原因是多重的，包

---

① 王德福. 政策激励型表达：当前农村群体性事件发生机制的一个分析框架 [J]. 探索，2011（5）.

② 徐宗阳. 资本下乡的社会基础：基于华北地区一个公司型农场的经验研究 [J]. 社会学研究，2016，31（5）.

括相关制度不完善、治理体制机制不健全、农业金融保险相对滞后、资本逻辑过度渗入等，而在这些原因背后的根本原因之一，就是相应所需社会基础的薄弱或缺失。

思想观念是最高层次的制度要素，党和国家关于经营权流转的指导思想经过了不断的调整，其间仍存在模糊、不确切甚至矛盾之处，特别是对于以何种规模经营为主体，还存在思想路线性的争议。经营权流转相关法律法规政策也存在一些矛盾、滞后和缺失，特别是对于耕地经营权到底是债权还是用益物权、流入经营权是否可以再抵押贷款，以及长期撂荒耕地的承包权收回后是否要退还等问题，《民法典·物权编》（《民法典》未出台前为《物权法》）、《土地管理法》和《农村土地承包法》之间存在一些矛盾。相关法律往往跟不上政府政策的变化，特别是相关政府政策因为强调重点不同而多有矛盾之处，如"增人不增地，减人不减地"的政策与耕地承包权由村庄集体成员身份决定、平均地权与规模化经营之间相互矛盾。此外，还存在正式法律法规政策与传统习惯等非正式制度之间存在脱节，婚后从夫居的女性相关权益保障不足的问题。总之，目前针对经营权流转相关行为还缺少专门而系统的法律法规来调节和规范，更缺少有机的制度结构支撑。

基层治理体制机制不健全也是耕地经营权流转产生问题的重要原因之一。随着耕地经营权流转不断发展，既有"乡政村治"基层治理框架已难以适应新的需要，村民自治本身就存在运行问题，这使其难以应对耕地经营权流转带来的新挑战。工商资本、大规模种养专业户、专业服务组织、家庭农场等新型规模经营主体在农村的出现，使村庄基层治理的基础日益市场化、边界日益开放化、过程日益契约化、非村集体成员参与程度日益强化。耕地经营权流转的诸多环节不再仅仅是村民内部的事情，而是涉及外来相关利益主体，需要新的村庄治理框架才能完成。推行党支部书记兼任村委主任的"一肩挑"，无疑是一条很好的捷径，既可以使社会闲散人员、家族或宗族操控村庄治理的可能性下降，也更能确保党在村庄治理中的领导地位。但"一肩挑"村干部存在角色多重性，基层党建一旦松懈，同样可能导致村庄治理走形，因此党建引导村民自治和基层治理就成了关键之关键。但目前村庄党员发展裙带化、家族化趋势和村党支部书记违纪违法犯罪的案例仍时有发生。

村庄社会基础的相对薄弱则是更重要的原因。所谓村庄社会基础主要是指作为基层社会空间的村庄中的社会资本、社会群体和社会组织等要素。村庄社会资本主要是指村庄内部成员之间基于持续互动和相互熟悉、共同的文化传统和情感价值以及亲缘关系而形成的社会关系网络和相互信任、合作与互惠的规范。村庄成员之间的信任常常是社会信任、文化信任和生物信任的重叠。基于信任的合作和互惠使村庄成员克服"原子化",组建各种群团组织并积极参与,在精英的带动下为维护自身利益采取行动,不同利益群体之间也就能够通过博弈形成动态、稳定的社会秩序。村庄内现代性社会资本越丰富,合法性社团组织越是发达,社会成员间弱关系互惠行为就越常见,模范行为就越能够扩大影响,失范行为就越可能受到制约。

在耕地经营权流转和规模化经营的诸多环节,正式制度和体制力量发挥了较大作用而社会基础的力量较弱,特别是合法性农民群团组织不够发达,参与治理程度偏低。在耕地确权评估、经营权流转决策、经营权股份作价、耕地用途监督和保护、流入主体资格审查和规模审查、专业服务选择、矛盾纠纷处理,以及农业投保、定损、理赔,政府投保补贴和保险费补贴确定等环节,各级干部、政府主管和相关业务部门主要依靠行政力量、专业人员和技术手段,以及司法与专业仲裁机构,而社会群团组织较少发挥切实作用。这导致了在耕地经营权流转过程中,一般农民的意见无法得到及时表达,权益得不到及时有效维护,政府各项政策较难有效、及时、精准地实施,规模经营主体的各种交易成本也会大大增加。

目前,除了行政色彩极强的村委会及其相关附属组织外,农村群团组织(包括纯民间的各类专业协会、维权组织、民间纠纷调解组织等)并不发达。全国近 60 万个村[1],但其中有 37.63% 的村没有现代社会组织[2]。在很多村庄,村民法律政策学习组织、生态保护志愿组织、生活互助组织、妇女协会、老人协会、经营权流转权益保护组织等群团组织都不存在,能促进农民社会组织化的孵化机构更是少见。村庄社会群团组织的发育水平较低和功能发挥不足,使得资本逻辑和公权力寻租不能得到有效的抑制,影响村民的政治参与度、规模经营主体的经营能力、耕地经

---

[1] 国务院第三次全国农业普查领导小组办公室,中华人民共和国国家统计局. 第三次全国农业普查主要数据公报(第一号)[EB/OL]. (2017-12-14)[2024-03-01]. https://www.gov.cn/xinwen/2017-12/14/content_5246817.htm.

[2] 郝日虹. 农村社会组织须"增量提效"[N]. 中国社会科学报,2015-05-20(A1).

营权流转风险的治理水平。总之，社会基础特别是农村社会群团组织发展的相对滞后，是影响耕地经营权健康流转和适度规模化经营有序发展的深层原因之一。

四、结语：加强耕地经营权流转的社会基础建设

就目前而言，农村发展的关键是农业的发展，农业发展的关键是耕地经营权健康流转和适度规模化经营。要顺利实现耕地经营权健康流转和适度规模化经营，需要完善各种正式制度机制，包括完善耕地"三权"权能、细化耕地评测制度，以及完善耕地保护制度、经营权流转补贴制度、经营权流转金融保险制度、经营权流转收益分配制度、农民城市化和就业保障制度、基层党政机关干部相关行为规范等。但是，除了完善上述相关制度，实现耕地经营权健康流转和适度规模化经营更需要加强农业发展的社会基础，因为前类制度的有效实施有了后者的支撑，才能解决"最后一公里"之类的问题。加强农业发展的社会基础，不仅要考虑整体上如何加强农业发展的社会基础，还需要考虑不同区域空间村庄社会基础的差异，提出具有针对性的对策和建议，进而促进各区域之间的平衡发展。本章主要是在整体上思考如何加强推动我国耕地经营权健康流转和适度规模化经营的社会基础建设。

（一）确立农民主体地位

加强农业发展的社会基础，首先应确立农民主体地位，促进村庄人力资源开发，培育农民精英。农民是耕地承包权的主体，承包权属于农民承包家庭，承包者如果没有把经营权流转出去还应是承包地经营权人，流入经营权人应直接对承包权人负责。耕地所有权人是由村民成员构成的集体，因此，村民成员才是耕地的真正"所有者"，股份制改造可以很好体现这种"所有权"，而村干部或集体经济负责人只是所有权代理人，村民代表大会、村民代表议事会才是最终决策者，且少数服从多数原则不适用于经营权流转决策。

第二章　乡村耕地经营权流转的社会基础

农民承包户应是耕地经营权流转过程和规模化经营的最重要的主体。农民承包户在流转过程中不应被边缘化，而是应平等参与相关流转决策以及生产经营过程，形成参与农业现代化规模经营的能力。在是否流转、流转方式、流转费用定价，以及流转后能否参与原承包耕地的生产经营、耕地用途是否可以改变、是否能融资抵押贷款或再流转、增值收益能否分享等诸环节，都要体现承包户的主体决定权地位。承包户因年龄、教育与技能水平、养老保险状况、非农收入比重、金融信贷资源、耕地区位和交通状况的不同，会有不同的流转决策，应尊重其流转决策的多元性，不应因节约交易成本而强制其整批流转。对希望在农业中就业的农民而言，必须保证其生产经营主体地位。必须防止经营权流转后仍在农村从事农业生产的农民变成他人经营耕地上的雇工和被边缘化、丧失生产经营主体地位的局面出现。从长期看，中国始终将有4亿~5亿人在农村生活，2亿~3亿人在农村就业，三口之家的农户约为1亿户，因此理论上每户可经营近20亩的耕地，这些耕地完全可以保障农户的适度规模经营主体地位，同时辅以大规模机械化和专业社会化服务来实现规模化经营。农民中的精英终将能做出理性的生产经营决策，会逐渐具备现代市场化背景下的生产经营能力，通过一定时间的适应、模仿、学习，能够掌握和应用现代经营理论和技术。因此，政策应重点促进在村农户向新型规模经营主体转变、向家庭农场主转变。政府的各种补贴、扶持资金都应倾向于本地的"中农"，防止基层政府和村组织被资本俘获；同时，政府要鼓励村民重建村集体经济组织，改分散经营为合作社经营，并加强对农户的农资、技术等方面的服务和保障。

要确保农民是流转增值收益的分配主体。在经营权入股经营、龙头企业或公司加农户、农业合作社经营等流转模式中，享有承包权者应是经营权流转增值收益的重要分配主体和主要受益者，增值收益的主要部分应该归承包耕地的农户。公司加农户模式应让最底层的农户享受市场价格上涨的部分收益。合作社的收益分配应做到民主、公开和透明，以确保普通农户的利益。直接出租流转的地租应尽量采取分成租并可动态调整，流入方要以投保险方式确保农民可以获得最基本的出租收益，以缓解收入分化矛盾和实现农民增收。在经营权流转过程中，应注重大多数农民的收益以实现包容性增长，增值收益的分配要遵循共享和合作博弈观念。家庭农场、普通农户应能够参与行业协会、龙头企业、合作社等组织的农产品加工和营销环节，可以分享产业链延长的增值收益。耕地经营权在采取股份制方式流转时，应明确资本股利润分配的比例上限，要对经营权股采取特殊保护措施，建立经营权股股东负盈不负亏的分配机制。合作博弈观念要求经营权流转过程中的相关主体构成利益共同体，通过发挥各自优势来增加财富总量进而增加各方经济收益。

要确保农民村庄治理主体地位。在推行"一肩挑"的情况下，要更好地发挥村民自治组织的作用。外来工商资本规模经营主体应主动融入所在村庄社区，但不应控制或主导所在村庄的村庄自治和村庄治理，防止外来工商资本规模经营主体把村民自治和村庄治理作为攫取私利的平台，化公为私。村庄内生规模经营主体，特别是家庭农场主等"新农人"应是村庄治理的重要参与主体，要发挥他们的治理才能，增强村组织相对于外来工商资本的独立性。

（二）加强村民自治组织建设

随着耕地经营权流转的发展，村庄空间封闭性逐渐下降，利益主体逐渐多元化，传统"乡政村治"已无法适应新的形势，但村民自治组织仍是耕地经营权流转风险治理的重要参与主体。目前，村民自治还存在行政化、空壳化、效能低等问题。这就要求在村党支部领导下，继续完善和健全村民大会和村民代表大会制度，充分发挥直选、海选村委主任等功能；要建立村民议事会作为村委决策机构，组建村民监事会作为监察机构，形成决策、执行、监督"三权分离"机制。在实现"一肩挑"的村，仍要加强村委领导班子建设，完善村委决策、执行、监督、反馈、评估、信息公开、沟通协调制度等。随着网络化、信息化和数字化技术在农民群体中的应用日益广泛，可更多地召开线上村民大会、代表大会议事会，缓解会议召开难的问题，增加议事和决策的公开透明度并减少治理成本。总而言之，必须使村民自治组织真正成为村民自己的组织。

要适当缩小村民自治单元，使村民自治获得社会网络资本的支持。但凡基于熟人关系网络的小群体治理机制，空间范围都不能太大，成员数量和类型不能太多，否则就会失效。只有在小范围内，自治者才能相互熟悉、方便集会、直接充分地表达自己的意见，政治参与效能感才能更高。随着耕地经营权的流转和外来人员的进入，行政村空间范围不再是熟人社会而是日益陌生化。近年来由于村改居、村庄合并等原因，行政村的数量减少而规模扩大，从而导致行政村的陌生化程度加深。因此，村民自治基本单元应进一步缩小，使其与自然村落共同体的经济、文化边界重新统一，以便对内能够约束成员机会主义行为，对外能作为整体与其他利益相关主体进行博弈，甚至可以允许数个经济社会状况相似的农民家庭成立村委。而在村民自治单元缩小和村委数量增多的同时，村庄治理的空间范围则可以扩大，以适应集中连片规模经营的趋势。

要提升村民自治组织风险治理能力，通过加强村民自治，预防部分村民成为风险来源。随着耕地经营权流转的发展，村民贫富差距有所拉大。工商资本经营者进入村庄，使城乡差距和地区差距直接呈现在普通农民面前。村民基于历史纵向比较产生的相对满足感，很快被基于横向比较的相对剥夺感取代。因此，他们即使获得了适当收益，也可能产生不满和破坏行为，为合法规模经营者和整个乡村带来不确定性风险。一些村民流出耕地经营权后又反悔，随意中止合约，缺少合约精神。村民自治本身具有自我管理的功能，村委应切实发挥作用，对这部分村民进行制约。村委还应监督和防止承包户为谋取更高收益而与流入方签订随意改变耕地用途的协议。村委应组织村民学习相关法律来增强法律意识，通过文化建设和社会心理建设等方式缓解村民的相对剥夺感。要加强村民自治，预防村干部成为相关风险生产者。村委主任原本是村民代表大会选举产生的代理人，但在部分村存在任期过长、权力过于集中等问题。在耕地经营权流转的各个环节，村委主任存在做出以权谋私、"敲诈"规模经营主体、骗取补贴、挪用集体资金和占用集体设施设备、使流入耕地经营非农化、拖欠流转费、私分股份收益、收受好处而不尽监督之责、强制流转等行为的机会。农业行政主管部门、乡镇政府、国土资源部门、工商行政主管部门在行使职权时，一般更重视村干部而非基层民众的意见，一般村民也很少能有发表意见的机会。而通过加强村民自治，加强对村干部的监督，可以在一定程度上减少流转风险。面对规模经营者，单个承包户家庭很难切实发挥监督作用，因为二者处于不对等的经济、社会地位。但以村委会作为主体出面，往往能提高村民的行动能力，更好地规范耕地流转程序和合同，协调流转纠纷，减少矛盾冲突和降低相关风险。要通过村民自治使村民形成合力，加强对规模经营者的制约和监督，减少风险损害，促进整体安全。

（三）培育村庄合法社会群团组织

除了全员覆盖和具有行政化性质的村民自治组织外，村庄内部不同利益群体的社会群团组织还不够发达，社会的力量还没有完全形成和发挥作用。因此，应促进村庄成员实现合法的社会组织化。

其一，要加强村庄社群组织建设。社群组织的内部成员的经济社会地位可以不同，彼此之间不需要正式的制度和规范的调节，主要依赖小群体熟人社会网络治理机制。内部规范约束并不具有外在强制性，成员之间相互信任、合作，以深度互惠互助实现特定经济和社会目标。例如，村庄内生的规模经营者和非规模经营者可以建立嵌入熟人关系的"钱会"，作为具有互惠性、低成本的村庄民间金融体系，为成员进行农业经营提供金融互助。村庄内多元利益主体还可以共同建立村庄治安协会、运动健身协会、发展研究协会、科技小组、慈善组织、扶贫社、返乡创业者之家、百言堂、姐妹会等合法社会群团组织。村庄成员还可以利用网络基于现实群体而成立网络虚拟共同体或网络社群，如QQ群、微信群等。这些现实的和虚拟的社群组织最大的特征就是成员之间的经济、社会和政治地位可以不同，并借助独特的社会力量来优化村庄治理和提供公共服务。政府应加强支持力度，促进类似社群组织的培育，为村庄治理包括耕地经营权的流转和规模化经营提供社会基础。

其二，还需要培育村庄法团性社会组织。法团的特征在于：超越了一般社群组织的非正式性，形成了相对正式的组织结构与规则；法人化且具有明确的法定代表人，获得国家的正式认可而具有合法性；只代表特定而具体的、具有共同利益的成员，具有相同特定利益的法团可以联合起来形成更高层次的法团联盟，甚至全国性联盟；遵循法团主义行动模式，即采取体制内合作协商模式，通过有序的合作博弈，兼顾各方目标，影响国家法律和政策体系。利益群体越分化，社会法团越发达，协商民主也就越发达，利益博弈也就越制度化，特别是处于弱势的利益群体就越能够通过制度内的合法性渠道主张并维护自己的合法利益。耕地经营权流转导致村庄社会利益群体分化，各个利益群体可以建立自己的法团，以代表和伸张自己更为特定和具体的利益。例如，一般承包户可以建立农民协会，流出经营权者可以建立流出方协会，农场工人或雇工可以建立农民工协会，外出务工农民、放弃经营权进城定居农民都可以建立自己的法团等。以家庭经营为基础的规模经营主体或农场主、外来租地经营业主、各类专业服务从业者，也可以分别建立自己的法团。

目前村庄各种利益群体的社会组织化程度并不相同。相对于一般农民而言，外来工商资本规模经营者的社会组织化程度相对较高，联系较为紧密并能够展开集体行动，形成了更强大的市场权力，对行政权力的影响也大，资源控制力和谈判权力也强。其他利益群体的社会组织化程度相对较低，各利益群体社会群团化的均衡、协调发展程度需要进一步加强。党和政府应积极促进村庄各种利益群体的群团化，并加强领导、引导和管理，在其中发展和加强党员力量，以强化政治引导；政府部门要主动为各种法团提供登记、注册和管理服务，允许合法的外部力量包括市场主体、研究机构、社会组织进入村庄，促进相关利益群体的法团化。

村庄社会群团组织将是耕地经营权流转风险治理的重要参与主体。政府在预防和治理相关风险的过程中，不应过度陷入技术主义，更不能使基层干部沦为执行电脑程序和技术的"机器"，而要发挥社会组织的作用以弥补治理技术主义的缺陷。

（四）建构村庄复合治理机制

任何一元治理或简单合作治理都难以有效缓解耕地经营权流转和规模化经营存在的纠纷、矛盾、群体事件和各种风险。应根据耕地经营权流转状况，合理确定村庄治理的空间边界，在此空间边界内使相关主体多元共存、相互制约又相互协作，形成复合治理主体，建构复合治理运行机制，通过合作博弈实现公平与效益、社会与个人、劳动与资本等多重目标的最佳平衡，以实现耕地经营权流转风险的长效治理。与其他治理概念不同的地方在于，村庄复合治理概念更强调在村庄空间范围内，以基层党组织为领导，以基层政府为主导，各类营利性经济组织、非营利性社会群团、农民个人及家庭等多元主体在相对完善的制度体系的支持下，持续借助各种平台、渠道和技术，平等参与、民主协商和合作博弈地处理村庄各种公共事务。

村庄复合治理是国家公权治理机制、市场契约治理机制、社会网络治理机制的复合，包括多元主体、多元目标、多元理性、多元机制的复合。国家公权治理机制以党和政府为治理主体，在专家和科学理性的支持下，借助科层制度自上而下地行使合法强制权力，进行资源再分配，以建构特定经济体制、实施特定产业政策、促进经济发展、应对国际竞争以及调节利益矛盾冲突、促进社会平等、保障基本社会福利、改善公民生活质量和实现可持续发展等。但这种治理主体也是由理性个人构成的，存在权力寻租的可能，其若过度干预或主导资源配置就极易被特定利益群体利用甚至"捕获"，导致政策与行为异化。市场契约治理机制以营利性企业为主体，依靠市场交换价格机制通过内外部市场交易契约来动员资源，进行生产、交换以及实现初次分配，遵从工具理性，追求效率最大化目标。但如果市场契约治理机制独自发挥作用，资本利益最大化动机则会导致集体非理性和周期性经济危机，不能防止贫富差距代际积累导致的起点不平等，也不利于弱者的生存和发展。社会网络治理机制的主体是非政府性和非营利性组织，包括各种行业协会和商会、社会组织团体，可总称为"第三部门"。每个组织成员规模相对较小、成员相对固定并频繁互动，形成以熟悉为基础的信任、合作与互惠规范，即"社会资本"。内部成员一旦有机会主义行为就会被其他成员及时知晓而受到排斥，不得不付出较大的退出或补偿成本，使群体内秩序得以维持。但小群体成员之间的互惠交换具有非直接计算性，并不利于形式经济和经济增长，如果依赖强关系则还可能导致小群体的封闭性、差序格局，整村犯罪和家族犯罪现象就属于社会网络治理机制最为负面作用的典型。传统基层社会包括村庄主要依靠小群体治理机制，初级现代性社会则以国家公权治理机制或市场治理机制为主，高级现代性则是一种复合现代性，体现为传统与现代治理机制相统一，国家、市场与社会治理机制在特定时空中有机融合，把前者的权威性、法定性、稳定性，中者的开放性、竞争性、效率性，后者的低成本性、地方性、民众利益相关性结合起来，同时避免前者的垄断性、低效益、供给取向刚性和寻租可能性，中者的私人理性、投机性，后者的封闭性、低效性，从而实现复合性优势。

具体而言，耕地经营权流转风险的村庄复合治理机制建构，首先是矩阵制复合治理主体建构。其中有一部分属于常设的参与主体。例如，村流转治理领导小组可以是常设的，其成员具有相对的固定性。他们由代表村委、村支部、社会精英、镇政府职能部门的人员构成，主导、领导和参与所有与耕地经营权流转相关的各个治理环节，代表党、政府、全村的意见而行事。这部分常设的参与主体相当于矩阵制企业中那几个常设的职能部门，作为一种恒常的力量参与到各个因事而设的、独立于党政体系的复合主体之中，并起到主心骨的作用。其次是复合理性建构。经营权流转过程中，通过多元复合治理主体的重复博弈所形成的复合理性，是党政系统的价值理性与承包户、流入经营者以及专业服务者的工具理性的复合，是来自上层的理论理性与来自下层的经验感性的复合，是来自专业服务机构的专家理性与一般农民和经营者的常人方法的复合，是来自政府的计划理性与来自市场的市场理性的复合，是相关个体理性和整体理性的复合。此外，在经营权调换及价值补偿、耕地非粮化、流转费纠纷、经营权抵押贷款、规模经营农业保险、流转到期收回经营权等环节，都可以建立项目化的复合治理主体，实现耕地经营权流转的精细化治理。

第三章　新乡村建设的组织基础
——基于山东烟台经验的实地考察

一、新乡村组织建设的关注

在乡村建设实践中，建立运行高效、协调统一、功能健全和权责明晰的新型乡村组织体系，既是乡村建设的核心内容，也是组织农民全面推进乡村振兴的载体和重要社会基础。无论是乡村有效治理的实现、乡村生态环境的改造，还是文明乡风重建与乡村产业振兴，又或是数字乡村建设行动的有效运行，都需要运行高效、执行有力、协调统一的乡村社区组织体系去推动。

一方面，乡村社会结构形态的变化亟须构建新的乡村组织。改革开放以来，随着以个体化为特征的乡村社会的发展①和国家基层政权结构的调整，国家建立了以基层党组织为核心、以乡镇政府和村民委员会为架构的正式组织体系。同时，家族网络、合作组织、精英群体等逐渐崛起，乡村组织关系呈现多样化形态。

---

① 阎云翔. 中国社会的个体化 [M]. 陆洋，等译. 上海：上海译文出版社，2016.

首先，部分学者关注了乡政与村治的组织互动关系和联结机制并指出，在"压力型体制"、"目标责任制"和"干部包村制"等机制作用下，"乡政村治"呈现指导与领导相混淆、责任与利益相连带、正式关系与私人关系相勾连的特征。①②③ 后税费时代，随着大量资源、资本向农村聚集，政策向农村倾斜，"乡政村治"之间的权力网络与利益共同体关系被强化。④⑤ 其次，一些学者从体制内精英、非体制精英与村民的互动博弈，富人治村与实践机制，混混群体介入与基层治理"内卷化"等层面，就社区组织关系的精英主导模式进行了探索。⑥⑦⑧ 再次，有学者从家族网络与权力资源分配、村庄关系转型、乡村过疏化与公共性重建等层面，对各类内生性组织嵌入村庄结构、乡村结构转型与组织变迁问题进行了探究。⑨⑩⑪⑫ 最后，一些学者从乡村振兴的组织网络与社会基础建设，集体经济复兴与村落共同体、合作共同体重建，组织振兴与农民主体性重建等层面，就乡村组织体系建设与乡村振兴之间的逻辑关系进行了探索。⑬⑭⑮⑯⑰

---

① 荣敬本，崔之元，王栓正，等. 从压力型体制向民主合作体制的转变 [M]. 北京：中央编译出版社，2018.
② 欧阳静. 农村人情的变异：表现、实质与根源：对当前原子化农村地区人情的一项考察 [J]. 中州学刊，2011 (5).
③ 王汉生，王一鸽. 目标管理责任制：农村基层政权的实践逻辑 [J]. 社会学研究，2009 (2).
④ 周飞舟. 财政资金的专项化及其问题 兼论"项目治国"[J]. 社会，2012 (1).
⑤ 渠敬东. 项目制：一种新的国家治理体制 [J]. 中国社会科学，2012 (5).
⑥ 仝志辉，贺雪峰. 村庄权力结构的三层分析：兼论选举后村级权力的合法性 [J]. 中国社会科学. 2002 (1).
⑦ 张志原，刘贤春，王亚华. 富人治村、制度约束与公共物品供给：以农田水利灌溉为例 [J]. 中国农村观察，2019 (1).
⑧ 陈柏峰. 暴力与秩序 [M]. 北京：中国社会科学出版社，2011.
⑨ 周怡. 村庄的家族政治：权威、利益与秩序：华西村个案研究 [J]. 中国乡村研究，2005 (1).
⑩ 赵泉民. 合作社组织嵌入与乡村社会治理结构转型 [J]. 社会科学，2015 (3).
⑪ 毛丹. 村庄的大转型 [J]. 浙江社会科学，2008 (10).
⑫ 田毅鹏. 村落过疏化与乡土公共性的重建 [J]. 社会科学战线，2014 (6).
⑬ 吴理财，魏久朋，徐琴. 经济、组织与文化：乡村振兴战略的社会基础研究 [J]. 农林经济管理学报，2018 (4).
⑭ 吴重庆. 以农民组织化重建乡村主体性：新时代乡村振兴的基础 [J]. 中国农业大学学报（社会科学版），2018 (3).
⑮ 王思斌. 社会生态视角下乡村振兴发展的社会学分析：兼论乡村振兴的社会基础建设 [J]. 北京大学学报（哲学社会科学版），2018 (2).
⑯ 贺雪峰. 农民组织化与再造村社集体 [J]. 开放时代，2019 (3).
⑰ 刘祖云，刘传俊. 后生产主义乡村：乡村振兴的一个理论视角 [J]. 中国农村观察，2018 (5).

当前，乡村社会的现代化转型形成了新的乡村社会结构与社会关系，过疏化、分散化的乡村社会亟须构建一个契合当下乡村社会发展形态的新乡村组织体系，助推乡村实现再组织化及共同体再造。具体而言，当代乡村社会已迈入以农民个体化、人口流动超常规化和村庄空巢化为特征的"后乡土社会"。① 伴随市场经济意识和观念对乡村社会的持续渗透，乡村青壮年人口大都脱嵌于乡村社会，村社集体公共意识逐渐消散，个体化成员对乡村公共事务的责任感与参与度也日益减弱，使得乡村社会陷入了集体行动困境，阻碍了乡村社会的基础发展，甚至带来乡村共同体的凋敝。② 因此，在当下"找回村落共同体"③ 的语境及推行乡村振兴的现实背景下，为适应乡村社会发展需求，满足乡村个体对于组织服务的需要，亟须完善农村组织的结构和功能，构建出一个契合当下乡村建设行动进程且能对接农民需要的新型乡村组织体系，将分散的个体农民组织起来。并且，在农村社会结构不断变迁的时空背景下，传统的乡村社会组织存在组织虚化、组织涣散、资源匮乏等现实发展困境，这些困境严重制约了乡村社会组织的组织能力，也无法满足当前农村社会发展的新需求。④ 因此，在实施乡村振兴战略的背景下，加强新型乡村组织体系建设，发展壮大新型农村集体经济，夯实乡村振兴的组织与社会经济基础，提升乡村组织在组织农民、动员农民等方面的行动效能，在全面实施乡村振兴战略的实践中具有根本性意义。

另一方面，乡村组织体系是实现乡村有效治理和实现乡村治理能力现代化的实践主体⑤，是乡村振兴的主要内容和全面推进乡村振兴战略在地化实践的组织载体。近年来，国家十分重视乡村社会组织体系的建设问题，并将乡村社会组织体系建设同健全乡村治理体系，提升乡村治理水平、治理能力、治理效能，以及治理共同体的建构密切联系起来，将乡村社会组织体系建设视为实施乡村振兴战略的重要组成部分和组织基础，并就如何加强乡村社会组织体系建设进行了明确的制度、政策表述。如党的十九大

---

① 陆益龙. 后乡土中国 [M]. 北京：商务印书馆，2007.
② 刘祖云，张诚. 重构乡村共同体：乡村振兴的现实路径 [J]. 甘肃社会科学，2018 (4).
③ 吕方，苏海，梅琳. 找回村落共同体：集体经济与乡村治理：来自豫鲁两省的经验观察 [J]. 河南社会科学，2019，27 (6).
④ 唐兴军，郝宇青. 乡村社会治理中的组织再造：价值、困境与进路 [J]. 中州学刊，2021 (9).
⑤ 王智，杨莹莹. 治理现代化进程中的新社会组织能力建设 [J]. 社会主义研究，2017 (5).

报告明确提出"以提升组织力为重点"的基层组织建设要求。2018年中央一号文件《中共中央 国务院关于实施乡村振兴战略的意见》明确指出，要加强农村基层党组织建设和乡村自治组织建设，深化村民自治实践同时要大力培育服务性、公益性和互助性的农村社会组织。中共中央、国务院印发的《乡村振兴战略规划（2018—2022年）》也明确提出要推动乡村组织振兴、健全以党组织为核心的乡村组织体系，强调乡村组织振兴在打造共建共治共享的现代乡村治理共同体，打造充满活力、和谐有序的善治乡村中的重要作用。2019年中央一号文件《中共中央 国务院关于坚持农业农村优先发展 做好"三农"工作的若干意见》、中共中央办公厅和国务院办公厅印发的《关于加强和改进乡村治理的指导意见》、中共中央印发的《中国共产党农村基层组织工作条例》，2020年中央一号文件《中共中央 国务院关于抓好"三农"领域重点工作确保如期实现全面小康的意见》、《乡村振兴促进法》、《中共中央关于制定国民经济和社会发展第十四个五年规划和二〇三五年远景目标的建议》、2020年中央农村工作会议文件和2021年中央一号文件《中共中央 国务院关于全面推进乡村振兴加快农业农村现代化的意见》等文件明确指出，要健全以基层党组织为领导、村民自治组织和村务监督组织为基础、农民合作组织和集体经济组织为纽带、其他经济组织为补充的新型乡村社区组织体系。在村级组织体系建设中，要突出党组织的核心地位，加强党的农村基层组织建设，使基层党组织，特别是乡镇党委、村党组织在乡村振兴、村级各类组织中发挥全面领导和统一协调作用，因地制宜地在有条件的地方积极推行"一肩挑"制度，积极推动村党支部书记通过法定程序担任村民委员会主任。同时，要规范村级组织工作事务，理顺村级组织与包村驻村干部的关系，提升村级组织的行动能力，强化村级组织的治理与服务功能，突出其他内生性自治组织在乡村建设中的作用。这些政策表述为构建新型乡村组织体系提供了坚实的政策支持，我们不能忽视村党组织、村委自治组织、村集体经济组织及其他内生性组织在新型农村集体经济发展与乡村社会组织化发展进程中的组织基础作用。由此，建构一个契合当下乡村建设进程的新型乡村组织体系，助推村社共同体重建与乡村社会组织化是当下亟待解决的一个重要课题。

本章认为，要实现乡村社会组织化，首先需要以发展壮大新型农村集体经济为纽带，加强以村党组织为核心，以村集体经济组织和村委自治组织为两翼，以村落内生性组织为补充，以基层政权组织为依托的新型复合式乡村组织体系建设①，并通过组织体系的建设而增强乡村社会的组织协调与动员能力，最终使农民在社会、经济与秩序等层面积极组织和行动起来，为新时期全面实施乡村建设行动提供坚实的组织基础。

二、新型复合式乡村社区组织体系是乡村组织振兴的目标

要实现乡村社区组织振兴，需要构建切合乡村实际、顺应乡村建设规律，且能引领乡村全面复兴的新型复合式乡村社区组织体系。这种组织体系以村党组织为核心，以村民自治组织和新型集体经济组织为两翼，以基层政权组织为依托，以各类社区内生性组织网络为基础。新型复合式乡村社区组织体系所彰显的是治理主体的一核多元与多元主体的协商共治。② 它以乡村振兴的在地化实践为焦点，通过在组织内部和组织之间建立利益协调、权责分担、关系连带、干部包村驻村等机制，建设新乡村组织共同体。该组织共同体有助于实现组织关系的上下联结、组织行动的协调统一、组织功能的效能整合与组织目标的聚焦共识。

第一，村党组织是推进新型复合式乡村社区组织体系建设的领导核心。作为联结国家与社会的桥梁纽带，村党组织向下是广大村民利益的代表、向上则是国家公共权力的延伸。这就决定了村党组织可以凭借制度性公共权威，通过制度建设和组织嵌入③，提升其在各类乡村组织中的领导地位和村庄集体成员中的政治权威，有效实现对农民的组织和动员。在实践中，"一肩挑"制度的全面实施，使村党支部书记同时兼任村民委员会主任和村集体经济负责人。这解决了农村治理场域中"自上而下"党委任命权与"自下而上"法律选举权的二元矛盾，解决了村党组织在乡村组织体系中领导权的合法性问题。同时，上级党委通过组织吸纳，把一些具有公共精神和责任担当的乡村精英遴选和发展为村党支部书记，将他们推向农村社区

---

① 马良灿，哈洪颖. 新型乡村社区组织体系建设何以可能：兼论乡村振兴的组织基础建设[J]. 福建师范大学学报（哲学社会科学版），2021（3）.
② 陈成文，陈宇舟，陈静. 建设"一核多元"的新时代乡村治理组织体系[J]. 学海，2022（1）.
③ 韩鹏云. 乡村社会的国家政权建设：实践与反思[J]. 学术界，2021（8）.

建设与治理的"前台",使之成为新时期实现乡村全面振兴的引领者。

第二,农村集体经济组织是新型复合式乡村社区组织体系建设的重要组成部分,它为组织的运行和乡村公共事业的建设提供了重要的经济基础。经过新一轮土地确权和对村社集体资源、资产和资金进行核算后,农村社区普遍成立农村股份经济合作社。① 这一新型集体经济组织代表全村对集体土地和"三资"进行统一管理和经营。它通过盘活"三资",与村民建立股权型、紧密型和劳资型的利益联结机制,带领全体村民发展壮大新型集体经济,为乡村组织体系的常态化运行和乡村公共服务建设提供经济支持。② 广大农村地区全面推行"一肩挑"政策后,村党支部书记同时兼任村民委员会主任和村集体经济组织的理事长,村"两委"成员兼任村集体经济组织的主要理事和相关负责人。这种组织架构使村"两委"成员和村集体经济组织成员结成紧密的责任利益连带共同体。村党组织嵌入村集体经济组织不仅发挥了村党组织整合与利用村庄资源、提高配置效率的优势,还降低了合作行动的交易成本,保障了集体经济收益。③ 通过发展壮大新型集体经济,村党组织和村民自治组织在群众中重新树立了威信,村党组织、村集体经济组织和村民自治组织之间基于利益联结而形成了运行高效、协调统一的组织共同体。

第三,村民自治组织作为处理乡村治理性事务的组织载体,与乡村集体经济组织建设相辅相成,共同构成乡村组织体系建设的重要部分。村民自治的有效实现不仅需要重构乡村共同价值组织与重塑村民社会关系,还需要利用农村集体产权制度发展、壮大集体经济,把集体资本转换为组织优势。④ 集体经济的发展、壮大为村民自治和村庄公共事务夯实了经济基础。村"两委"交叉任职,合二为一,且与农村集体经济组织成员高度吻合,这使得村党组织、村民自治组织以及村集体经济组织在思想和行动上更加统一,共同助推了新型乡村集体经济的发展。围绕乡村集体经济发展和乡村社会建设事宜,村党组织、村民自治组织与村集体经济组织三者之

---

① 谢宗潘,肖媚,王媚.农村集体经济组织嬗变:嵌入性视角下发展动力机制变迁[J].农业经济问题,2021(12).

② 马良灿,李净净.从利益联结到社会整合:乡村建设的烟台经验及其在地化实践[J].中国农业大学学报(人文社会科学版),2022,39(1).

③ 曹海军,曹志立.新时代村级党建引领乡村治理的实践逻辑[J].政党治理,2020(1).

④ 邢旭.自治组织建设与自治有效:组织视角下的村民自治研究[J].西南民族大学学报(人文社会科学版),2021,42(8).

间将形成紧密的利益联结关系,并将进一步丰富和扩展新型复合式乡村社区组织体系的内涵与外延。

第四,以乡镇政府为核心的农村基层政权是构建新型复合式乡村社区组织体系的重要依托力量。国家各种惠农政策、产业发展项目及各种行政性事务依托乡镇政府进行贯彻落实和组织实施。要落实这些乡村建设事务,乡镇政府需要协同村党组织、村民自治组织和村集体经济组织,形成自上而下的合作共治、利益关联与责任共担的组织共同体。在农村社区治理实践中,乡镇政府应通过目标责任考核、利益诱导和岗位激励等机制同乡村组织开展互动。乡镇政府和村委之间是业务指导与合作共治、利益关联与责任共担的关系。为完成上级下达的乡村建设与乡村治理任务,乡镇政府把目标责任下放到村委,签订目标责任书,通过目标责任清单和年终工作绩效考评、下派包村干部等方式实现对村"两委"的业务指导和监督。为了自己的政治追求和物质利益,乡村干部积极完成乡镇政府安排的工作任务。以乡镇政府为核心形成的自上而下的组织联动和以村"两委"为核心形成的自下而上的组织互动将形成乡村建设的巨大合力。

第五,培育和发展村落内生性组织是新型复合式乡村社区组织体系建设的社会基础。农村社区内生性组织主要是基于村民血缘地缘、传统礼俗、邻里互助、自愿合作和自生发展而形成的。① 建基于村社成员共同遵守的生活、交往、教育等制度和规则的村落内生性组织是村落共同体得以延续和发展的灵魂,是乡村社会秩序得以顺利运行的重要社会基础。在乡村治理过程中,农村社区内生性组织通过非正式的关系网络运作,对人们的社会生活产生深刻影响。乡村干部正是同村落社会中的文化精英、致富能手、村落权威等群体进行合作治理,才确保村落社会秩序和社会关系的和谐稳定。在推进新型复合式乡村社区组织体系建设过程中,需要在社区正式与非正式关系组织之间建立相应的利益协调与关系整合机制,使两者共同致力于解决乡村居民面临的"急难愁盼"问题。

总之,实现乡村组织振兴,需要加强组织间的关系协调与利益联结机制建设,最终建立起以村党组织为核心,以村民自治组织和村集体经济组织为两翼,以基层政权为依托,以各种内生性组织网络为基础的新型复合式乡村社区组织体系。其中,"一核两翼"是新型复合式乡村社区组织体系

---

① 马良灿. 农村社区内生性组织及其"内卷化"问题探究[J]. 中国农村观察, 2012 (6).

的主轴，内生性的组织网络是乡村社会运行的重要基础，基层政权组织是乡村组织运行的依靠力量。只有建立起这样的组织体系，才能承担起乡村振兴在地化实践的时代重任。

三、新型复合式乡村社区组织体系建设的烟台实践

山东省烟台市广大农村地区正在推进的乡村组织建设行动，正是推进新型复合式乡村社区组织体系建设在地化实践的典范。它以"党支部领办合作社"为平台，通过发展壮大新型集体经济和建立相应的利益联结与关系协调机制[1]，进而实现组织农民建设乡村，掀起了促进乡村社会组织化、社会秩序有序化、乡村经济合作化、农民生活社会化的乡村组织建设浪潮。这股乡村组织建设浪潮始于2017年，2019年在全市范围内推广，至2020年底，全市范围内已有3 045个行政村建立了"党支部领办合作社"，占比为全市行政村的一半左右。[2] 这股乡村建设浪潮来势凶猛，成长迅速，并产生了一定的社会影响。烟台广大农村地区以党支部领办合作社为平台，在不断发展壮大村落集体经济的过程中健全了新型复合式乡村社区组织体系，提升了乡村组织治理乡村、建设乡村的协同能力。同时，它通过构建村落与集体、个人与组织之间股权型和紧密型的利益联结，打造了新型乡村利益共同体，并在一定程度上实现了乡村社会关系与社会秩序的再联结。在以基层党组织为核心的新型复合式乡村组织体系推动下，很多村落面貌焕然一新，部分乡村呈现出欣欣向荣的社会发展景象。

（一）基层政权组织与村级组织间通过目标考核与激励机制形成自上而下的组织联动

本研究通过对烟台市牟平区的5个行政村进行实地调查，主要采用社区

---

[1] 陈义媛.农村集体经济发展与村社再组织化：以烟台市"党支部领办合作社"为例［J］.求实，2020（6）.

[2] 江宇.烟台纪事：党支部领办合作社之路［M］.北京：人民日报出版社，2021.

比较、深度访谈与文献研究的方式，深度访谈了市、区、乡（镇）组织部门负责人、各村党支部书记、合作社负责人以及部分村民代表，对烟台地区乡村组织体系建设进行了系统研究。烟台市以农村基层政权建设为依托，在基层党组织领导下，通过组织动员、利益整合、话语建构等形式①，塑造出具有主体意识和共同体意识的社会群体，打造了一个具有凝聚力的社会"利益共同体"。② 一方面，乡镇政府通过自上而下的组织联动，推进国家各项乡村建设项目落地农村。另一方面，乡镇政府联合村"两委"组织通过自下而上的组织动员、利益整合向国家争取项目资金。为实现组织联动的有效性，确保乡村建设成效，乡镇政府通过目标考核、绩效激励和领导包村等合法机制与村级组织建立联系，彼此间形成责任利益连带共同体。

首先，基层政府在党委领导下通过组织联动，积极推进国家自上而下建设乡村的各项政策、项目和资金落地，促进乡村社会全面发展。自上而下的组织联动为烟台市乡村建设运动提供了强有力的组织保障。烟台市各乡镇政府联合村党组织、村集体经济组织，通过政治领导和资源整合，推动有条件的乡村社区成立"党支部领办合作社"，通过发展壮大新型农村集体经济来推进乡村组织建设，提升乡村社会的组织化水平。从政府层面来看，烟台市乡村建设运动的动因在于通过发展壮大集体经济来推进和加强农村基层的党组织建设，夯实基层党组织的社会经济基础，从而从根本上解决"集体穷、支部弱、群众散"的问题③，使农村基层党组织在乡村建设与组织关系中发挥核心领导作用，提升其治理乡村、组织乡村和动员农民的能力。从性质上说，烟台市开展的这场自上而下、由组织部门领导和推动的、以发展壮大新型农村集体经济为基础来加强农村基层党建工作的运动，同其他党建形式不同，是以"党支部领办合作社"的方式进行，即通过集体经济发展来激活党建。④ 正是因为由组织部门协调领导，各级政府涉农部门的相关资源以及各类中央惠农支持项目和资金才大量向村集体和

---

① 张跃然. 反映社会还是塑造社会？：国外社会学讨论"政党—社会关系"的两条路径 [J]. 社会学研究, 2018, 33 (3).

② 潘泽泉, 辛星. 政党整合社会：党建引领基层社区治理的中国实践 [J]. 中南大学学报（社会科学版）, 2021, 27 (2).

③ 江宇. "烟台经验"的普遍意义 [J]. 开放时代, 2020 (6).

④ 陈义媛. 以村集体经济发展激活基层党建：基于烟台市"党支部领办合作社"的案例分析 [J]. 南京农业大学学报（社会科学版）, 2021, 21 (3).

合作社聚集,并最终使烟台市"党支部领办合作社"在短期内迅速成长和壮大。在调研的5个合作社示范村中,近两年各级政府向每个村的投入资金都在100万元以上,这一数字不包含前期政府向农村投入的各类项目的资金。据烟台市委原组织部部长、"党支部领办合作社"的主要发起者、组织者和领导者于涛提供的数据,烟台市政府仅两年就单列1.72亿元合作社专项扶持资金用于支持合作社发展①,这还不包括市、县级相关部门以及中央各部委、省级各部门投入的涉农资金和项目。因此,离开自上而下的组织联动和政策资源支持,"党支部领办合作社"将难以维系,更不可能持续发展。

其次,乡镇政府协同村党组织和村集体经济组织,共同发展壮大新型农村集体经济。一方面,在乡镇党委和上级政府协助下,村党组织协调动员各村落组织,整合乡村资源,为发展壮大集体经济积极探索"党支部领办合作社"的有效实现形式和农村产业发展项目。另一方面,乡镇政府联合村集体经济组织和村"两委",自下而上地向国家争取各项财政补贴和项目资金支持,推动乡村各项事业发展。例如,南台村在村党组织带领下,合作社探索出油桃和大棚草莓产业发展的路子。在乡镇党委和政府的协助下,南台村先后申请到中央财政专项惠农补贴100万元、乡村振兴专项资金50万元,并成为烟台市第一家申请"强村贷"的合作社,获得贷款70万元,有效解决了合作社发展的资金周转问题。在乡镇政府的积极倡导和协助下,南台村还举办草莓采摘节,探寻乡村旅游业发展和草莓销售新渠道。在乡镇政府协助下,韩家疃村和南台村的集体经济组织与村"两委"组织通过股份联结、利益共担等机制,打造"党支部领办合作社",发展壮大集体经济示范村,并分别获得烟台市"十佳示范"合作社称号和5万元奖励。

最后,乡镇政府通过目标考核和政治激励,促进乡村组织体系形成责任利益共担的组织共同体。一方面,乡镇政府以目标考核和绩效激励等机制督促村"两委"落实"党支部领办合作社"的建设和乡村各项服务工作的开展。面对乡镇党委和上级政府的规范化管理和目标考核,南台村支部王书记积极落实8小时坐班制度,完成上级交办的各项乡村建设任务。王书记认为,能否完成这些任务,直接关系到村干部的政治觉悟高低、个人物质待遇能否兑

---

① 于涛. 组织起来实现乡村振兴:烟台市是怎样推行党支部领办合作社的[M]//江宇. 烟台纪事:党支部领办合作社之路. 北京:人民日报出版社,2021.

现和工作职位晋升有无机会的问题，更关系到上级政府会不会继续对本村进行资金资源投入与持续支持的大问题，因此，上级交办的任务，一定要完成好。同时，在乡村社会中，村民基于地缘关系、血缘关系以及姻亲关系形成的较为密切的情感与道义联系①，倒逼村"两委"成员为乡村建设任务努力。在人口流动性较强与空巢化严重的槐树庄村，于书记认为，老百姓选他连任村党支部书记是出于对自己的信任和情义，因此，只有为老百姓做点惠农实事才对得起这份信任。乡镇政府通过自上而下的公权力以目标考核和政治激励等方式督促乡村干部代表国家在乡村提供各项公共服务、维持社会秩序、进行社会治理。乡村干部以自下而上的自组织权力实现组织之间相互协作。自上而下的组织联动和组织之间的相互协作，促使多元主体之间形成强大的组织合力，促进了新型复合式乡村社区组织体系建设。

（二）以"党支部领办合作社"为平台在复合型乡村组织间形成利益联结

烟台市以"党支部领办合作社"为切入点，撬动和盘活村庄现有的土地、资本、资源等资产和劳动力，并通过外部的政策扶持和资金注入，发展壮大新型农村集体经济，夯实乡村组织运行的社会经济基础，进而在自上而下的各个组织、乡村内部、乡村组织与农民个体、乡村集体之间建立多元的利益联结。乡村组织间的利益联结又提升了乡村组织的行动能力，强化了乡村社区组织体系建设。集体经济组织是乡村组织体系的重要组成部分，它为后者提供了厚实的经济基础。村党组织通过党建引领、组织嵌入和资源要素整合等方式嵌入村集体经济组织中②，统筹协调各类组织和资源，激活了农村发展的内生动力，进一步发展壮大了新型村集体经济。同时，股权关系和劳资关系的建立，使村级组织和村民之间建立了紧密的社会纽带，实现了集体经济发展与乡村治理的有效结合，并在一定程度上重建了乡村社会关系与社会秩序。

首先，村党组织嵌入村集体经济组织，将农村基层党建与发展新型集体经济较好地结合起来，实现了党建引领乡村建设的目标。村党组织在乡

---

① 陆益龙. 后乡土中国 [M]. 北京：商务印书馆，2017.
② 袁方成，杨灿. 嵌入式整合：后"政党下乡"时代乡村治理的政党逻辑 [J]. 学海，2019 (2).

村组织建设中发挥着政治引领、资源整合和组织协调作用。村党组织通过"党支部领办合作社"这一实践举措，成功嵌入村集体经济组织中，并通过发展壮大新型集体经济进一步提升了自身的组织协调能力。"党支部领办合作社"的目的在于通过发展壮大新型农村集体经济，实现村级组织之间、村集体与村民之间的利益联结，并通过利益联结推动乡村组织体系建设，实现乡村社会的再组织。

为强化党对乡村建设的全面领导，确保合作社发展的政治方向，保障村集体和农民个体的利益平衡，烟台市组织部门规定由村党支部书记代表村党组织和村集体担任合作社法人代表。农村集体经济组织在党支部领导下代表村集体以土地经营权、集体资金、财政补贴资金等方式入股，实现村党组织与集体经济组织的利益联结。同时，烟台市要求村"两委"成员、村党员、村民代表等以土地、现金等方式参与合作社。这样，烟台市通过"党支部领办合作社"这一平台，将村党组织、村民自治组织、村集体经济组织的利益联结起来，"四个组织一套人马"，各组织之间交叉任职、相互嵌入。"党支部领办合作社"成功与否直接关系到集体经济和村民个体的股份收入，关系到村党组织、乡村领袖在农村社区中的社会威望，关系到村民对村集体的认同感和归属感。村党支部书记和村"两委"成员作为合作社的主要负责人和直接经济利益相关者，必然带领村民心往一处想、劲往一处使，积极发展壮大新型集体经济，并通过村级集体经济的发展壮大，提升乡村组织建设乡村、发展乡村的行动能力。

烟台市广大农村社区通过"党支部领办合作社"这一平台，实现了乡村组织之间的利益联结与有效整合。村党支部利用村集体经济组织整合乡村资源，实现农业生产方式变革、产业转型升级和组织化运营，推动乡村合作由资产、资源"物"的合作向"人"的合作转化。作为村级组织结构有机组成部分的村集体经济组织，其存在目的在于盘活乡村资产，对集体资产进行优化配置和有效经营，进而发展壮大村集体经济。① 经过新一轮农村土地确权和村社集体资产清产核算后，烟台市广大农村地区普遍成立了村股份制经济合作社。村股份制经济合作社以村集体名义通过土地、资源、其他资产入股"党支部领办合作社"，并委托"党支部领办合作社"对集体

---

① 马良灿，哈洪颖. 新型乡村社区组织体系建设何以可能：兼论乡村振兴的组织基础[J]. 福建师范大学学报（哲学社会科学版），2021（3）.

资产进行有效运营。合作社按照协议向村集体缴纳委托运营费并返还股份分红。同时，村股份制经济合作社代表村集体向上级政府申请乡村振兴专项资金和各种涉农资金，然后投入"党支部领办合作社"中，发展壮大新型集体经济。如西台村以村集体的名义申请到中央乡村振兴项目资金100万元，"水肥一体化"项目资金150万元，银行惠农贷款200多万元，建成10个樱桃大棚（面积达75亩）、苹果园200亩。西台村的樱桃大棚和苹果园都属于村集体资产，只是委托"党支部领办合作社"进行经营，合作社要按照合同向村集体缴纳委托运营费，还要把盈利部分按照股份比例返还给村集体，确保村集体资产收益。基层党组织通过将党建引领和制度嵌入集体经济组织，对村党组织、村民自治组织与村集体经济组织之间的利益和责任进行捆绑，不仅夯实了农村基层党建的群众基础，而且保障了合作社的政治发展方向，从根本上维护了村集体和广大村民的经济利益。

此外，村党组织以"党支部领办合作社"为平台，通过要素整合和组织嵌入，实现了农业产业升级、农产品"生产销售一体化"和农业经营组织化。合作社利用政府惠农项目支持，组织动员村民进行土地流转和村落要素整合，开展"水肥一体化"产业升级和规模化经营，解决农业现代化产业发展的"最后一公里"难题。[1] 在小农户分散经营和部分土地撂荒情况下，西台村和埠西头村合作社通过土地流转分别实现200亩和260亩苹果产业园建设。此外，村集体以合作社名义引入新技术、新品种，有效解决一家一户转型升级难的问题，破解了小农户与大市场之间的矛盾。槐树庄村合作社组织农民建立烟薯25号"育苗—种植—加工—销售"全产业链生产，提高农产品的附加值。为保障村集体种植收益，槐树庄村合作社与枫林食品有限公司建立订单式花生"种植—销售"模式，以增强村民收益的稳定性。

其次，以"党支部领办合作社"发展壮大集体经济，通过股份建构和劳资关系助推乡村社会组织化。村集体经济以"党支部领办合作社"为平台组织群众、发动村民，通过股份合作和劳资关系构建村党支部组织、村集体经济组织和村民之间的利益联结，实现集体与个人、组织与个体的多元互动、联股联心，共建新型乡村利益共同体。村集体经济组织以"党支部领办合作社"为平台，鼓励村民以土地、资金、劳动力等方式入股，明

---

[1] 王海娟. 项目制与农村公共品供给"最后一公里"难题[J]. 华中农业大学学报（社会科学版），2015（4）.

确村集体与村民的股权比例，使村集体与村民个体之间建立起股权型、紧密型和合作型的利益联结。通过股份合作，村党支部、村民自治组织和村集体经济组织三者之间实现"政经社合一"，村"两委"成员作为"党支部领办合作社"的实践主体和利益相关者，必将把工作重心转移到新型集体经济发展与乡村建设行动上，以保障其在集体经济中的利益最大化。

在5个合作社示范村中，村党支部书记既是合作社理事长又是合作社最大股东，村"两委"成员入股比例次之，普通村民占股最小。如：西台村党支部书记个人入股150万元，村"两委"成员入股30万元；埠西头村党支部书记入股50万元，村"两委"成员入股40万元；槐树庄村党支部书记入股50万元，村"两委"成员入股20万元。为了最大限度保障群众利益，防止"大户垄断"形成"精英社"，合作社章程规定单个社员出资比例不得超过20%。此外，为吸纳贫困户和老弱病残群众入社，解决"以地养老、稳定脱贫"问题，合作社采取土地入股、股权赠与等方式。南台村、埠西头村"党支部领办合作社"为每户贫困户赠送1股，每年从公益金中提取资金定向扶贫，并安排社区弱势群体和低保户到合作社工作，赚取劳务工资，补贴家用。

集体与村民的股份联结使老百姓重新关心村集体的产业发展和效益，而集体与村民劳资关系的建立则在一定程度上把农民组织了起来。合作社的集体劳动使村"两委"成员和村民之间的干群关系更加紧密，村民与村民之间的邻里关系更加融洽，乡村经济秩序和组织秩序得以重建。在5个合作社示范村中，合作社多种植苹果、樱桃、甘薯、花生等农产品，农业生产和经营过程中的套袋、摘袋、除草、施肥、采摘等环节需要大量季节性用工。这为留守在村中的中老年人和妇女创造了大量的就业机会。南台村妇女主任积极组织和动员村里的留守劳动力参与集体劳动，按照男工100~120元/天、女工80~100元/天的标准支付劳务工资。据妇女主任介绍，每人1年可在合作社获得劳务工资大约1.5万~2万元。村民与合作社之间劳资关系的建立将闲散的劳动力组织了起来，让村民有工可做。这不仅就近、就地解决了村民的就业问题，而且促进了村民之间的有效交流，减少了彼此之间的矛盾，增进了邻里关系，促进了乡村社会秩序的和谐稳定。槐树庄村2020年用工支出30多万元，韩家疃村用工支出10万元，南台村和西台村年用工支出都为60多万元。这表明，合作社所创造的利润，大部分以工资的形式反馈给了村民，村民才是集体经济的主要受益人。这充分显示了"党支部领办合作社"在组织农民、缩小农民贫富差距方面的优势。

村党组织通过"党支部领办合作社",以党建引领新型集体经济发展,充分发挥了村党组织资源整合功能,实现了乡村基层组织之间横向的组织联动。通过制度嵌入,村"两委"组织和村集体经济组织在党组织领导下,成立合作社发展壮大集体经济。通过组织嵌入,村"两委"组织和村集体经济组织相互交叉,实现组织同构和资源整合,共同组织农民进行流转土地、集约化经营以及电商平台销售,实现农业生产方式变革和产业更新换代,以及生产和销售的组织化运营[①],解决农民"一家一户办不好"和"不好办"的事。通过股权建构和劳资关系,村党组织、村民自治组织、村集体经济组织三者"政经社合一"的乡村组织功能得以实现,新型复合式乡村社区组织体系之间的横向利益联结得以建立。

(三)村民自治组织和村落内生性组织为新型复合式乡村社区组织体系提供内生动力

村民自治组织和村落内生性组织作为新型复合型式乡村社区组织体系的重要构成部分,其组织能力直接影响到乡村的治理效果。[②] 村民自治组织通过"民主选举、民主参与、民主监督"方式对村内事务进行自我管理、自我教育、自我服务和自我监督。村落内生性组织作为村落共同体得以延续和发展的灵魂,密切联系村落居民,从而成为乡村社会关系的"润滑剂"[③],协助村民自治组织,共建乡村组织共同体。

首先,村民自治组织建设丰富新型复合式乡村社区组织体系的内涵。在烟台市部分地区,乡镇党委通过全面贯彻和落实"一肩挑"政策,遴选了村"两委"的"领头雁",明确了村党支部书记和村"两委"班子的责任。在村党支部领导下,村"两委"成员交叉任职,这减少了彼此之间的相互扯皮与推诿,提高了村民自治组织的运行效率。一方面,乡镇党委自上而下对村党支部书记进行职业化管理,通过目标考核和组织激励,促进村党支部书记和村"两委"成员分工合作,化解上级

---

① 陈义媛. 农村集体经济发展与村社再组织化:以烟台市"党支部领办合作社"为例[J]. 求实,2020(6).
② 甘颖. 组织化再造:基层组织能力提升的制度嵌入机制研究[J]. 华中农业大学学报(社会科学版),2022(1).
③ 王杰. 乡村善治可持续的路径探索与理论启示:来自"枫桥经验"的思考[J]. 农业经济问题,2021(1).

管理与基层自治在具体事务上的矛盾,提升村民自治组织的运行效率。另一方面,乡村全面落实"四议两公开"制度,村级重大事项、重点工作和重要问题都要在村党支部领导下,按照党支部会提议、"两委"会商议、党员大会审议、村民代表会议决议的程序,保障村民以民主参与、民主协商、民主监督的方式参与乡村建设事项。

烟台市区县组织部门和乡镇政府参照机关事业单位的考核管理方式对村党支部书记进行管理,要求村党支部书记执行8小时工作制。为了更好地引导村党支部书记为老百姓想事、干事、办事,提高乡村干部的办事能力,烟台市按照山东省委要求为村支部书记提供乡镇基层公职人员的晋升渠道。在目标任务与政治激励双重作用下,村党支部书记和村"两委"成员团结合作,以合作社为平台,进行农产品产业升级和品牌化运营,发展壮大集体经济,提升村民对党支部和村委的认可,重塑村民自治组织的凝聚力。如埠西头村利用村"两委"班子成员的年轻优势,灵活安排村"两委"和理事会的开会时间和开会方式,并利用村子地理环境优势,发展樱桃树苗培育产业。西台村经过多次民主讨论和外出考察,确定采用冷冻技术干预樱桃休眠期,实现樱桃提前上市,为村民带来可观的经济效益。南台村村"两委"和村集体经济组织干部交叉任职,人员重合度高,经常多种会议联合举行,共同商讨乡村集体经济发展事宜。在自上而下的基层政权建设和村民自治组织建设相结合的大原则下,乡镇党委和上级政府单位通过目标责任和政治激励等机制推动了村民自治组织建设,组织内部村党支部、村委、村集体经济组织,人员交叉任职、共同合作,这进一步优化了村民自治组织建设,丰富了新型复合式乡村社区组织体系建设的内涵。

其次,村落内生性组织培育促进村落共同体成长,为新型复合式乡村社区组织体系建设提供了不竭的内生动力。随着市场组织的发展和政府部门公共服务的增加,村民间的互助传统逐渐式微。但新型村落集体经济的发展壮大,使农民重新积极参与乡村社区建设。这不仅促进了乡村组织内部成员之间的信任,也促进了村民在劳动、生活等领域的广泛交流和互帮互助,增加了社区的社会资本。可以说,新型农村集体经济与村落共同体重建之间是一种共时性影响关系。[①] 村落内生性组织以邻里互助、亲缘关

[①] 李文钢,马良灿. 新型农村集体经济复兴与乡土社会重建:学术回应与研究反思[J]. 社会学评论,2020,8(6).

系、社区组织等非正式组织的形式呈现，协助村民自治组织开展和睦邻里、文明乡风、美丽乡村建设。一般情况下，村集体经济发展越好的农村，村落内生性组织越活跃，村落共同体成长得越好。

南台村妇女组织在村民中的组织动员能力就得益于村集体经济的发展，非常强。随着南台村集体经济的发展壮大，村妇女组织积极动员村落留守老人、妇女和低保户家庭参与合作社的集体劳动，这既为村集体经济组织提供了劳动力保障，又提高了村妇女组织的号召力。此外，南台村的舞蹈队在村妇女组织的带动下，积极参与村子的"草莓音乐节"活动，展示村子精神风貌，助力乡村旅游发展和村集体经济产业发展。在环境整治工作方面，南台村实行党员干部包片制和村民小组长责任制，发挥党员干部、村民小组长的示范作用，相互监督村落环境整治工作的开展。同时，南台村还以村民公约来约束不配合村落环境整治的村民，取消他们享受免费农机服务的资格。南台村村集体经济的发展壮大和村落内生性组织的相互配合使得村民积极响应组织号召，各自清理好家庭内部的垃圾。村落公共区域的环境整治工作则由村干部、村党员、村民代表共同完成。以党组织领导为核心，"党支部领办合作社"为平台发展壮大村集体经济，使乡村集体经济组织实力得以发展壮大、乡村党组织的威信得以提高、村民自治组织的功能得以优化，从而使乡村治理共同体得以重建，乡村善治得以实现。

烟台市广大农村地区通过发展壮大集体经济，把党的组织建设嵌入乡村社会，形成以村党组织为核心，村民自治组织和新型集体经济组织为两翼，基层政权组织为依托，各类村落内生性组织网络为基础的新型复合式乡村社区组织体系。该组织体系实现了乡村的复合型联结：一方面，自上而下的组织建构从政治上实现了乡村组织联结；另一方面，乡村组织成员之间的"双向进入、交叉任职"，强调农村政治、经济和社会功能的互相嵌合和有机整合，实现了乡村内部的复合联结。"烟台经验"的在地化实践以促进多元行动主体之间的经济利益联结为核心，在一定程度上实现了乡村的系统性整合和组织间的上下联合。新型复合式乡村社区组织体系的建立提升了乡村组织的运行效能，夯实了乡村振兴的组织基础，推动了乡村社会与村民的组织化。

四、结语：完善新乡村建设的组织建构

当前，乡村社会已进入青壮年人口加速外流、村落社区主体老龄化严重、村民社会生活个体化突出、农村家庭结构发生剧烈变动、村级组织结构较为松散的"空巢化"社会。面对处于巨变时代的村落"空巢化"困境，国家提出并正在全面推进乡村振兴战略。这一战略实施的主要目的，就是要从根本上改变长期以来城乡之间发展的不平衡、不协调，实现乡村社会文化礼俗、产业生态、居住环境、组织体系和村落秩序的全面提升，逐步实现广大农民群体的共同富裕。如何在村落"空巢化"背景下确保乡村振兴战略落地生根，如何将松散化、老龄化、人口流动超常规化和过疏化的村落社会重新组织起来，是当前实施新乡村建设行动中需要破解的时代难题。要破解这一难题，需要推进新型复合式乡村社区组织体系建设，通过构建这种新型社区组织体系，进一步提升村级组织治理乡村、建设乡村和振兴乡村的效能。从组织功能看，新型复合式乡村社区组织体系具有实现资源联结与整合、更好维护和实现农民利益、优化乡村治理秩序和提升乡村公共产品供给水平等公共性职能。从结构上看，新型复合式乡村社区组织体系介于国家与社会之间，是实现乡村社区治理现代化和推进乡村振兴在地化实践的组织载体。在乡村社会"空巢化"背景下，新型复合式乡村社区组织体系通过组织协调和组织联动，不仅可以提高乡村组织承接国家资源的能力，而且可以增强乡村组织内部的治理效能。从运行机制看，新型复合式乡村社区组织体系通过组织联动和利益联结，不仅实现了国家对乡村社会的深度吸纳和整合，推动了乡村基层政权建设，又为当前复杂的乡村社会结构提供了一种复合型社会治理创新方式。围绕乡村建设的目标任务，组织体系间自上而下的组织联动和乡村组织之间的横向利益联结有效保证了国家、集体、个体之间的有效沟通和上下一体，这将有助于村落共同体的形成。

新型复合式乡村社区组织体系的建构路径及山东烟台地区以组织建设为核心所推动的新乡村建设行动的经验，充分表明新型社区组织体系建设对于乡村社会、广大农民群体乃至全面推进乡村振兴战略在地化实践的重

要意义。烟台市广大农村地区通过"党支部领办合作社"这一利益联结平台，以新型集体经济发展助推社区组织体系建设，以组织建设推动乡村振兴，较好地诠释了新时代乡村组织的实践路径与发展方向。以强有力的社区组织体系建设为载体，烟台市乡村集体产业逐步复苏、村落公共服务水平明显提升，村落公共性和集体性得以重建，村民对村社集体的认同感和归属感逐渐增强，村落社会在多个层面实现了再组织。可以说，烟台经验为村落"空巢化"时代乡村组织振兴如何实现、村落社会何以重建、乡村社会何以振兴，提供了较为成功的经验启示。

在推进新型复合式乡村社区组织体系的建设中，以党建引领新型集体经济发展是不可或缺的元素。通过引领新型集体经济的发展壮大，村党组织可以较好地将村民自治组织、村集体经济组织和其他非正式的社会关系网络统合起来，进而凝聚成建设乡村和治理乡村的巨大合力。在优化和推进新型复合式乡村社区组织体系的建设过程中，村党组织和新型集体经济的互相嵌合是实现乡村组织振兴的核心元素。实际上，这两个元素呈现的正是中国特色社会主义乡村的底色。因此，只有通过党建引领新型集体经济发展，并将培育村落社会的集体性、公共性和推动村落社区组织体系建设结合起来，才可能真正建立起体现中国特色的乡村社区组织体系。

第四章　激活乡村社会发展的动力基础
——基于山东曹县淘宝村的典型考察

一、主体与空间：乡村社会基础的重要内容

　　乡村社会基础是实现乡村振兴和区域发展的重要基础。区域发展一般是指在一定的时空范围内以资源开发、产业组织、结构优化为中心进行的一系列经济社会活动。区域发展必然是城乡一体化发展、不同发展程度地区的协调发展。我国幅员辽阔，不同区域具有不同的特点，需要结合区域自身特点，探索合适的发展模式。无论什么样的发展模式，都需要稳固的社会基础。因此，社会基础是区域发展的内生动力，也是区域发展的秩序源泉。区域发展的社会基础，即"乡村社区和城市社区中的人力资本、社会资本、文化资本、民间资本和社会活力等"要素①，主要包括乡村社会基础和城市社会基础。其中，乡村社会基础尤其重要。特别是在当前实施乡村振兴战略、推进数字乡村建设的发展进程中，乡村作为所属区域的最基

---

① 刘少杰. 积极优化区域发展的社会基础 [J]. 社会学评论，2021，9（1）.

层的构成部分,在区域发展中发挥着重要的根基性作用。曹县的发展即是一个展现乡村社会基础重要性的典型案例。

从区域来看,曹县位于鲁豫两省的节点地带,地处鲁豫两省八县交界处,南临商丘梁园区、民权县,北接菏泽牡丹区、定陶区,东靠单县、成武县,西濒东明县、兰考县,是带动鲁豫周边区域发展的重要节点。就山东省内而言,曹县是菏泽市下辖县,位于山东省西南边缘,地处黄河下游冲积平原。曹县古称曹州,是山东省首批20个省管县之一、全省人口第一大县,也是劳动力资源第一大县,总面积1 967平方公里,总人口约170万人。

曹县长期是山东省的省级贫困县,在全国也处于"默默无闻"的状态,但在2021年,曹县突然在网络上"火"了。以某网络主播"山东菏泽曹县!666,我的宝贝!"的口号为核心,网络上涌现了很多与曹县相关的"梗",比如"中国看上海,世界看曹县""宁要曹县一张床,不要上海一套房""北上广曹""啥时候去曹县旅游见见世面吧""众所周知,地球分为南半球和曹半球"等,吸引了很多网友的关注。从2021年4月13日到2021年5月17日,微博上关于曹县的话题阅读量超过了5亿。曹县这个名不见经传的小县城迅速火遍全网。面对曹县的走红,很多人都非常不解。针对大家的疑惑,时任曹县县长梁惠民公开回应:"家乡的变化确实大,甚至有点让大家不敢相信。不论是正面还是调侃,都欢迎广大网友到曹县走一走,看一看真实的曹县。"①

网络火爆的背后其实是"硬核实力"。从2010年到2020年,曹县的GDP从122亿元暴涨到464亿元,省内排名从108名快速上涨为55名。依靠坚实的产业基础和对互联网发展机会的及时把握,曹县迅速发展成为县域经济的佼佼者,可谓是县城中的"一二线城市"。据统计,2020年,曹县淘宝村150多个,仅次于义乌,成为全国第二大淘宝村镇集群。曹县棺材垄断了日本市场,在日本市场占有率达到90%。曹县拥有汉服产业链商家2 000多家,原创汉服销售额占全国同类市场的三分之一。曹县地区形成了以演出服饰、林木产品加工、特色农产品为主的三大农村电子商务产业集群。曹县的互联网产业基础和经济发展水平,确实颠覆了不少人心目中对于县城的惯性想象。

---

① 付洪强,王文博.山东菏泽曹县火爆出圈,县长回应:不论正面还是调侃,都欢迎大家来曹县看一看[EB/OL].(2021-05-18)[2024-03-01]. https://baijiahao.baidu.com/s?id=1700225889997333527&wfr=spider&for=pc.

曹县的发展也带动了菏泽市整体区域的发展。2020年，菏泽经济排名大幅提升，在山东16个地级市中，由全省第13位跃居第8位，增速全省第一，人均水平摆脱了全省末位，被称为"黑马"。曹县成为淘宝县后，周边的县域也纷纷成为淘宝县，整个菏泽形成了淘宝县连片的趋势，催生了全新的产业带。曹县成为区域经济社会发展的重要启动者、引航者。

乡村是曹县经济发展的重要起点，乡村社会发展是曹县及其周边区域经济社会发展的重要基础。自2010年起，曹县的淘宝经济开始大规模发展，进而带动了曹县及其周边区域经济的迅速发展。

当前，在城市化不断快速推进的进程中，我国很多乡村都普遍面临人口流失、产业基础薄弱、社会活力严重不足等问题。在这种情境下，曹县的乡村却发展迅猛，具有充足的内生动力，这与曹县坚实的乡村社会基础密不可分。主体与空间是乡村社会基础的两个重要组成部分：主体是推动乡村社会发展的主要行动者，是乡村社会基础的主要动力源泉；空间则为主体提供了行动场域和媒介，是激活乡村社会发展的重要基础。"应当在结构论和空间论的综合中清楚地认识区域发展的社会基础，在整体联系上认清社区或乡村等基层社会对区域发展的支持或限制"。①

在当前加快推进乡村振兴和区域协调发展的社会背景下，从主体与空间两个维度深入分析曹县乡村社会发展内生动力的生成过程和构成要素具有重要的理论总结和经验借鉴意义。

二、激活乡村社会的主体活力

主体是乡村社会基础的重要构成要素，也是推进乡村社会发展的主要行动者。激活主体，使主体具备充足的行动动力，是激活乡村社会基础的重要内容。在曹县，主体动力是其乡村社会发展的重要推动力。从曹县的经验来看，乡村社会基础的主体主要包括村民、乡村能人和基层政府。

---

① 刘少杰. 积极优化区域发展的社会基础［J］. 社会学评论，2021，9（1）.

（一）村民的经济先行

曹县的经济快速发展与曹县人民的敏锐和创新思维有很大关系。过去很长一段时间内，受地理位置、资源基础等因素的影响，曹县一直是山东省的贫困县，除了农业生产，农民主要依靠外出打工赚取收入。为了摆脱贫困，当地的农民一直在努力寻找并尝试各种办法来增加收入。在曹县，村民发展经济的内在动力一直非常强。也正是村民追求经济利益的内在动力，推动他们大胆创新、敢于尝试，敏锐觉察市场需求、愿意接受新事物，通过互联网使经济迅速发展起来。

曹县服饰加工产业基础的形成与淘宝经济的出现最早起始于乡村。早在20世纪90年代初，曹县大集镇丁楼村的个别村民就通过小作坊的形式，从事影楼布景加工赚取收入。后来随着市场需求的增加，这些村民的业务内容又逐渐延伸至摄影服饰和表演服饰加工。在这些村民的带动下，其他村民也纷纷效仿。经过一段时间的积累，丁楼村的表演类服饰加工渐成规模，并形成了当地服饰加工的产业基础。在发展初期，开拓市场的方式主要是村民找市场，即村民到全国各地的影楼、演出单位和服装市场销售，费时费力，交易量小且不稳定。后来在互联网经济的影响下，村民们纷纷学着开网店。2013年，丁楼村被评为"中国淘宝村"，成为全国首批淘宝村之一。

曹县的淘宝经济在村民自主行为的推动下迅速发展起来。在丁楼村的榜样村民的带动下，周边的孙庄村、张庄村等很多村子的村民也开始行动起来，越来越多的人买了电脑，接了网线，开起了网店。经过七八年的发展，曹县的32个省级贫困村全部脱贫，曹县也发展为淘宝县。2020年，曹县网络销售额突破156亿元，淘宝村达到151个，淘宝镇达到17个，继续保持全国第二"淘宝村集群"的地位，实现了淘宝村的镇域全覆盖。① 在阿里研究院发布的2020年淘宝村百强县名单中，曹县排名第二位。曹县获得"中国最大的演出服产业集群""中国第二大淘宝村集群""中国木制品跨境电商产业带""全国全网销售百强县""电子商务促进乡村振兴全国十大案

---

① 曹县安蔡楼镇有33个淘宝村，大集镇有32个淘宝村，位居全国拥有淘宝村最多的淘宝镇前两名。

例""全国电子商务促进乡村振兴十佳县域""2020年中国网络购买力百强县"等称谓。2019年曹县成为"全国十大电商发展典型县"之一,被商务部评为"国家级电子商务进农村综合示范县"。

作为乡村社会基础的主体之一,村民是推动乡村发展的重要力量。从曹县的经验来看,村民作为乡村社会基础的主体,主要在三个方面发挥了推动作用。第一,人是乡村社会基础的重要主体,也是推动乡村社会发展的重要力量,曹县总人口约170万,是山东省人口第一大县,也是劳动力资源第一大县,丰富的人力资本是曹县经济发展的重要资源;第二,村民的经济需求和行为是推动曹县经济发展的重要动力,曹县曾经很长一段时间内是省级贫困县,村民脱离贫困的需求非常强烈,穷则思变,基于对经济利益的追求,村民积极行动、大胆创新、敢于尝试,开拓了服饰加工产业;第三,榜样带动,以点及面,村民间相互模仿学习,最大化地发挥了村民群体的行为效能,推动了当地经济的转型和发展。

(二) 乡村能人的榜样带动

乡村能人是指在乡村中具备创业、营销、技术等方面能力,德才兼备的群体,主要包括创业能人、技术能人、村干部能人等。乡村能人在乡村社会发展中发挥了重要的带动引领作用,是乡村社会基础的主体之一。乡村能人主要来自村民群体,也有个别的乡村能人来自镇、村干部,他们凭借自身的才能,在激活乡村活力、推动乡村社会发展等方面发挥了重要的带动村民的作用,成为乡村社会基础的主体之一。

曹县乡村经济的发展与乡村能人具有密切关系。这些乡村能人以中青年人为主,大多具有外出求学、从军、务工、创业的经历,学历水平较高,见多识广,对互联网比较熟悉,社会和市场经验比较丰富。大集镇丁楼村电商领头人任庆生、带动全村人开网店的孙庄村党支部书记孙学平[1]、考上研究生后退学回乡创业的任安莹[2]、博士毕业后返乡创业的胡青春[3]、返乡

---

[1] 李哲,赵红星."淘宝村"的"领头雁":记曹县大集镇孙庄村党支部书记孙学平 [N]. 菏泽日报,2019-09-17 (3).
[2] 杨佰才. 曹县丁楼村:淘宝开启"淘金路"[J]. 科技致富向导,2014 (13).
[3] 李晓磊,杨可卿. 山东曹县"乡村淘宝"故事 [N]. 民主与法制时报,2019-07-28 (1).

创业的外出务工青年赵清①等，都属于乡村能人。他们大多成长于农村，对农村具有浓厚感情，具备一定技能，更容易获得村民的认可，且其所从事的行业与乡村联系紧密，其成功的经济行为更容易被村民模仿和学习。

比如丁楼村的电商领头人任庆生。2009年，任庆生的爱人听朋友说，一些人在网上卖东西，赚到了不少钱，便与任庆生商量要开网店。他们抱着试试的态度，买了电脑，装上了网络，开了一家淘宝店。任庆生以其所在的曹县大集镇丁楼村的产业——影楼服饰为基础，开设网店进行销售。开设网店的前四个月，任庆生没接到一笔生意。到了第五个月，即2010年3月，网店成交了第一单，任庆生赚到了几百元。察觉到商机后，他立刻开始扩大规模，最终一年的利润达到了几千元。其他村民开始效仿任庆生，同时，一些外出打工的人也纷纷返乡开店。2010年，丁楼村的网店数量仅有20余家，1年后便达到了上百家，这些店的经营范围也从单纯的影楼服饰拓展到影视服饰、学生表演服饰等。作为村里电商发展的领头人，任庆生获得了村民们的一致认可，于2014年被推举为丁楼村党支部书记。

又比如退学返乡创业的任安莹。2013年，还在华南师范大学生物化学与分子生物学专业读研究生二年级的任安莹决定退学返乡创业。这个举动当时在村里引起了不小的轰动，在她导师和同学的眼里也是一个另类之举。人们对于她退学回家做淘宝的选择非常不理解，对此，任安莹说，"我把淘宝当作事业来做，这和毕业跑招聘市场或者当老师一个道理"。②返回家乡后，她的电商做得风生水起，第二年就开设了两家公司，年销售额近千万元。

乡村能人的涌现与曹县的人才政策具有一定关系。"人才立县"一直是曹县重点推进的发展战略。从2008年开始，曹县更是强力推进"人才立县"战略，加强人才队伍建设，积极做好人才"引、育、留"三篇文章，政策引人、情感暖人、待遇留人。③电商产业发展起来后，越来越多的人返乡创业。近几年来有3 000多名大学生，其中包括博士生、硕士生，也有一些是留学生等，到曹县进行创业。曹县政府在省市制定的相关政策的基础上，专门根据返乡创业人员的需求制定了一些针对性政策。比如他们关心的住房问题，政府会

---

① 李威，崔智琪. 曹县大集镇赵清：务工青年返乡创业做电商年销500万，感谢政府好政策！[EB/OL]. (2021-01-15)[2024-03-01]. https://heze.dzwww.com/qx/cx/202101/t20210115_7608873.htm.

② 杨佰才. 曹县丁楼村：淘宝开启"淘金路"[J]. 科技致富向导，2014 (13).

③ 刘全锁，武占民. 曹县为经济发展打造人才"硬保障"[N]. 菏泽日报，2008-04-08 (1).

给予他们以成本价购房的优惠；其他的如孩子择校问题、看病问题、养老保险缴纳等方面，政府也都有照顾；对人才回乡创业所需要的贷款，当地银行推出了针对本科生、硕士生、博士生额度分别为30万元、50万元、100万元的贷款项目，通过免抵押、担保等方式为人才创业贷款提供便利。

乡镇层面也是通过一系列途径，吸引人才返乡。比如最先发展电商产业的大集镇，意识到了年轻人对电商产业发展的重要价值，因此采取了很多办法进行动员。每逢过年过节，回乡探亲的年轻人都会收到镇政府的《致返乡青年的一封信》，宣传"在外东奔西跑，不如在家淘宝"，村里的大喇叭，也经常播报淘宝店开设和运营的技巧和方法，以及出台的一系列创业扶持政策。

乡村能人是乡村社会基础的重要主体，对村民起着榜样带动作用。从曹县的发展经验来看，乡村能人发挥了非常显著的作用。以下几点值得关注：第一，乡村能人群体规模较大，年轻化、高学历、技能强等是其重要特征。第二，人才聚集具有规模效应。曹县乡村电商的发展，由乡村能人带动，产业发展又吸引更多的人才聚集。不仅是一些原籍为曹县大集镇的大学毕业生直接回乡或辞职返乡创业，还有曹县县城的一些人也到丁楼、张庄等村开办网店，更有一些外地人包括郑州、商丘等地的人也携家带口前来创业。第三，乡村能人发挥有力作用，是多方因素共同促成的结果。村民、政府、乡村能人之间相互促进，在村民长期致富意识、经济行为、创新思维的基础上，乡村能人作为开拓者发挥了重要的带动作用，同时受益于政府的有效引导和政策保障，乡村产业规模越来越大，反过来又吸引越来越多的人才返乡创业。

（三）政府的大力扶持

政府也是乡村社会基础的重要主体之一，能够在乡村社会发展中发挥重要的推动作用。在曹县，各级政府都能够"察需于民"，及时发现并有效回应农民需求，在当地经济发展中发挥了重要的引导和保障作用。

淘宝经济出现以前，曹县农民主要通过劳务输出获得收入。围绕农民的外出务工需求，曹县政府积极开展了大量的组织、服务工作，有序、有效地引导了劳动力发展与劳务输出，比如建立城乡劳动力市场，完善输出组织、供求信息、驻外机构三大服务网络，全面推行培训—鉴定—输出—

服务"四位一体"输出模式,确保农村劳动力出得去、留得住、干得好、回乡能发展。① 相关部门工作人员对外出工作人员从登记、培训、鉴定到推荐就业,实行一条龙服务,搭建起了县、乡劳务输出网络。这样,政府通过对农民工开展有组织、有计划的输出式培训,实现了由自发输出向有组织输出、由体力输出向技能输出的转变。

除了为劳务输出提供一系列服务,曹县政府还非常重视人才引进,出台一系列措施促进高校毕业生就业。2006—2010年,曹县高校毕业生引进总量逐年增长,学历层次稳步提高,本地生源就业率稳定在90%左右。2009年曹县共引进毕业生1 470人,其中本科及以上学历960人,为曹县经济和社会发展提供了强有力的人才智力支撑。政府设立毕业生服务专门窗口,提供就业咨询、就业指导、就业推荐等"一条龙"服务,为毕业生开辟了绿色通道。政府还对城镇特困职工家庭、低保家庭毕业生实行重点推荐、优先安置。在大力促进就业的同时,曹县政府出台相关政策鼓励、支持高校毕业生自主创业,联合人力资源市场、高等院校等各方力量,"通过创业培训、项目推荐等方式为毕业生创业提供支撑,一些重点企业也将鼓励大学生创业纳入发展规划中,寻求共赢"。②

在淘宝经济发展过程中,政府也提供了非常及时的引导和保障。大集镇丁楼村的淘宝经济发展起来后,马上吸引了邻村孙庄村的村支书孙学平的注意。当得知丁楼村获得"中国淘宝村"称号后,他便去丁楼村"取经",还带了几个懂电脑的年轻人去参观学习。随后,越来越多的村民受到带动,也买了电脑、接了网络,孙庄村的淘宝经济便逐渐发展起来。2013年4月,时任大集镇党委书记在开展消防安全检查中发现了许多村民开网店的经济行为,意识到淘宝经济这一新兴经济发展模式的重要性,便从零开始学习电商知识,工作重点也由农业生产服务转向电商服务。为了更好地促进全镇淘宝经济的发展,大集镇政府专门成立了淘宝产业发展办公室,出台鼓励电子商务经济发展的优惠政策,从资金扶持、人才引进、物流配送、证照办理等方面给予鼓励、支持和引导,建设淘宝服饰辅料市场,组建淘宝产业商会,举办淘宝产业培训班,推动该产业持续健康

---

① 志江,功臣,广英. 曹县加快劳动力有序转移 [N]. 菏泽日报,2006-09-14 (1).
② 王飞,李更. 市场调节 政府引导 自主择业:曹县力促高校毕业生就业 [N]. 菏泽日报,2010-10-09 (2).

发展；吸纳淘宝村里的带头人成为村党支部成员，充分发挥其引领带头作用。在文化氛围塑造方面，曹县政府根据"伊尹故里，淘宝兴镇"的发展思路，喊出"网上开店卖天下，淘宝服饰富万家"的口号，形成"人人谈网购，户户开网店，企业做龙头，政府做后盾"的浓厚发展氛围。面对全县每年约2亿单的电商快递物流包裹量，曹县建成了电子商务服务中心，整合物流资源，统一调配，实现了村级服务站和快递服务点深度融合，提高了快递配送效率和网点服务质量。2021年3月，20个乡镇服务点（曹县电子商务进农村镇村服务站）正式启用，实现曹县所有农村2公里内快递自提全覆盖。

政府是乡村社会基础的重要主体之一，其实践行为是激活乡村社会基础的重要动力之一。从曹县的经验来看，政府的主体动力的形成主要源于三个方面：第一，作为乡村社会基础的两大主体，政府与村民的紧密互动和相互配合是激活乡村社会发展活力的重要途径。在曹县，政府能够及时"察需于民"，并以此为基础开展工作，与村民的主体动力联合起来"同频共振"，最大限度地发挥了乡村社会基础的主体作用。同时，"察需于民"也使政府能够展现并不断保持其主体动力。第二，对于乡村社会发展，县、镇、村三级工作的整体性和延续性非常重要。在曹县，以淘宝经济来说，县、镇、村三级政务的整体性特别强，能够围绕乡村经济发展统一开展工作，并且在人员换届时，也依然能够保持其工作的延续性，主体作用的发挥非常高效。第三，政府服务文化突出，曹县时任县长梁惠民指出，"政府就是干活的，要少说多做，务实、扎实地推动当前需要做的"。2020年3月19日，梁惠民走进网络直播间，为汉服"直播带货"。曹县在网上火了之后，梁县长及时给予了正面回应："不论是正面还是调侃，都欢迎广大网友到曹县走一走，看一看真实的曹县。"顺带还宣传了曹县的棺木、演出服、食品等特色产业。

三、激活乡村社会的空间动力

空间在社会发展中的重要性日益凸显。面对当代中国社会以及人类社会的空间变迁，我们需要从"地理空间、社会空间、网络空间和表象空间的整体联系中,开展更深入、更符合实际的空间社会学研究"①。空间是乡村社会基础形成的重要平台,人力资本、社会资本、文化资本、民间资本等都需要特定的空间来容纳,乡村社会活力的激活与体现也需要相应的空间。地理空间包括区位格局、规模和形态,以及公共服务和基础设施建设等;社会空间包括家庭与人口结构、就业形式、消费结构、人口流动等;表象空间主要体现为文化氛围,以及一些潜移默化的行为习俗与交往规则等;网络空间包括互联网基础设施等。

(一) 地理空间提供物质要素

曹县位于山东省菏泽市西南部,地处黄河中下游冲积平原,属于黄泛区,地上地下水源均比较丰富,蓄水能力较强,比较适宜农业发展,是典型的农业大县。曹县在过去长期是山东省省级贫困县,临近的河南省商丘市也是相对落后地区。曹县南北贯通,是河南、安徽、江苏通往山东的重要门户。

在当前这个高铁时代,曹县的地理位置还是比较偏僻的。虽然有两条国道、五条高速公路经过境内,京九铁路也纵贯全境,但 2021 年前曹县一直没有通高铁。去往曹县,需要坐高铁至河南商丘,再转乘客车。不过,这一局面正在改变,鲁南高铁曹县段 2021 年年底已建成通车,同时经过曹县的日兰高铁到 2024 年 6 月即将全线建成,而同样经过曹县的雄商高铁也正在规划建设。

对于地理空间不具优势的曹县来说,电子商务的兴起帮助村民们打开了市场,为村民们提供了前所未有的发展机遇。在曹县境内,最先发展电商的大集镇是区位偏僻的一个镇,远离国道、省道,仅有一条县道与外界相通。大集镇的工业基础薄弱,是曹县发展比较落后的镇,人均收入低,村民外出务工现象普遍,属于典型的黄淮平原农业乡镇。丁楼村位于曹县县城东南 15 公里外,北距大集镇政府 2.5 公里,县乡道路稀疏,交通较为闭塞。

从地理空间来看,曹县淘宝村的发展遵循"就近扩散"的规律。2013 年,丁楼村成为第一个淘宝村。随后,邻近的孙庄村在第二年也成了淘宝村。2015 年,以这两个村为核心,淘宝村范围逐渐扩大,镇南的村子基本都成了淘宝村。2016 年,镇北开始出现淘宝村。2020 年,大集镇的 32 个村

---

① 刘少杰. 从物理学到现象学:空间社会学的知识基础转移 [J]. 社会科学战线,2019 (9).

全部成为淘宝村，大集镇成为山东省唯一一个淘宝村全覆盖的镇。

地理空间为乡村社会基础的激活提供了重要的区域基础。由于区位亲缘关系的存在，相邻区域的社会交往使得其经济行为具有模仿性，因而乡村经济模式的发展具有区位扩散的特点。村与村，镇与镇，由于区位的邻近性，会出现行为模仿，进而出现以一个点为核心的圈层性空间扩散现象。以大集镇为中心，淘宝村经济发展模式逐渐扩散到大集镇周边的其他镇，包括阎店楼镇、安蔡楼镇、梁堤头镇等，形成以大集镇为中心的演出服饰产业集群。在淘宝经济发展的过程中，不同区位的镇逐渐构成了互补关系。基于产业互补，曹县形成了"3+1"集聚模式，即三大产业集群加一个跨境电商产业带：表演服装产业集群，木制品产业集群，农副产品产业集群，以及木制品跨境电商产业带。曹县电商产业的发展促进了整个县域经济的转型发展。

村民住宅成为电商发展的独特空间。乡村住宅一般空间较大，包括房屋和庭院。村民自发把农家住宅改造后，具有单一居住功能的空间被改造成为集居住、交易、生产、运输等功能于一体的复合化"新型空间"。有的村民在县城中居住，将农村住宅里的卧室、客厅、储物屋全部都改造成作坊，有的村民则将自己的农村住宅空间重新规划、布置，改造成"厂店合一""前店后厂"等空间布局。

曹县的发展，还与周边的资源具有密切的关系。比如曹县经济发展的重要支撑产业——棺材产业的兴盛，便与当地的特产桐木密切相关。曹县西邻河南省兰考县，焦裕禄曾通过种植泡桐树治理兰考风沙。泡桐树成为兰考的经济支柱，与兰考相邻的曹县，也就有了比较成熟的泡桐树种植、加工产业。泡桐树木质轻薄，不适合制作家具，但特别适合制作便于搬运、容易燃烧的棺材，桐木棺材的价格也比其他实木棺材低廉很多。同时曹县有中国"木艺之都"之称，木雕历史十分悠久，工艺样式也种类繁多，能够达到非物质文化遗产的水准，因此，曹县生产的棺材在日本市场占据了90%左右的市场份额。

（二）社会空间建构关系网络

社会空间，即具有社会特点的空间，主要包括具有政治、经济、文化等属性的空间。地理学家约翰斯顿将社会空间定义为"社会群体感知和利用的空间"。社会空间是人类社会实践产生影响的空间范围，能够反映出人们的社会关系，以及社会群体的价值观、偏好和追求等。社会空间与地理空间相互影响，特定的地理范围会形成具有独特性的社会关系，建构形成社会空间，进而再对人类社会实践产生影响。

曹县已经形成了具有浓厚电商氛围的社会空间。在曹县从事电商工作具有"两低两优"的优势。"两低"是指曹县的创业成本比较低、生活成本比较低。在北上广深打工一个月挣的钱买不了一平方米的房子，但在曹县一年挣下来交个首付可能也没有问题。"两优"是指曹县的资源优、环境优，曹县有现成的园区、资源和比较好的营商环境。曹县电商产业发展的优势主要包括：初级要素丰富、国内外需求旺盛、相关支持产业全面、外部竞争环境友好、电子商务新机遇、政府支持度高等。

作为全国著名的淘宝县，曹县的社会空间具有相应的独特性。该社会空间以具有创新思维的村民的经济探索为基础，通过乡土人才的示范、熟人之间的交流与扶持、服务型政府的引导、电商协会的协调等，形成了本区域的创业氛围和营商环境。

2009年，任庆生的妻子周爱华到朋友家做客第一次听说淘宝网，知道淘宝网上的交易是一种不需要租用商铺、不需要拉货去市场、不需要走街串巷，只是与客户在网上交流便可完成交易的方式，投入少、操作方便。她与丈夫沟通后，当即决定尝试在网上售卖影楼服饰并获得成功。乡村能人的榜样示范使得周边的村民纷纷效仿。村民们学习开网店的路径比较一致，基本都是夫妻俩将子女送到亲戚家的工厂里打工，并学习开网店的方法与技巧，学成后自己买电脑在家开网店，年轻人负责网络客服及网店运营，中老年人负责基础生产。经营状况转好并有一定基础时，外出打工的青年人开始返乡帮忙。人口返乡高峰主要集中在2013年和2015年。大集镇发展电子商务之前，一直处于人口净流出状态，尤其是青壮年劳动力和大学生流失严重。而发展电子商务后，亲情和乡情的纽带开始吸引本地外出的大学生和青年劳动力陆续返乡，他们也随之成为电子商务发展的生力军。

曹县政府具有较强的互联网思维和服务精神。网络上的"曹县梗"一经出现，曹县县长马上给予回应，可见其具有较强的互联网思维。由于曹县曾经长期是省级贫困县，县政府一直致力于带领农民脱贫，所以服务精神较强。电商发展初期，曹县各级政府便积极引导、及时回应需求，搭建起多层次的支持性政策平台。镇政府专门设有电子商务办公室。2020年，经由政府号召，大集镇成立了电商协会。同时为了解决融资问题，政府倡导成立了资金互助机构，银行则积极推出流水贷、电商贷、税易贷、快活贷、无忧贷等10余类金融创新产品。此外，政府还建设了淘宝服饰辅料市场，组建了淘宝产业商会，邀请杭州院校的电子商务专业讲师举办淘宝培训班等。综合来看，政府在淘宝村发展过程中扮演三种角色：一是制度和政策的制定者，在税收、金融和人才等方面给予政策倾斜；二是公共产品和公共服务的提供者，开展道路、物流、市政等基础设施和电商产业园建设；三是中间组织者，与高校等各方开展合作和技术培训等。

产业发展具有集聚效应，产业规模与产业发展之间相互呼应，逐步形成具有核心竞争力的特色产业集群，规模大，生产品种丰富，产业链条越来越完善。淘宝村的服务商包括物流公司、通信运营商、第三方电商服务商、金融机构、培训机构等陆续进驻村庄，形成"淘宝一条街"。企业与上游供应商形成密切的合作关系。发展初期，原材料需要到浙江、江苏等南方省份企业进货，后来，这些供应商纷纷入驻曹县，为企业供应质优价廉的原材料、服饰辅料，同时，从事CAD打版、裁剪、绣花、缝纫、熨烫和精包装等的相关企业也纷纷入驻，形成了完整的产业链条。比如曹县大集镇目前重点发展表演服、汉服、校服、工装等服装产业，拥有从辅料、布匹，到加工、绣花、印花，再到销售、物流的完整产业链。市场上有特别多的绣花、印花商家，可以选择的布料品种也多，随时可以更换几千种甚至上万种的布料，最大限度节约成本和时间。村里的人工成本也不高，最贵的是前期的设计费，但由于可用印花代替绣花，因此可以节约成本，制作出平价汉服。同时，快递费用也大幅下降。发展初期，大集镇没有快递点，村民需要骑着电动车到县城发货，后来在镇政府的协调引进下，快递公司纷纷开设站点，截至2021年，镇上已引入27家快递公司，由于发货量大，单笔快递的费用只需要3元。①

（三）表象空间激活行动基础

表象空间首先是列斐伏尔提出的，与空间实践、空间表象一起构成了列斐伏尔分析空间与人互动关系的重要概念。空间实践是人们在空间中的

---

① 马铭悦.“北上广曹”是个什么梗?：探访"宇宙的中心"曹县 镇里村村做电商，每天下午4点之后堵车 [J]. 中国经济周刊, 2021 (10).

行为和创造，体现了人对物质空间的感知；空间表象是空间实践产生的观念来源，也是社会成员共有观念的集体表象；表象空间是在观念影响下的社会成员在空间中的日常实践生活，也就是社会成员在日常生活实践中的生活关系。① 空间感知、空间表象与表象空间具有密切关系。个人的空间感知影响其空间行为，其空间行为又进一步建构个人的空间感知，众多人的空间感知又逐渐汇聚，形成空间表象。人们在空间表象的影响下开展的实践活动又构成了表象空间。

曹县虽有"商汤开国地""华夏第一都"之称，但曾经长期是山东省省级贫困县，长期受到地理区位、交通设施、人口素质、工业化基础等不利条件的限制，社会经济发展水平相对落后，人才与劳动力流失严重。曹县农民的自我认同也较差，社会认同较低。为了努力摆脱贫困，基于对所处地域的空间感知，一些乡村能人尝试发展电商事业并取得成功。随后，越来越多的人开始效仿，加上地方政府的大力引导和扶持，曹县逐渐形成了浓厚的电商氛围，社会成员对电商的认同越来越高，拥有共有的电商观念，形成了与电商相关的空间表象。在这样的氛围中，受到空间表象的影响，更多的社会成员开始从事电商工作，更加推动形成了曹县村民普遍产生从事电商工作这一实践行为的表象空间。

曹县电商发展过程中，空间实践、空间表象和表象空间相互促进，共同发挥了重要的激活社会认同的作用。在曹县，当个别农民开展了从事电商创业的空间实践行为后，很快便被周边的亲戚、朋友和村民观察并效仿。"一传十、十传百"，先行创业者的成功经验也很快依靠熟人社会这个天然的社交网络迅速传播，关于电商经营的知识也呈现出以几何倍数传播的现象。农村社会的"家族网络"非常发达。曹县的表演服饰企业大多是由同一个家族或关系紧密的家庭成员组成的，成员彼此之间互相信任，具有血缘上的天然纽带。随着电商事业的迅速发展，一些企业人手短缺，便动员在外打工、创业的青年人返乡。大量年轻人开始返乡，甚至一些高学历的年轻人也辞掉了工作返回家乡。据统计，到 2021 年，累计有 700 多名大学生、7 000 多名外出务工人员返乡创业、就业。不仅吸引本地青年返乡，迅速发展的电商经济也吸引了许多外地人到曹县创业，来自福建、江西的年轻人驻扎在大集镇"淘金"，也有郑州、商丘等城市的人携家带口到曹

---

① 刘迟. 空间社会学对新型城镇化建设的启示 [N]. 光明日报，2017 – 06 – 30 (11).

县创业。

曹县政府在激活社会认同的过程中发挥了重要作用。正是在政府的积极引导下,曹县形成了浓厚的电商文化氛围,社会认同全面激活。电子商务刚开始发展时,曹县政府紧跟发展形势,提出"伊尹故里,淘宝兴镇"的发展思路,在大集镇成立淘宝产业服务发展办公室,推出一系列宣传语,在全县形成"人人谈网购,户户开网店"的电商氛围。在这样的氛围影响下,人们的电商实践日益活跃,电商文化的社会影响也越来越广。镇上有一些饭店、娱乐场所以"淘宝"命名,比如淘宝大酒店、淘宝时代娱乐会所等;当地年轻人结婚,淘宝店、天猫店成为彩礼和嫁妆。[①]

空间实践行为影响集体文化观念形成空间表象,集体文化观念又促进空间实践行为进一步发生,形成表象空间。从曾经"光棍多、留守儿童多"的贫困县,到现在"企业多、返乡创业多"的网红县,曹县通过挖掘当地的优势产业,依靠电商赋能和政府赋能,激发农民创业活力,迅速成为全国县城中的"一二线县城",当地农民的社会认同被激活,群体认同获得全面提升。比如,一位从北京回曹县创业的小伙子认为,虽然曹县和大城市在很多方面没法比,"但曹县环境很好,生活成本很低,回到曹县创业、生活、工作都很方便","很多人从大城市回到曹县,会有归属感,觉得这个地方属于他们"。[②] 对于村子里70~80岁的老人而言,没做电商之前,他们在家里的"存在感"普遍不强,后来家家户户做淘宝之后,老人们也作为劳动力之一给年轻人打打下手,帮忙钉花、打包,找到了自己的价值,因而提起电商他们都觉得非常自豪。曹县网红博主在网络上喊出的"山东菏泽曹县!666,我的宝贝!"便典型地体现出了人们对曹县的强烈认同感和归属感。

(四)网络空间优化资源结构

要素是农村社会基础中较为活跃的内容,具有多元分散化、流动性的特点,一旦被激活便能发挥重要作用。曹县在前期优势产业的基础上,迅

[①] 马铭悦. "北上广曹"是个什么梗?:探访"宇宙的中心"曹县 镇里村村做电商,每天下午4点之后堵车 [J]. 中国经济周刊, 2021 (10).

[②] 赵敏. 曹县县长:曹县"走红"与当地人互联网思维有关 [N]. 新京报, 2021-05-19 (A9).

速把握互联网经济发展机会，通过网络空间实现了对农村生产要素的激活，优化了资源基础，从而进一步激活了农村发展的社会基础。

网络空间既是一个具有流动性的场域，也是一个连接人、财、物的重要媒介，还汇集着多元信息技术。在网络空间中，通过信息技术这一新生产要素的融入，传统乡村产业的发展劣势被弥补，乡村产业的竞争力被重新塑造和提升。借助互联网，曹县的三大传统产业——服装产业、农副产业、木制品产业都得到了快速发展。互联网的去中心化、扁平化等特征，为长期被忽视的县域经济打开了更大的发展空间。

曹县的表演服、汉服产业具有坚实的基础，加上网络空间的助力，于是曹县迅速发展成为全国表演服、汉服等服饰的重要生产基地。表演服饰产业的消费市场需求多元，稳定性较低，容易受到多方面因素的影响，网络空间却能够超越时空限制，将零散化的消费需求予以整合、优化。比如曹县的大集镇，十几年前就有坚实的寿衣和戏服基础，一直是全国主要的寿衣集散地和演出服加工基地之一。2020年，新冠疫情暴发，表演服饰产业受到影响。在这种情境下，加上当时汉服的潮流已经兴起，曹县的服装厂家意识到：寿衣、戏服、汉服的生产，差别不太大。如果将寿衣看成一种产品的话，寿衣其实最大限度上保留了汉服设计所需要的传统文化。汉服和寿衣的材料和做工有许多相似之处。于是，曹县的服装厂家便利用自身产业优势，通过制作、销售平价汉服打入低价汉服市场，迅速填补了汉服市场空白。便宜的价格，优良的制作工艺，让曹县的汉服生产快速发展起来，2020年，曹县经电商平台售出的汉服产品占据全国汉服线上销售额的三分之一。阿里研究院的数据显示，像大集镇这样连续4年每个村都被评为"中国淘宝村"的乡镇，在全国独一无二。

曹县棺材产业的兴盛也是在其已有产业的基础上，通过网络空间的作用迅速实现的。曹县制作的棺材主要取材于当地生产的桐木，桐木质地轻薄，不宜制作家具，但制作易搬运、易燃烧的棺材则非常具有优势，在成本上也相当低廉。2000年，日本商人发现了曹县桐木加工产业的优势，到当地和曹县工厂在棺材加工上达成合作并延续至今。后来真正让曹县木制品产业腾飞的，是电商平台的介入。2013年，由于曹县服饰的热销，阿里巴巴注意到这座山东小城，积极和曹县进行资源合作，其中就包括木制品产业。在电商平台的助力下，曹县人面向全球销售木制品。

从种田到"种网"，互联网成为新型农民的"新农具"。网络空间使农民转型成为创新创业新农人。"小数据、新农人、大创新",互联网赋能电商产业发展、带动培育新型农民、助力电商新农人创业。"敲着键盘听着歌,一天能挣2万多"① 成为曹县有些淘宝村村民的常态。借助于互联网,曹县的传统产业顺利转型,蹚出路子,与浙江临安、江苏沭阳一起发展成为全国三大典型电商发展模式。淘宝村实现了城乡之间的要素流动,促进了乡村产业发展,吸引年轻人返乡,提高了乡村家庭的生活质量,为乡村振兴注入巨大活力。民众和政府的互联网思维在网络空间的功能发挥中非常重要,互联网相关基础设施的完善是网络空间功能发挥的重要基础。当地政府也采取了一系列政策措施促进人、物与互联网的紧密连接。

网络空间在激活农村社会基础中发挥重要作用的同时,还对地理空间、社会空间、表象空间发挥了重要的激活、整合作用,并进一步优化了其他空间功能的发挥。

从淘宝镇大集镇的发展来看,在地理空间方面,大集镇深居内陆,交通闭塞,全镇范围内既没有高速公路也没有国道和省道,只在南部地区有一条县道,并且原来的主干道坑洼不平,两旁都是田地。从社会空间上看,在2010年之前,大集镇全镇32个行政村中,省级贫困村2个,市级贫困村14个,是一个"三无"小镇:没有资金、没有产业,更没有年轻人。在表象空间上,在2010年之前,大量人口外出务工,年轻人外流现象突出,村民的认同感和归属感较低。但在2010年之后,随着网络空间的加入,大集镇的地理空间、社会空间、表象空间的活力都被调动起来,功能发挥程度大大提升,农村社会基础也被激活。主体动力明显,空间价值大大提升,原来不为人知的曹县在互联网上一夜爆红,被称为"宇宙之都"。统计数据显示,从2010年到2020年,曹县的GDP从122亿元暴涨到464亿元,省内排名从108名快速上升到靠前的55名。全国共有6 300余家演出服企业,其中曹县就有1 483家,占比将近25%,2020年淘宝百强县名单中,曹县以17个淘宝镇、151个淘宝村的数量位列全国第二。

---

① 丛民,邰亚章,田国垒."敲着键盘听着歌,一天能挣2万多"[N].工人日报,2020-08-17(1).

四、内生动力：主体与空间的多元互动

促进主体与空间的互动，是激活乡村社会发展内生动力的重要途径。在乡村社会中，主体是重要行动者。空间为主体提供了开展行动的场所与媒介：地理空间提供了物质场所，社会空间提供了关系网络，表象空间提供了认同场域，网络空间则提供了行动媒介。在曹县，主体与空间的多元互动，激活了乡村社会基础，为乡村社会发展提供了重要的动力。

内生动力是农村社会发展的重要前提。目前，随着城市化进程的加快，越来越多的人流向一、二线城市，人口老化，年轻人生育欲望降低，县域人口减少，经济活力变弱。截至2021年12月，我国共计2 843个县级区划[①]，其中包括1 812个县、自治县和县级市。按照发展程度的不同，县级区划主要包括经济百强县、中等发展程度的县、不发达县。如何全面激活乡村发展的内生动力，是当前县域经济发展中迫切需要思考的问题。激活乡村发展的内生动力，才能释放更多的经济活力，进而促进县域经济的发展。

主体与空间的互动过程及结果非常重要。丰富的互动平台、多元的互动形式、完善的互动机制能够大大增进主体与空间的互动效果。在曹县的经济社会发展过程中，主体与空间的互动比较丰富。一方面，主体作用于空间，使空间发生了改造和完善；另一方面，空间也对主体产生作用，促进了主体行为的发生并增进主体之间的互动。

乡村能人和政府在主体与空间的互动中发挥了比较突出的作用。乡村能人和政府不仅与空间开展多元互动，同时还能以空间为平台和媒介，促进村民与空间的互动。在曹县，乡村能人没有囿于地理空间的限制，而是在不断探索致富路径的过程中，通过与网络空间的密切结合，发挥对当地的模范带动作用，通过淘宝村的建成，达成了村民的致富目标。同时，曹

---

① 据统计，截至2021年12月，我国共计2 843个县级区划（台湾省县级区划资料暂缺），其中包括：1 301个县、117个自治县、977个市辖区、394个县级市、49个旗、3个自治旗、1个特区、1个林区。

县的电商发展具有"一核两翼"的特点,即以农民大规模电商创业就业为核心,以电商平台与服务型政府双向赋能为两翼,带动农村电商迅速发展。电商平台主要属于网络空间,电商平台与服务型政府的双向赋能即体现了政府与空间的良性互动。此外,政府还以其较强的引导、组织能力,推出多项举措,搭建了许多可以与空间互动的平台,在当地的地理空间、社会空间、表象空间的打造中发挥了重要作用,并促进了村民与空间的良性互动。这些举措主要体现为:对地理空间包括道路、互联网基础设施等的改造和完善;从政策措施制定、文化氛围打造、人才支持、技术培训、资金保障等方面建构了有利于电商发展的社会空间;作为表象空间的重要实践者,与村民一起促进了表象空间的产生;等等。

主体之间的互动也非常重要。在曹县,乡村能人、村民、政府三大主体的互动非常畅通。

首先,政府与乡村能人的互动畅通。以前,曹县经济欠发达,对外地人才的吸引力较弱,本地人才流失率较高。针对这种情况,曹县政府一直非常重视人才在推动乡村社会发展中的重要作用,加大资金、资源投入,科学制定人才发展规划,完善优惠政策,多措并举,包括实施"人才兴曹"战略,开通人才网,举办"人才工作宣传月"活动,组织"引才小分队",到各地高校招聘人才等,通过"引才""育才""聚才"共同推进,来加强人才队伍建设。[①] 正是由于大量人才的参与,曹县的乡村能人才会层出不穷,他们带动村民发展的经济行为才会异常活跃,从而空间实践、空间生产的活动才会日益旺盛。

其次,乡村能人与村民的互动畅通。在曹县,乡村能人发挥了带动村民的榜样作用。从电商发展初期任庆生等乡村能人的榜样性带动,到电商发展中期越来越多的大学生返乡创业,形成电商氛围,进而大范围影响周边村民从事电商,乡村能人在曹县的电商发展过程中发挥了重要的引导、带领作用。村民的行为也影响了乡村能人。在发展电商以前,村民们长期的经济探索行为打造了表演服饰产业的基础,他们在脱贫致富方面不断开拓创新的精神、理念,也潜移默化地影响了乡村能人。电商发展起来之后,村民们集体从事电商的实践,产生了规模效应,直接促成了淘宝村、淘宝

---

① 郭登奎,袁正欣,秦广英.引才·育才·聚才,曹县使用人才不拘一格[N].菏泽日报,2006-08-18(1).

镇的出现，从而进一步吸引了外地的创业者、就业者聚集到曹县，为乡村能人的创新实践创造了更有利的空间条件。

最后，政府与村民的互动畅通。在曹县，政府能够及时发现村民需求，并以此为基础为村民的经济行为提供良好的政策环境。比如曹县大集镇孙庄村，从1993年以前的"甜秋秸孙庄"到1993年以后的"蔬菜孙庄"，再到2013年以后的"淘宝村"，孙庄村干部都能够及时了解村民致富需求，通过组织、引导等作用的发挥，与村民保持良性互动。2013年以后，在发展村庄电子商务的过程中，孙庄村先后建起淘宝一条街和辅料大市场，聚集了本村及周边村庄的乡村能人，以及外地的布业、辅料、物流等企业和外来从业人员等，打造了有利于电商发展的地理空间、社会空间、表象空间、网络空间。

主体与空间是推动乡村社会发展的重要社会基础，是乡村发展内生动力的主要来源。不同区域中，主体与空间的布局具有差异性，主体与空间发挥作用的程度和方式也各有不同，内生动力的激活程度也高低不一。无论是纵向的历史发展方面，还是横向的社会条件方面，曹县的主体与空间都存在多元而丰富的互动，从而全面激活了乡村社会基础，促进了乡村振兴，带动了区域发展。

五、结语：激活乡村社会发展的主体活力与空间动力

在全面实施区域发展和乡村振兴战略的时代背景下，乡村社会发展内生动力的激活是一个重要问题，也是长期困扰乡村建设的一大难题。乡村社会基础是乡村社会发展产生内生动力的重要源泉。激活乡村社会基础，是激活并提升乡村社会发展内生动力的重要途径。在乡村社会基础中，主体与空间是重要的组成内容。分析主体与空间在乡村社会基础中的地位，以及探索主体与空间在激活乡村社会基础过程中发挥的作用，具有重要的研究价值。

主体与空间的关系，在某种程度上也即人与空间的关系。在互联网出现以前，人与空间的关系主要涉及人与物理空间、人与社会空间的关系。互联网时代到来后，伴随着网络空间的出现，空间的社会性迅速彰显，空

间价值获得极大提升。空间价值的提升，使得人与空间的互动价值也迅速凸显。互动产生动力，人与空间的互动产生推动社会向前发展的动力。曹县经济社会的迅速发展，在一定程度上体现了人与空间的互动所产生的巨大价值。

主体是激发乡村社会基础活力的重要来源。正是由于主体的存在，乡村社会基础才具有了重要的行动单元和巨大的实践潜力。发现并调动主体的行动力，是促进乡村社会发展的重要前提。曹县的政府、乡村能人、村民的互动非常充分，大大激活了乡村社会基础的内生动力，经济、社会也获得了迅速发展。

空间是激活乡村社会基础的重要平台、场域和媒介。主体互动能够产生和改造空间，同时空间也能进一步增强主体之间的互动。农村社会具有独特的地理空间、社会空间和表象空间，互联网时代中网络空间的加入，使得农村社会不同类型的空间产生密切关联，产生共振效应，整体提升了空间价值，促进了人与空间的互动。正是由于曹县较早地发展了网络空间，其地理空间、社会空间、表象空间之间的联系才更加密切，从而激活了其空间动力，促进了乡村社会的快速发展。

第五章　乡村社会发展的秩序基础

——关于陇东地区①乡村社会基础的考察

一、乡村社会团结的现实经验与研究问题

2016年8月，高柏镇②及其所在北部塬区已有月余未有雨水光顾，加之开春以来本就一直少雨，到8月15日，上塬水库因水位严重下降而无法上水，致使北部塬区的几个乡镇出现自来水停供。到18日早时还是没有供水，很多人家人畜用水亦开始出现困难（在高柏镇的乡村社会里，村民家的厨房里一般会有两个较大的水缸来储水，即使现今大多数人家自来水直接通到了厨房，农民依然有用水缸盛水之习惯，人畜一般可用两三天）。正当人们一筹莫展，木村一些村民在下午村头的公共舆论场中闲聊之时，有消息灵通者即散播从当日一早开始，县自来水公司即组织运水罐装车，正

---

① 陇东地区，通常指陇山（今六盘山和关山）以东的甘肃省平凉市、庆阳市等地。
② 高柏镇，地处我国西北地区甘肃省陇东地区黄土高原丘陵、山地区，在此为研究的方便，并遵循以往实地研究的传统，本章中所用地名、人名和组织名称均为化名。

第五章 乡村社会发展的秩序基础

从上下塬挨村运水。5点多钟村支书也接到镇上的电话通知,当晚之前将有两车水供给木村,支书Y随后在村口人群聚集地做了口头通知。于是,广场上"拉闲"① 的村民开始纷纷回家拿取盛水之设备。不一会儿村头广场上便聚集起了拎着各式各样盛水器具的村民,人们一边继续着先前的"拉闲"话题,一边彼此打着招呼,等待着运水车的到来。晚6点的时候,第一辆运水罐装车如期而至,这时村民虽争相盛水,但由于事先知晓的人并不多,场面虽稍显混乱,村民接水基本还是有一定先后次序和队形的。不到半个小时,第一辆车的储水便被人群接完(这辆车的罐装储水应该是上一个村庄供水所剩),家住较近的很多村民都接到了两三担水,少数较远的一些人家则只接到了一担水。第一辆运水车开走后,一些还未来得及接水或只接了一两担水的人家只好原地等待第二辆运水车的到来,其间一些下地干活的村民也陆续回村并拿来了自家的盛水器具,而一些本不缺水或已经接到好几担水的村民看到聚集的人群,则又跑回家拿着自家的盛水器具来到了村口的路边,人们一边"拉闲",一边等待。8点多钟的时候,村头广场的路边就排起了长长的队伍,但运水车却迟迟未到。接近9点之时,第二辆运水车终于来了。在人群等待的第一个路口(广场南口),车停了一下,这时有眼疾手快的村民拎着水桶就跑了过去,可能是看到人群混乱,车又拐到了村上的第二个路口并停了下来(广场北口)。这时还在有说有笑的村民们瞬间便各自拎起盛水器具狂奔而上。最先到者都是一些年富力强的后生,他们占据在了运水车的周边,也最先接到了水,而一些动作较慢的老者和妇幼则被挤在了外面,既不可退又不能进,同时前面的人抢占水管,致使罐装车上的水喷洒得到处都是,一些人的脸上、身上、脚上都被淋湿,人们开始互相谩骂。而一些晚到的年轻后生们则开着三轮车直接往人群处推挤,也有人爬上运水车直接抢过水管插到自家的盛水器具中,还有人拿着较大的工业用桶(相当于四五担水的容量)霸占了狭窄的进出通道。于是,混乱就此而起,人们的谩骂声、小孩的哭喊声、盛水器具的碰撞声,混杂着人群间的推搡和进出,共同构成一群乡民疯狂抢水的现世图。在近一个小时的接水里,有来来回回接到三四次的,有拉着一个大罐走的,有第一车接到水又挤进来的,而更多的是一些老者妇孺只接到一桶水还被推挤淋湿的。接近10

---

① "拉闲"是西北陇东农村地区人们农闲时节聚集在一起闲话家长里短的一种通俗称呼,女人之间往往把此活动称为"拉闲",而男人更为粗俗地将之称为"谝闲传"。

111

点的时候，当第一波人群散去陆续又来了一些人之后，第二辆运水罐装车的水还没接完，但也没人再来了，运水的工人只好就地腾空了大罐，开车回家了。到第二天即 19 日下午的时候，高柏镇及其所在北部塬区供水开始恢复正常，昨晚还在推挤、谩骂、不相让的村民又一次在村头的舆论场里高谈阔论起来了，一切似乎都没发生，而一切又似乎有了一些不同。

从上述的木村"抢水事件"中，我们能够直观地看到，传统乡村的所谓"宗亲血缘"、"差序格局"、"伦常秩序"、"熟人社会"和"长老治理"等均已渐次消解，取而代之的则是一种个人从家庭和家族中"出走"后的"无公德个体"在乡间充盈，一种后集体时代下传统社会关系的衰落以及人际关系往来和情感互动更趋商品化和消费主义的兴盛，一种村庄权威的崩塌与村落组织的真空状态而导致村庄公共生活的衰微和村落公共事务的无序化发展，一种在村庄治理整体层面上隐藏着的治理体制与治理技术、生态建设与文化振兴等危机叠加下的"复合型危机"趋向。套用村民 YXZ 的话来说（来自研究者第二天的访谈）："现在人真是了不得呀！这要是在发生饥荒或战争年代，那估计先死的都得是咱们的女人和娃娃们。"

其实，上述木村"抢水事件"中所反映的传统乡村社会秩序的现代性危机，只是呈现了当前中国现代化高速发展之下乡村社会变迁中的一个侧影。怀抱管中窥豹之想法，研究者所困惑的是：传统有序的乡村，在现代经济社会发展的同时，何以出现了一系列的秩序危机和发展困局呢？放眼今日转型发展中的中国社会：传统与现代交织、西方和东方互染、城市与乡村区隔、个体与社会相对……其造就的困局即是："断裂的社会"和"分化的民众"（孙立平）；"二元的结构"和"区隔的身份"（李培林）；"失序的公德"和"原子化的个体"（阎云翔）……这一切是转型发展带来的必然伤痛？还是改革开放所必须付出的成长代价？抑或是几千年中国社会一直暗藏的涌流？甚或是现有制度体制造就的"达摩克利斯之剑"？穿过历史的迷雾，拨开现实的纷扰，重回问题的源头，我们需要在乡村社会发展的变迁图景里寻找答案。

"从基层上看去，中国社会是乡土性的……从这基层上曾长出一层比较上和乡土基层不完全相同的社会，而且在近百年来更在东西方接触边缘上发生了一种很特殊的社会。"[①] 70 多年前费孝通先生对中国社会准确而生动

---

① 费孝通. 乡土中国［M］. 上海：上海人民出版社，2006.

的论述依然在很多地方存在着，只不过当今时代，原来"捆扎在土地上""自给自足""相互熟识"的农民们逐渐被"捆在市场上"和"半熟人社会里"，更趋近"理性人"。① 尤其是新中国成立70多年来，乡村社会发生了根本性的变革，旧有的生产关系和生产方式被新的形式所取代，构筑其上的乡村政治经济体制和社会管理制度亦发生了较大的变化，"差序格局"下的"礼治秩序"和"长老统治"② 不复存在，取而代之的是从"人民公社体制"下的"社会性动员"③ 到"家庭联产承包责任制"下的"乡政村治"④，再到今天党和国家所倡导"乡村振兴"的"三治结合"之新时代乡村社会治理体制建构。⑤ 世事巨变，沧海桑田，新中国成立70多年来的乡村社会早已不再是"田园牧歌"下的"世外桃源"，而是被国家和市场裹挟着进入现代工业文明中，成为中国现代化进程中的一个缩影。城乡从最初的"城育于乡"到今天城市对乡村的压倒性优势，原有工业与农业这两条并行的"发展线"亦呈现出工业文明对农业社会的绝对性统治。今日之乡村，人口加速外流，乡村快速衰退破败，出现大量"空心村落"⑥ 和"过疏村庄"⑦，乃至很多地方"村落终结"。⑧ 那么问题来了：还有没有乡村？还要不要乡村？答案是肯定的。毕竟，农业依然是我国社会的基础产业，农民依然占我国人口的大多数，占人口80%的、星罗棋布的乡村社会仍是中国社会稳定和发展不可忽视的基础。

那么，乡村何以存在？以何维系其社会团结和秩序有序呢？在滕尼斯那里，"共同体"（即传统社会）团结的基础是与人们生命过程相关的意向、习惯、回忆等所形成的"本质意志"，"社会"（即现代工业社会）团结的基

---

① 贺雪峰. 新乡土中国：转型期乡村社会调查笔记 [M]. 桂林：广西师范大学出版社，2003.
② 费孝通. 乡土中国 [M]. 上海：上海人民出版社，2006.
③ 于建嵘. 人民公社动员体制的利益机制和实现手段 [J]. 中国农业大学学报（社会科学版），2007（3）.
④ 徐勇. 县政、乡派、村治：乡村治理的结构性转换 [J]. 江苏社会科学，2002（2）.
⑤ 尹广文. 新时代乡村振兴战略背景下乡村社会治理体系建构研究 [J]. 兰州学刊，2019（5）.
⑥ 刘彦随，刘玉，翟荣新. 中国农村空心化的地理学研究与整治实践 [J]. 地理学报，2009，64（10）.
⑦ 田毅鹏. 乡村"过疏化"背景下城乡一体化的两难 [J]. 浙江学刊，2011（5）.
⑧ 李培林. 巨变：村落的终结：都市里的村庄研究 [J]. 中国社会科学，2002（1）.

础是基于权力、法律、制度的观念而组织起来的"选择意志"①；涂尔干则用"机械团结"社会和"有机团结"社会来呈现传统与现代两种社会形态，"机械团结"社会的基础是"集体意识"，"有机团结"社会的基础是"社会分工"②；在马克思那里，传统和现代社会的区分更多地被解读为生产资料的占有方式即生产关系③；更多西方学者则以产业为基础来呈现"农业社会"和"工业社会"两种不同的社会形态。④ 在我国，学者们对传统乡村社会团结的力量描述和解释，比较典型的几种有费孝通提出"双轨政治"概念⑤，从翰香提出"官督绅治"体制⑥，黄宗智提出"第三领域"概念⑦，杜赞奇则提出"权力的文化网络"概念。⑧ 新中国成立后，中国乡村社会的秩序建构则被学者们总结为一种"共产党领导下的土地革命"⑨，是外来的一系列"国家性社会动员"⑩，是"集体化下的农民运动"⑪，促成了当时的社会团结和秩序维系。改革开放以来，乡村社会则是在"乡政村治"的管理体制下⑫，通过"村民自治"的方式⑬，实现国家强化基层政权的意图⑭，以解决"三农"问题⑮，促进"乡村建设"。⑯

---

① 滕尼斯. 共同体与社会：纯粹社会学的基本概念 [M]. 林荣远，译. 北京：北京大学出版社，2010.
② 涂尔干. 社会分工论 [M]. 渠东，译. 2版. 北京：生活·读书·新知三联书店，2013.
③ 马克思恩格斯选集：第1卷 [M]. 3版. 北京：人民出版社，2012.
④ 贝尔. 后工业社会的来临：对社会预测的一项探索 [M]. 高銛，王宏周，魏章玲，译. 北京：商务印书馆，1984.
⑤ 费孝通. 乡土重建 [M]. 3版. 上海：观察社，1948.
⑥ 从翰香. 近代冀鲁豫乡村 [M]. 北京：中国社会科学出版社，1995.
⑦ 黄宗智. 经验与理论：中国社会、经济与法律的实践历史研究 [M]. 北京：中国人民大学出版社，2007.
⑧ 杜赞奇. 文化、权力与国家：1900—1949年的华北农村 [M]. 南京：江苏人民出版社，2003.
⑨ 韩丁. 翻身：中国一个村庄的革命纪实 [M]. 韩倞，邱应觉，译. 北京：北京出版社，1980.
⑩ 陈佩华，赵文词，安戈. 当代中国农村历沧桑：毛邓体制下的陈村 [M]. 孙万国，杨敏如，韩建中，译. 香港：牛津大学出版社，1996.
⑪ 马若孟. 中国农民经济：河北和山东的农民发展 [M]. 南京：江苏人民出版社，1999.
⑫ 于建嵘. 岳村政治：转型期中国乡村政治结构的变迁 [M]. 北京：商务印书馆，2001.
⑬ 徐勇. 中国农村村民自治 [M]. 武汉：华中师范大学出版社，1997.
⑭ 吴毅. 村治变迁中的权威与秩序 [M]. 北京：中国社会科学出版社，2002.
⑮ 李昌平. 我向总理说实话 [M]. 西安：陕西人民出版社，2009.
⑯ 贺雪峰. 新乡土中国：转型期乡村社会调查笔记 [M]. 桂林：广西师范大学出版社，2003.

第五章　乡村社会发展的秩序基础

上述国内外围绕（乡村）社会团结和秩序维系的论述，给我们的启示是：针对某一特定时期或阶段，"理想型"的（乡村）社会团结之维系力量可能呈现出某一类型的特质，但就长时段的纵向历时态概括（譬如对中国乡村 70 多年发展变迁进行概括）而言，（乡村）社会的存在和团结维系及其有序发展是一个复杂的系统，任何单一的概念描述和一元主体解释均无法准确回答现实的（乡村）社会既存与发展问题。因此，本章基于对中国西部地区一个较为典型的乡村社会——高柏镇乡村社会①70 多年发展变革的现实社会形态呈现，借助制度变迁理论中关于社会秩序议题的认知，把变革之中乡村社会秩序的构筑与形塑放在一个具有一定社会结构和网络关系的特定乡间聚落社会空间中，以考察村民个体与个体、个体与群体（乡村组织）、群体（乡村组织）与群体（乡村组织）之间，基于特定社会处境或利益诉求，展开的不同的互动形态和关系连接，去理解和分析当乡村社会中传统的村落团结维系因子"遭遇"外来性行政力量"嵌入"时，乡村社会原有的秩序形态如何适应并整合新的外来力量，进而内外两种力量之间进行着怎样的一系列互构和博弈，并最终形塑了乡村的社会团结和秩序维系及其变迁。

二、乡村社会团结的内生型秩序

所谓内生型秩序，即发端并形成于村落社会内部，自有一套既定的规范体系和运行逻辑，在长期的村庄生产活动和社会实践中逐渐固定下来，并成为人们共同接受并遵守的、约定俗成的恒定的行为准则和生活样态。这些规范体系和运行逻辑看似是不成文的、零散的，乃至可有可无的，但生活于其间的乡民们一旦破坏或越轨，将既受到来自个人及其家庭的困扰

---

① 高柏镇地处我国西北地区甘陕交接之北部塬区，乡间聚落传统因子发达，宗庙、家族、人情往来、村民关系、村约民规、礼治仪式、长老治理等村落治理力量深厚。新中国成立后国家主导下的历次乡村改造与建设，如土改运动、农业合作化运动、家庭联产承包责任制、乡政村治、新农村建设、乡村振兴发展等外来性行政力量，对传统村落团结之维系力量影响巨大。相较于我国其他农村地区，高柏镇较为集中典型地反映着新中国成立 70 多年来乡村社会秩序建构中传统力量与外来性行政力量之博弈互动过程。

115

和不适,又受到村庄整体的舆论压力和道德谴责,乃至被家庭或村庄社会所排斥、抛弃,以至驱逐。在高柏镇的大多数村庄里,家族谱系、宗族庙宇、乡约民规等依然随处可见,村民之间的人情往来和关系形态亦保持着传统社会的诸多交往规则,村庄聚落里发挥调节治理功能的"民间法",很多时候依然是祖祖辈辈沿袭至今的礼仪规范和"大家长""大家族"制度。其中家庭及其家族、人际关系与人情往来、村落规范与村庄权威、村民小组与村级组织等,共同构成了现今维系村庄内部社会团结和治理秩序的恒定准则和现存样态。

(一) 家庭及其家族

家庭是社会的基本细胞,是最基础的社会组织形态。家庭是基于特定的婚姻、血缘或收养等最基本的人类社会关系而建立起来的初级社会组织形态。在传统社会里,"家庭一直被看成道德秩序的基础,还被看成社会秩序的基本单位。因此,无论纳税、产权的支配、法律和秩序的维护,一直是家庭的责任而不是任何个人的责任"。[①] 相较于传统社会,新中国成立70多年来,高柏镇的乡村家庭及其家族,出现了较大的变化,呈现出一系列新的景象。

首先是家庭规模的变化,即由传统的大家族制向核心家庭的转变。根据调查统计数据,20世纪50年代高柏镇的家庭户中成员数平均为5.71人,这一数字到1978年是5.58人,1987年为5.01人,2005年为4.32人,2018年为4.10人。新中国成立后的土改运动及其后多次集体化道路的推进,从根本上摧毁了大家族对村落的控制和管理,四口之家成为中国乡村社会最典型的一种家庭形态,传统大家庭乃至大家族权威家长制开始逐渐向家庭成员协商制转变,家庭成员多样化的主体性表达进而影响到乡村社会内部的关系形态和人际互动往来。

其次是家庭功能的变化,以抚育、赡养为主要导向的传统家庭开始向经济生产和成员自我成长的新型家庭转变。在高柏镇,新中国成立后的土改运动和集体化劳作,尤其是改革开放以来的家庭联产承包责任制经营方式,促使家庭的经济功能逐步加强,个体只有参与了家庭的生产劳动才可

---

① 道逊. 中华帝国的文明 [M]. 金星男,译. 上海:上海古籍出版社,1994.

能分配到家庭的收益。年长的老者和年幼的孩童,因其在具体的家庭作业中处于辅助位置,其实际的家庭地位被相对边缘化了。尤其是老年人,随着他们年事的增高和体力的下降,已经不再适合进行繁重的农业劳动,老人的经验被快速的农业技术变革和现代农业机械的使用所取代。

再次是家庭利益的变化,多主体的家庭结构和多元化的家庭功能也决定了家庭利益的多元化取向。总体上看,通过土改运动,尤其在家庭联产承包责任制的推动下,土地成为农户最主要的生产载体和生活依托,家庭成为独立自主的经营性主体,家庭与村委和基层党政间的利益关系出现了明显的分化。在高柏镇,围绕土地经营问题、家庭自主生产问题以及新时期土地种与不种、流转与不流转问题,家庭成员之间、家庭户与村委乡镇之间又形成了多重的利益分歧和利益互争,而这一系列争议如何化解,则既影响到家庭的利益,也关涉到村庄社会的团结秩序。

最后是家庭地方性活动的变化,从注重伦理纲常的家族性事务向多元化的实务功利性活动转向。新中国成立后,传统的家族内部的生产性合作和日常生活往来开始向着更为实际的邻里互助和同类型人群互动转化,家庭成员开始出现较为明显的社会关系分化。在高柏镇,父母公婆开始退出家庭的决策主导定位,年轻的儿子、媳妇们开始占据了家庭内外的主导权。当前家庭的社会活动更为扩展,家庭成员之间的社会关系更为多样化,各种功利实用性的互惠型家庭互动交往方式,构成了当前村庄秩序的基本单元和基础性支撑。

(二)人际关系与人情往来

乡村社会的人际关系与人情往来往往都是基于特定的血缘、姻缘和地缘关系而建立起来,并在具体的生产实践和日常生活中展开的。"乡土社会的生活是富于地方性的……乡土社会在地方性的限制下成了生于斯、死于斯的社会……乡土社会里从熟悉得到信任,这信任并非没有根据的,其实最可靠也没有了,因为这是规矩。"[①] 而这种规矩的来源即是农村中人们长期的关系维系和人情往来。

传统乡村社会的人际关系是建立在一种费孝通先生所谓的"差序格局"

---

① 费孝通. 乡土中国 生育制度 [M]. 北京:北京大学出版社,1998.

基础上的，亲缘（从最初的家庭内部的父子、夫妇和兄弟姊妹等至亲关系，到家族中长幼之间、平辈血亲之间和远房姑表亲之间）和地缘（一种基于"生于斯、长于斯、死于斯"的关系类型）关系，构成了乡村社会农民基本的社会关系形态，也成为乡间具体的生产实践和日常生活中最为基础的社会团结与秩序维系的基础。

新中国成立70多年来，随着国家、市场和社会因素等的介入，乡村社会呈现多元发展的特点，农民的阶层分化和利益诉求也呈现多样化的形态，进而影响到乡村人际关系的多样态发展：一是同辈或同龄角色关系的形成和发展，即基于同一的身份和角色安排，乡民们在闲暇之余闲聊嬉戏、分享话题或寻求认可，以获取支持和慰藉的群体的形成；二是基于趣缘和业缘关系而形成和发展起来的人际关系，即乡间社会的农人因着一定的兴趣喜好，结成固定的趣缘交往圈层，或一些日常生产作业相同或相似的人经常性地往来聚集，以分享心得、技术和互助需求，由此结成了一个相对稳定的业缘群体；三是基于共同的需求和利益而建立起来，并达成一个稳定团体的功利实用性社会关系形态，因为农民个体的力量微小，对乡间的公共性事务，只有通过利益捆绑或需求许诺的方式结合成一个战略同盟，以对抗另一个来自村庄内部或村庄外部的力量，才能部分实现共同群体的利益诉求和现实需要。

上述乡村社会人际关系的多元形态，即传统的人际关系类型和新的社会关系形态的现时代叠加，使得新中国成立70多年来乡间社会的人情往来也呈现出传统与现代杂糅、情感与功利共存的基本景象。在高柏镇的乡间村落里，村民之间的人情往来既有生产劳作当中的合作互助，也有日常生活当中的礼物赠送。在乡间村落里（其中虽有个体村民之间的人情往来，但更多的是家庭与家庭之间的人情走动）：首先是生产劳作中的合作互助，从家族亲属关系到邻里之间，再到当前人情往来的工具性表达和理性计算；其次是日常生活当中的人情往来，村民之间因循着"礼尚往来"的传统，在一种长期的有来有往的互相走动和逢年过节的礼物互赠中达到人情的增值和再生产；最后是村落社会里红白喜事等重大活动中的人情往来，在乡间社会，对一个农民及其家庭而言，一生中最为紧要的"婚丧嫁娶"四件大事构成了农民及其家庭人情往来的基点和归结。

(三)村落规范与村庄权威

"乡土社会秩序的维持,有很多方面和现代社会秩序的维持是不相同的……因为乡土社会是'礼治'的社会。"① 这里的"礼治"即"用社会公认合式的行为规范"进行治理。在传统的农业社会中,农民世代之间往往通过口口相传或亲身的经验,在日常的生产生活中,既习得生产劳作的农业技术,又内化着乡村社会的行为规范,逐渐衍生出了一套公认的村庄规范,即规定应该做什么、不应该做什么、具体怎么做的一系列"乡规民约"。以此为基础,各个村落根据自己的实际情况,在乡村权威人物的影响或直接主导下,逐渐形成了适合本村村民具体情况的明文或非明文的行为规范,使之构成了维系乡村社会秩序的重要基础。

新中国成立后不久,乡村社会的传统"礼治"秩序和"乡约"准则,开始让位于党和国家强力的行政干预和阶级斗争策略。在党政一体的人民公社体制下,一方面国家通过对乡村土地和资源的集中性垄断和计划性配置,使乡村社会完全依附在人民公社的权威体制之下,人民公社通过生产队和驻村工作组对农民进行生产的组织和生活的日常管理,乡村社会的秩序建构变成了党和国家政治权威的改造、动员和规训;另一方面针对普通村民私人的社会行动和日常生活规范,党和国家则沿用土地改革运动时期的斗争策略,通过各种政治运动和意识形态宣传,发动不同阶级地位的村民,结成各种相对的力量,造就不同的组织角色,形成多数人对少数人的强制性优势,促成一种压倒性的政治态势和相对稳定的村庄内部秩序。

改革开放以来,随着对人民公社党政合一管理体制的改革,取得土地承包权的农村个体,在个体自由选择度增强的同时,面对国家对乡村社会直接管理权限的全面退缩,基于生产劳动和日常生活的需要,家庭和家族的秩序传统开始回归,村庄人际关系和人情往来也趋于多元化发展,乡村规范和村落权威也开始发挥其应有的维系乡间社会秩序的功能。具体来说,在高柏镇,一是村落规范的"民间法"功效得以发挥,即通过对传统的"礼治"规范改造,并吸纳现代的"法治"规范,创设出能够被村民所普遍认同并积极遵循的,具有一定社会行为约束和公共事务调节功能的村庄内

---

① 费孝通. 乡土中国 生育制度[M]. 北京:北京大学出版社,1998.

部规范体系；二是村庄精英参与村级公共事务治理，即以村干部为代表的政治精英，以懂经济、善经营的经济大户为代表的经济精英，以家族领袖或地方性知识实践者自居的社会精英，在村庄公共事务中发挥着越来越重要的作用，且这些村落治理权威正在成为当前乡村社会新秩序的规划者和实施者，进而影响着乡村社会未来的发展趋向和变迁图景；三是村规民约纳入治理实践，村规民约是乡村社会治理的一种重要方式，承载着村民价值认同和行为规制共识的村规民约就成为乡村精英阶层治理乡村社会的制胜法宝。

（四）村民小组与村级组织

传统中国乡村社会的人群聚集定居时，因为农业耕地和生产生活资料的限制，往往是具有血缘和姻缘关系的几个家庭散居在一个狭小有限的范围内，并随着世代的人口繁衍和生产扩大而不断地以同心圆的方式向外扩展，遂逐渐形成现代意义上的村落。但这种零散分居的自然村落星星点点地分布在广袤的中华大地上，是无法进行整合性管理和控制的。于是，现代国家政权便介入乡村社会中，使零散分居的自然村落被整合到一起，变成几个相邻自然村落的联合，并在其中一个较大的中心村落设置一些基本的管理机构，从而就有了我们现在所称谓的农村社区。

新中国成立70多年来，人民公社体制下的生产大队和生产队建设，改革开放后乡镇政权组织之下的行政村设置，促成了中国乡村社会较为完善的基层管理和服务体系建设。行政村是为实现国家意志而设立的农村基层管理单位，根据现行《中华人民共和国村民委员会组织法》的规定，其组织管理形式是村民委员会，村民委员会是农村居民的自治组织。而一个行政村又可划分为几个村民小组，每组设一个组长，村民小组受行政村村党支部和村民委员会的领导和管理。在高柏镇，村民小组、村党支部和村民委员会、各类村民自组织共同构成了高柏镇村庄社会组织化社会秩序的维系力量。

村民小组，是中国乡村基层秩序的组织化体系中最基本的单元，在村庄内部和村民的生产生活实践中发挥着重要作用。在高柏镇，一个村民小组就是一个自然村，村民在这里世代繁衍、生存，所有的日常社会活动均在这一"场域"中实现。同时，村民小组亦是一个"生产队"，村庄土地和生产资料都以此为界，有着较为清晰的范围，村民通过生产上的互助合作，构造了一套"熟人社会"的秩序机制,亦形成了独立的村民小组之"共同体"认同和归属。

村党支部是党中央在乡村的基层组织设置,亦是党中央密切联系群众、支持乡村社会发展的主要组织形式。村级党支部在村庄政治生活中负有主要领导作用,在村庄经济社会发展中处于核心地位。而村民委员会则是按照《中华人民共和国村民委员会组织法》的规定,在国家及其基层政府授权的基础上,采取村民自治的方式,以治理本村庄具体公共事务和公益事业。两者共同构成了"乡政村治"模式下我国乡村治理的主要组织形式。

村民自组织即村民之间基于共同的生产生活需要,在自愿合作的基础上结成的,具有某种群体性认同和社会功能价值的群众性组织。乡村社会最为普遍和典型的村民自组织有两种:一种是以传统文化和民间祭祀为主的群众性社团组织,另一种是以农村经济合作发展为主的农民专业合作社组织。当前乡村社会还兴起了一种外来力量介入村庄之中的组织形态即各类公益性社会组织。村民自组织在繁荣乡村文化、发展乡村公益事业和促进乡村经济社会发展等方面发挥着日益重要的作用。

三、乡村社会团结的行政嵌入型秩序

所谓行政嵌入型秩序,即一种来自外部的、基于国家政权力量的制度法规建设与政策施政倡导。它依托基层地方政权组织直接的行政命令和具体的施政干预,间接地影响乡村社会的建设与发展,或直接地左右着村庄里的秩序与变迁。这种行政嵌入性力量,凭借着国家的直接权威或间接的行政授权,能够通过基层政权的力量直接而快速地渗透进村庄的日常生产生活之中,故而对村庄之社会秩序维系和村民之具体生产生活实践均产生着巨大影响,构成了与前述村庄内生型秩序基础相对应的外部干预力量。在高柏镇,从新中国成立以来,地方基层党政力量便持续通过各种社会运动和群众性动员,直接或间接性地浸入乡间地方社会,既冲击着传统的乡间团结维系的旧有因子,又构筑着新的社会秩序维系性基础。在这一过程中,国家政权的制度法规建设与政策施政倡导、乡镇政权的行政命令与施政干预、驻村乡镇干部的治村行为等共同构成了乡村社会行政嵌入型秩序的主要力量源。

（一）国家政权的制度法规建设与政策施政倡导

国家政权的制度法规建设与政策施政倡导作为中央政府对地方基层社会治理的主要手段，既是其执政意志的主要体现，又是国家庞大治理体系中最为主要的管理控制方略。国家一方面通过组织化建设，以较为严格的科层体制，逐级设置相对应的行政管理机构，负责地方社会公共性事务治理，以实现对现有政权执政行为的管理和控制；另一方面国家制定相关的法律规范，以全面贯彻其施政举措和统治意志，同时在不同时期，针对不同情况，出台一系列政策和意见，以引导并规范全社会的具体发展实践。

历史上，"皇权不下乡""皇权止于郡县"等构成了中国封建社会的乡村自治传统。① 近代以来，面对中国社会的动荡转型和农村的衰败凋零，国家政权开始全面向乡村社会渗透。尤其是1949年新中国成立后，党和国家通过一系列强力的行政力量和社会运动，完全瓦解了乡村社会旧有的秩序体系，建构了一套全新的村庄秩序，即权威性国家与依附性小农在大一统的人民公社体制下的双边互动。

改革开放后，随着家庭联产承包责任制下农户经营自主权的扩大，国家行政权威开始从乡村退缩。国家通过一系列农村经济政治体制改革，推动了乡村社会的改革发展，同时中央从1982年至1986年连续发布了五个中央一号文件，以引导和规范家庭联产承包责任制这一新体制。到20世纪80年代中后期，随着乡村社会的进一步发展和农村经济体制改革的深入推进，乡村社会出现了一系列新的社会问题，尤其是乡间的规范空缺和组织缺位，"乡政村治"基层乡村治理模式应运而生。国家政权通过组织制度的重构与扩建，使乡镇政权在"七站八所"的设置中，迅速地膨胀并引发了地方财政的困难与紧张。党和国家在基层的政权代理机构——乡镇基层党政机关越来越成为乡村社会各种矛盾冲突的焦点。进入21世纪，随着农业税的全面取消和后续农村综合改革的启动，乡村社会的发展进入一个新的时期。中央从2004年到2019年连续16年以最高规格的中央一号文件形式来推动解决"三农"问题。这一方面说明党和国家希望通过一系列的支持性政策介入乡村社会，推动农村综合改革，促进乡村经济社会发展；另一方面也

---

① 秦晖. 传统十论［M］. 上海：复旦大学出版社，2003.

反映出国家行政性力量在一个国家与农民关联性断裂、小农与国家互动弱化的时代，嵌入乡村社会的困难，这种困难是造成当前乡村社会秩序紧张和治理困境的主要因素。研究者在高柏镇的调查亦表明，新中国成立70多年来的农村改革发展，诸如土地改革、合作化运动、包产到户、改土造田、封山育林、新农村建设、精准扶贫等，均离不开国家政权的乡村介入与政策倡导。

（二）乡镇政权的行政命令与施政干预

乡镇政权是党和国家在广大农村地区的基层政权组织，具体负责所辖区域的政治、经济、社会、文化等各项事务，是党和国家与乡村社会之间上情下达、下情上达的桥梁和纽带，也是农村经济建设与社会发展的直接组织者与实施者。一方面，乡镇政权通过执行和实施党和国家的各项制度、政策、法规，把中央的意志和决策贯彻落实到基层的乡村社会中去，同时又把村庄里的民情民意反映到上一级政权组织；另一方面，乡镇政权通过直接的行政命令和施政干预完成本辖区的公共事务管理和地区发展职责，实现其对乡村社会全方面的整合与控制。

考察"乡制"的历史，早在约三千年前的西周时期，中华大地上即有基层的"乡制"建制，周代"万户而乡"，秦汉设乡亭里制，隋唐至明清改乡里制，清末民国还原了乡制行政设置传统。新中国成立后，乡镇建制为人民公社所取代，成为政社高度合一的基层行政区域单位。改革开放以来，各地乡镇政权得以恢复重建，形成了现有的基层社会政权组织体系。

目前，根据《中国共产党章程》《中华人民共和国地方各级人民代表大会和地方各级人民政府组织法》等有关规定，乡镇设党委、人大、政府、纪委、人民武装部，工会、共青团、妇联等组织按照有关章程设置。其中党委居于核心领导地位，政府是基层权力的执行者和组织实施者。在高柏镇，1978年后乡镇政权的实际运作，遵循着学者所总结归纳出的三阶段具体实践进路，即谋利型政权—维控型政权—协调型政权。改革开放之初，随着"政社分开"的乡镇管理体制改革和"分灶吃饭"的国家财政管理体制改革，在获得较大自主性空间和自由的同时，由财政压力所导致的营利意识也空前觉醒，各地乡镇政权开始干预甚至包揽基层社会的各经济组织、经济实体的具体业务活动，变成了一个谋求自身利益的行动者，即张静等人所谓的"谋利型政权经营者"。① 到了 20 世纪 90 年代，随着乡镇企业和村办集体经济的昙花一现，乡镇政权组织失去了可以维系其有序运作的财政来源与支持，于是它们的关注点开始下移，通过连年增加农业税赋，增收"三提五统"和农村事业建设费等集资收费的方式，向乡间的农民"要钱""要粮""要劳力"，导致乡镇与村庄和农民之间的矛盾、冲突激化，乃至引发暴力性反抗和群体性事件，"维控型政权"构成了这一时期乡镇政权基层运作的典型特质。② 进入 21 世纪，从 2003 年农业税费改革全面推开，2006 年国家全面取消农业税，继之而来的是包括乡镇事权调整、机构改革和人员精简等在内的基层乡镇行政管理体制改革，这使得乡镇成了一个应付上级、服务下级、跑腿办事的彻彻底底的"协调型政权"③，从而也造就了当下乡镇政权在农村社会中呈现出的"结构弱化"与"功能强化"的巨大张力。

（三）驻村乡镇干部的治村行为

干部驻村包村历来是中国共产党农村工作的传统。在中国共产党领导中国革命、建设和改革的伟大实践中，针对不同时期的不同情况，党中央及其各级党组织都曾先后向乡村派驻工作队，以领导并动员农民积极参与党在农村的各项工作和发展任务，这构成了中国共产党的群众路线之中国革命、建设与实践中农村工作的特殊组织与形式。④

早在革命战争年代，毛泽东等人就提出群众路线的主张，并积极推动党在乡村社会里的组织建设，提高党的领导动员能力。之后，不论是敌后抗日根据地的建设，还是解放战争时期的土地改革运动，抑或是新中国成立后农村工作队所开展的各种社会运动，中国共产党的农村工作队都发挥了巨大的作用。改革开放后，面对农村经济社会发展新的形势，以乡镇干部为主体的驻村包村工作队实现多样化、多形式发展。各种驻村包村工作队，在宣传贯彻和落实党和国家有关乡村发展的政策、制度方面，在解决

---

① 张静. 基层政权：乡村制度诸问题 [M]. 杭州：浙江人民出版社，2000.
② 欧阳静. 策略主义：桔镇运作的逻辑 [M]. 北京：中国政法大学出版社，2011.
③ 付伟，焦长权. "协调型"政权：项目制运作下的乡镇政府 [J]. 社会学研究，2015，30（2）.
④ 刘金海. 工作队：当代中国农村工作的特殊组织及形式 [J]. 中共党史研究，2012（12）.

乡村发展中的具体问题和人民群众切身利益与需求以及推动乡村社会建设与发展等方面，均发挥着重要的作用。当前，驻村包村干部的主要工作任务则是在完善村一级反贫困的治理结构的基础上，协调并动员更多的资源进入贫困村，实施项目扶贫，促进精准扶贫工程的落地生根。

在高柏镇，虽然以乡镇干部为主体的干部驻村包村，不同时期针对农村不同工作形势，往往会有不同的任务侧重和工作要求，但总结起来，高柏驻村包村干部的治村行为大体包含了以下的主要任务和工作内容：一是宣讲和传达党和国家的制度法规与政策倡导，驻村包村干部通过与普通村民面对面的直接接触和交流，直观具体地宣传和讲解党和国家的政策精神，使农民更为准确、详尽地了解现阶段党和国家对农村工作的方针政策，促使中央和国家在农村工作的决策部署在基层实现；二是完成乡镇或县市一级的农村工作任务，临时性或阶段性的工作队驻村往往都是带着某项具体的上级指派任务，工作人员通过与村干部和村民的合作以完成工作队的具体工作，而来自乡镇的常规性干部驻村包村则更多是为了贯彻和落实乡镇一级在村庄里的具体日常工作，诸如扶贫帮困、村级综合治理等；三是解决村庄里一些具体的突出问题和面临的现实困境，驻村包村干部能够凭借党和政府的行政权威，直接介入村庄日常事务的管理和服务中去，通过与村民面对面的交流、沟通和协商，及时、快速、有效地处理村庄内部和普通村民之间日常生产生活中的具体问题。正是基于上述的工作内容和工作方式，以乡镇干部为主体的驻村包村工作在贯彻落实党和国家的方针、政策，完成基层党政在农村的工作任务，解决农村存在的矛盾和问题等方面，发挥了重要作用。

四、乡村社会团结秩序性力量的场域建构

当外来的行政嵌入型秩序的力量，进入乡村社会的日常生产生活实践中，并与村庄内生型秩序的恒定准则和存在样态在村庄这一现实场景中遭遇，并进行一系列的互构和博弈时，乡村社会又是如何调试这两股不同的秩序维系力量，并最终构筑起了乡村社会日常的秩序维系与团结基础的呢？借鉴不同时期不同学者对乡村社会秩序建构的研究成果，通过较长时段对

高柏镇乡村社会的实地观察和调研，笔者发现正是乡村社会里既存的两种场域形态——村头公共舆论场（非正式组织化的）和村庄红白喜事场（正式组织化的），构成了乡村社会外来的行政嵌入型秩序力量与村庄内生型秩序力量互动整合的主要场域，两种秩序力量正是在这两个不同场域中实现了乡村社会村落团结的互构与维系。

（一）村头公共舆论场：非正式组织化乡村社会秩序的场域建构与维系

在高柏镇，所谓村头公共舆论场，即指村民在闲暇之余，三五成群地聚集在村庄内一些特定的公共场域，或谈天说地、纵论古今，或针砭时弊、评头论足，或言及趣闻、"奇闻共赏"，或闲话邻里、碎语他人等，在言语或信息的交换中，在不同的认知和道德评判下，在共有的思想意识和价值准则中，就某些事件和行为方式形成较为一致的好坏评说和共守法则，形成对村庄共同体内每一成员的社会认知、道德判断和行为准则均具有一定规范性、约束性和评判性的公共舆论氛围，成为一种软性的"村规民约"，进而影响着村民日常生产生活实践中的言谈举止和行为方式，并最终形塑着村庄里的社会秩序维系和村民群体性团结。

1. 高柏镇村头公共舆论场的形成基础

在高柏镇的村庄聚落里，村民们"生于斯、长于斯、死于斯"，每一天都会因日常生产劳动和生活中的人情往来，发生这样或那样的多重性人际互动。在一种"低头不见抬头见"的左邻右舍情境中，或在有着相同的姓氏、同一血缘关系和共同祖先的共同体认知中，大家熟知彼此的家庭、出身、性情、阅历和见识，并不需要太多的避讳、客套和防范就能直接面对面地进行言语的交流和信息的互换，去评说一些所见所闻或道听途说，进而在一番附和、争执和吵闹中还能达成某些共识，并使之最终成为具有一定规范性和约束力的、软性的"村规民约"。同时，乡村社会村落中村民的居住分布是一种平面性的区域展开，村民走出家门、离开庭院便是随处可见的公共聚集场域，即使在家里，低矮的围墙内外往往也是可见或可听闻的。左邻右舍或相熟的人家随时随地的串门走访是一种生活的常态，这亦进一步加深了人们之间的往来和互动，使得在村落社会里形成了一些较为固定的人群聚集场地。在那里，小孩们嬉戏玩耍，男人们相互吹牛、嬉戏闲谈，女人们谈论着家长里短，老人们详述着过往的时光，这一切构成了村落社会里乡民们较为重要的一个"公共空间领域"和"公共舆论场所"。

2. 高柏镇村头公共舆论场的互动展开

当闲暇的村民们走出自家的屋门庭院，来到村头的人群聚集处，进入到村头的公共舆论场，他们各自又是如何具体互动、开展言说、产生分歧、消解争论、达成共识的呢？

在高柏镇的木村，每天早饭和晚饭①之后，总有人陆陆续续来到村头的固定场地，老人们会随手带个马扎，抢占最舒适的位置，后来的村民往往都是按照自我的喜好加入不同的群体中。从第一个人占位，到三五成群的人群聚集起来，前后往往不会超过半小时，有些稍近的人家端着饭碗就出来了，也有的人想要打听一些事或分享一些见闻，家务来不及收拾就加入进来。一边是上了年纪的老人，一边是已过而立之年的中年人，还有唠唠叨叨的婆婆们和窃窃私语的媳妇们，当然也有嬉笑玩耍的孩童。人群分定，位置依次排开，"拉闲"就此上演。话题一般都是由第二或第三个到场者开启，从问候说到天气，再说到收成年景，逐渐有了回应或争议之时，话题就被固定下来了，后来者如果没有重大的新闻或消息，往往会继续先来者的话题，不断"添油加醋"。随着人群的进一步聚集，讨论也会愈加热烈，话语权也将逐渐地转移并固化在几个具体的村庄权威人物身上。看似松散开放的村头舆论场由此便具有了层级和结构，身处其中者也便生出了有利自我的话语言说和行动策略。并且村头的公共话题总是在少数个体的言说和大多数听者或附和或争论中不断地变化着新的内容和形式，看似每时每日都不同，但每个人在认知和理解上都有自己的一套根植于心的东西，而这套东西与其说是个体从小社会化的结果，还不如说其原本就是来自世代延续下来的村头公共舆论场共同的法则。它们就这样发挥着对村民的影响，并进而影响着身处其中的村民们的日常生产和生活实践。

3. 高柏镇村头公共舆论场的村庄影响分析

在高柏镇，村头公共舆论场作为村民们茶余饭后闲暇时光里主要聚集和互动的实践场域，不论是对个体、群体还是村庄社会，均会产生这样或那样的诸多影响。在一个看似开放松散的互动场景中，人们自主选择着自

---

① 在西北陇东地区的农村，村民一般吃两顿饭，早晨八点钟前后吃上午饭，下午三四点钟吃下午饭，其他时间家庭主妇们一般不再另行做饭，家庭成员如果饿了往往随意吃点馒头等充饥。

己的互动交往圈层，交换着彼此的所见所闻，展现着表达自身存在的言谈举止，进而影响并造就了一系列可见的或隐藏的道德力量和行为规范。

首先，村头公共舆论场是个体村民社会认知和行为规制的主要实践场域，形塑着村民个体的私人生活和外部声誉评价。一个孩童从小便在这种开放性的环境中被认知与教化，同时也造就了他对自身、对他人、对外部世界的看法和理解。村头公共舆论场变成了一个生活于其中的每一个村民的"他人脑海中的图像……这些对人类群体或以群体名义行事的个人产生着影响的图像，就是大写的舆论"。① 它不仅规制了村民个体的言谈举止，更重要的是形塑着生活于其中的个体的私人生活。

其次，村头公共舆论场是村民群体村落公共生活非组织化的主要实践场域，它影响着参与其中的群体的认知、互动与交往，并提供给身处其中的人们一个共同体皈依和公共性道德规制。在这里，每个人总是把自己当天的见闻拿出来在其所在的群体中进行分享，并从自身和他人的经验乃至教训中获得群体的接纳和理解。同时，群体分化聚集中所产生的共识又往往反过来影响着身在其中的每一个个体的言语和行为，构成一种社会舆论传播中所谓的"整体的知觉和集合的意识"，规制着参与其中的个体的言行举止和社会认知。

最后，村头公共舆论场是开展村庄生产生活等公共事务的主要实践场域，它吸纳并包容着村落社会里的各方主体，形成了一个允许各方参与的公共领域，形塑着村落群体的整合与团结。在乡村，农人们茶余饭后最主要的活动场域即是村头"拉闲"，很多的农业生产知识和技能便是在这里形成，外界的新闻信息也是在这里获取，家长里短的闲话也得以在这里传播，不论是个人还是聚集的群体，都在村头的公共舆论场里实践着自身并又被规制着。

（二）村庄红白喜事场：正式组织化乡村社会秩序的场域建构与维系

所谓村庄红白喜事场，即基于村庄内一个家庭户的婚丧嫁娶等仪式性事件，多数村民受邀或主动介入其中，建立起一种临时的、有组织的群体

---

① 李普曼. 公共舆论 [M]. 阎克文，江红，译. 上海：上海人民出版社，2006.

性存在，在彼此分工又相互沟通合作中共同完成一项具体的活动事务。村落社会内部的红白喜事场既是一个家庭户的重大人生事件，又是多数村民日常村落社会生活的重要组成部分。一般情况下，一个村庄里，"一家有喜，全村送礼；一家举丧，全村哀至"。因此，透视村庄红白喜事场，尤其是了解在其中的人们如何为了共同完成一项具体的事务活动而进行各种分工合作与互动交往，既可以帮助我们了解乡村社会里村民之间的日常生产生活实践，又能够洞悉乡村社会变迁中所呈现出来的社会秩序的日常维系与建构。

在此，我们以高柏镇的丧葬活动为例，以呈现并分析村庄有组织的社会秩序场域的建构与维系。

1. 高柏镇乡村社会中的丧葬活动

在中国的传统文化中有"事死如事生，事亡如事存，孝之至也"之说。因而，在中国人的观念中，丧葬将是儿女表达情感、体现孝心的主要场域，从而形成了诸多丧葬礼仪。当前，随着现代化的发展，许多传统礼仪已经被大大简化乃至废弃，但丧葬礼仪却一直被延续至今，且在高柏镇所在的陇东地区大有更为复杂烦琐之倾向。

高柏镇地处西北陇东黄土高原区，其丧葬仪式更具传统秦汉文化的丧葬礼俗。一般情况下，一个家庭的老者去世，往往要经历送终、穿衣、停尸、报丧、打坟、盛殓、设灵、成服、请主、祭吊、祭礼、进饭、起灵、下葬、谢灶、过七、周年等仪式性活动。丧葬礼仪的具体活动仪式过程是：老者去世之前，儿女需近身侍奉并与逝者告别，村里德高望重的长辈给死者穿衣并帮助逝者家人停尸至堂屋正室，寓意"寿终正寝"。之后"孝子贤孙"要报丧，请村人挖坟打墓，到第三日完成死者的入棺仪式即盛殓，并一早出齐门告，意在向外人正式宣告死者的基本情况和现世的子孙"五服"① 关系。祭奠前一日，孝子贤孙要举行请主仪式，即邀请"五服"内先于死者而亡的至亲"神灵"们回家以陪伴新逝者共享祭礼。祭奠日则是丧事最为隆重繁忙之时，全体孝子贤孙和所有帮忙的执客需要在一整天中完成祭吊礼仪和前来祭奠宾客的招待事宜。死者埋葬前一晚还有孝子贤孙和

---

① 五服即自高祖至玄孙的九个世代，包括直系亲属和旁系亲属，为有服亲属，死为服丧。亲者服重，疏者服轻，依次递减。服制按服丧期限及丧服粗细的不同，分为五种，即所谓五服，依次为斩衰、齐衰、大功、小功、缌麻。

至亲好友们的献饭活动。下葬即把死者灵柩放入墓穴的过程。之后孝子贤孙要招呼村上"全墓"人和帮忙的执客们吃饭,即谢灶。之后从人死之日开始每七天一个祭日直至过完七个祭日。最后就是死者去世的连续三个年头祭日的周年纪念活动。至此一个家庭户为逝者所进行的全部丧葬活动才算真正结束。

2. 高柏镇乡村社会丧葬活动的公共性生活分析

乡村社会里的丧葬活动,看似是一个家庭的重要事务,但因其动员了村庄多数村民的参与,就具有了村庄公共事务性质。像村里隔三岔五就有的其他红事一样,一家的事由成了全村的活动,几个人的事务变成了全村多数人的参与实践。丧葬活动因其事件繁杂、涉及人员较多且过程持续时间较长,更能够集中反映红白喜事场中的一些村庄公共性生活。

首先,一次丧葬活动既是生者对死者的祭奠和告别,又是生者向外界的炫示和表达,更是一项家族内身份再确认的过程。在传统的文化认知中,丧事是孝之至高体现,所以死者去世之后,孝子贤孙应"隆礼、厚葬、久祀",才能更好地体现出对亡人的孝心与追远,也向他者炫示自己的德行与修为。同时,更为重要但往往又被现代人忽视的一点,即丧葬过程中所反映出的家庭和家族内部再一次的身份确认和整合。可以说,一次丧葬活动过程的展开、行进和完成,对逝者、至亲、家庭、家族及他者都将是一次全方位的关系展示和身份再确认。

其次,丧葬活动中的参与者们分工合作、彼此配合,以共同完成一项具体的重大事务,由此产生一个较强的实践结构场域。丧葬礼仪是一项头绪繁多且持续时间较长的活动,需要很多人员参与,且中国人往往有一种"死者为大"的情怀,因而也乐意帮助有亲人去世的家庭料理后事。村子里几乎每家都会有至少一人在此事件中被赋予特定的角色和任务分工,需要其在具体的事务中通力合作、相互配合,以完成共同的活动,在这一过程中得以凸显自身及其所在群体或派系在村庄里的场域位置和社会影响。

再次,丧葬活动中形形色色的个体之间、个体与群体之间、群体与群体之间都在上演着一系列的互动交往,展示着村庄内外的社会关系连接。村庄内的一次葬礼活动,少则近百人,多则上千人参与,人们在此除了共同向死者及其家属祭奠和示意,彼此之间也存在着这样那样的关联和互动。在家庭内部,一次葬礼即是一次家庭内关系的震荡和重整;家族中也会产生诸多交织与互动,同样蕴含着双向力量;至于孝子、总管、执客等群体之间的互动往来更是存在多重性可能。对大多数普通的祭奠吊唁者而言，来到葬礼活动地，既是一次对死者及其家属的心意表达，又是一次老熟人聚会、认识陌生人的过程。

最后，丧葬活动等红白喜事场作为村庄多数人参与的实践场域，更像是一个村庄社会生活的缩影，在相对正式的组织化中建构出群体性秩序并维系其有序运作。一个家庭户的红白喜事，因为村庄内外较多人的介入和参与，演变成了一项村庄社会里的公共性活动。不同的参与对象和行动主体，因循着传统并加上自己的认知与理解，进入到村庄红白喜事场域之中，在与他人、群体和组织化的体系交往互动中，建构出了这样那样的各种关系和连接，进而衍生出特定情景之下的结构性力量和组织化形态，共同形塑着红白喜事场域里的秩序并维系其有序运作。

五、结语：推进内生外嵌型秩序的形成与维系

就人类本质性的社会行为而言，个体或群体的社会行动往往受到两种不同规范性力量的制约：其一是来自人们社会化过程中的外在权威，以教导或指示行动者按照已有的规则和习惯来行动；其二是来自行动者根据不同环境而自发性的行为创设，进而在相互认同中达致一致。因此，乡村社会的秩序建立，既有来自乡村内部基于长久以来自身运行的一套逻辑，即乡村社会的内生型秩序；同时乡村社会外部的力量，尤其是来自外部的党和国家及其在基层地方社会的代理者的行政型嵌入，也对乡村社会秩序的既存和维系产生很大的影响，乃至有时形成决定性的变革力量，即构成乡村社会的行政嵌入型秩序。且外来的行政嵌入型秩序与乡村在地化的内生型秩序之间在围绕地方性社会进行一系列互构和重组之时，村落社会的公共场域往往成为两种不同力量进行博弈、整合的主要实践场，其所形成的不同的关系形态，产生着不同的社会秩序建构效果。

近代以来，尤其是新中国成立70多年来，伴随着党和国家及基层政权力量不断地进入乡村，传统乡村秩序的维系因子已逐渐消解，新的秩序力量建构正处于博弈互构中，造就了转型期中国乡村社会发展的诸多样态。当国家的力量强势进入乡村，形成一种压倒性的支配优势时，乡村传统的

自治势力即被遮蔽，乡村社会呈现运动型跃进式发展，譬如新中国成立后的中国乡村30年的发展；当国家力量从乡村隐退时，外来的市场又会对乡村小农经济形成巨大的冲击，出现现代工业文明对传统农业发展的巨大碾压，出现"三农"问题等乡村发展困境，譬如改革开放以来40多年的乡村发展。而单纯依靠乡村自身的自治传统抑或内生型秩序力量更不可行。当今时代，时空交错、关系勾连，任何事物在何时何地均无法独善而成，遑论占中国最大面积和最多人口的乡村呢？因此，在现时代，尤其是面对新时代我国社会主要矛盾发生变化的现实，即今日中国最大的问题是发展不平衡不充分的问题，乡村尤甚，我们如何考量和平衡影响乡村社会发展的内生外嵌型秩序维系的力量，以形成较为适宜的乡村治理体系尤为关键，值得乡村建设与发展的理论研究者和实务实践者们认真思考，精准谋划，以从根本上助推新时代的乡村振兴。

第六章　文旅融合特色村落的空间基础
——基于东北乡村旅游重点村的实地考察

2016年，在习近平总书记的号召下，东北地区进入了"全面振兴、全方位振兴"的新时期。这意味着，东北振兴不仅仅是一种经济振兴，更是具有内生动力的、展现区域性特点的文化振兴、系统振兴。东北地区虽然当前经济发展水平不及沿海区域，但是却有着辽阔、丰富的黑土地资源和悠久的历史文化传统。东北地区作为我国重要的粮食主产区，农林生产和生态空间占全域土地资源总面积的80%以上①，东北耕地面积大，可耕地达5亿多亩。东北地区北部有松花江、嫩江两大河流，南部有辽河，在地理上形成了冲积平原——松辽平原，横亘于黑、吉、辽三省之间。东北地区蕴含丰富的民间文化资源，拥有体现着历史存续与开拓精神的移民文化，如东北二人转、东北秧歌表达着独特的地方魅力，辽宁省沈阳故宫博物院，吉林省长春市伪满皇宫博物院、高句丽文化遗址，黑龙江省哈尔滨圣索菲亚教堂等历史文化遗迹，同样在国内外享有盛名。不仅如此，东北地区的旅游资源极其丰富，辽宁省鸭绿江景区、吉林省长白山景区、黑龙江省亚布力景区等都让游客流连忘返。

---

① 刘宇舒，王振宇，程文，等. 乡村振兴下东北农林地区村镇空间发展与治理策略［J］. 现代城市研究，2019（7）.

因而，新时期的东北振兴，不仅需要加强"东北老工业基地"的产业结构转型与技术创新，更要立足于东北地区的文化特点和地方特色资源，凸显东北农田土地特点，促进农村第一、二、三产业融合，契合东北民风民情、探索出东北地区特有的城乡融合发展模式，实现东北地区工业、农业、文化产业协同发展和农村经济社会效益提升的创新发展模式。打造文旅融合特色村落，作为我国新时期的乡村振兴战略，也必然是实现东北全面振兴的路径之一。作为本章调查对象的 Y 村，虽然其文旅融合特色项目于 2020 年 8 月刚刚落成，却在短短一年多的时间里已经成为省内双休日"自驾游"的知名去处和网红"打卡地"，相继被包括中央电视台在内的多家媒体宣传报道。那么，Y 村是如何实现快速转型和发展并远近闻名的呢？其中有着东北乡村振兴什么样的实践经验和启发呢？带着上述研究问题，让我们走入 Y 村的发展故事，并从空间视角探索其背后的社会基础，为新时期东北乡村振兴带来一手的研究依据与新时代背景下的现实思考。

一、文旅融合特色村落的产生背景

文化和旅游是密不可分的关系，文化是旅游的灵魂和发展动力，而旅游本身就是对文化的体验，旅游与文化可以说是同频共生的。20 世纪 70 年代，美国学者麦金托什和格波特提出了"旅游文化"的概念，文化和旅游的关系与相互间作用开始得到关注。随着旅游文化研究的不断深入，两者的互促关系也越发被学界确认，即文化和旅游的融合发展可以实现文化和旅游潜在价值的释放和新增价值的创造。

政府政策进一步推动了我国文旅融合的产生和发展。2018 年 3 月，文化部和国家旅游局合并组建文化和旅游部，并确定了文化与旅游融合的发展战略和现实方向。文旅融合战略的目标是按照"宜融则融、能融尽融"的原则，实现"以文促旅、以旅彰文"，推动城市和乡村文化与旅游融合发展。同年 1 月，《中共中央 国务院关于实施乡村振兴战略的意见》出台，乡村振兴战略被正式提出。文旅融合战略和乡村振兴战略具有一定的契合性，文旅融合战略中包含乡村文化振兴、乡村旅游发展。而贯彻乡村振兴战略时，也可以通过乡村文旅融合路径推进新时期的产业转型升级。邵明华等指出，乡村文化旅游建立在乡村文化原真性和独特性的基础上，以乡村文化景观欣赏和乡村文化活动体验为主要内容，以特色小镇及集群、传统村落、乡村遗迹以及农业活动等为主要表现形式，既以乡村文化满足游客需求，又以旅游发展推动乡村振兴。① 乡村文化旅游的融合，不仅可以发挥旅游的休闲功能，满足人类回归和亲近自然的本质需求，也有助于乡村优秀传统文化保护，实现产业发展、生态保护、文化复兴等多方面的现代化农业发展，推动乡村地区产业结构的优化和调整，促进当地经济发展和现代化建设。应该说，其是改善城乡发展不平衡，打破城乡发展鸿沟的重要手段。

2019 年 7 月，文化和旅游部、国家发展改革委发布了首批"全国乡村旅游重点村"名单，320 个符合文化和旅游发展方向、资源开发和产品建设水平高、具有典型示范和带动引领作用的乡村入选。同年 12 月，国家发展改革委、中央农村工作领导小组办公室等 18 部门联合印发《国家城乡融合发展试验区改革方案》，并公布 11 个国家城乡融合发展试验区名单，大力推进乡村产业振兴。在政策推动下，全国各地乡村文旅融合的产业平台相继建立和发展起来，试验区试点乡村的民俗民情与旅游亲密结合，实现了产业融合转型，涌现出多个如湖北省宜昌市"三峡茶旅小镇"、广东省江门市"良溪古村"等将本地历史文化、民俗传统与当地优美环境相融合和进行创新发展的文旅融合特色村落。

二、文献简述与空间视角下的理论新探

（一）文献简述

目前关于文旅融合的相关研究多集中于旅游学学科，且较多将视野聚

---

① 邵明华，张兆友. 国外文旅融合发展模式与借鉴价值研究 [J]. 福建论坛（人文社会科学版），2020（8）.

焦于城市。一些学者关注文化遗产与旅游融合的关系①，如将文化遗产看作提升区域竞争力的重要要素②；也有学者总结了文化创意与旅游融合发展的作用，曾琪洁等认为多元性、娱乐性、符号性、实用性和虚拟性是未来文化创意旅游的发展趋势③；其他相关研究主题包括文旅融合的影响研究④、文旅融合的需求研究⑤和文旅融合的产业化研究⑥等。

关于文旅融合村落的研究数量不多，截至2021年8月，中国知网所收录的期刊论文仅有614篇，而且98.6%的学术论文是发表在2018年之后，这显然是与乡村振兴战略的文件政策的发布密切相关。现有论文中，分别属于CSSCI与核心期刊的收录数仅为79篇与88篇，说明这一前沿领域具有广阔的研究空间。具体来说，现有研究可以归纳为三类：一为宏观政策研究，如张祝平提出文旅融合理念有利于推动乡村旅游高质量发展⑦，陈建则对当前文旅融合政策的优势与问题进行了论证⑧，于千千从法律政策方面对文旅融合体系进行了探讨⑨，也有学者对文旅融合的乡村政策进行解释分析⑩；二为模式路径研究，如邵明华等论证了文化遗产旅游、主题公园旅游、乡村文化旅游、影视文化旅游、节事会展旅游和体育文化旅游六种国外文旅融合发展模式，并提出了一定的借鉴性观点⑪，孔凯等则分析了我国民族地区

---

① 朱竑，戴光全. 文化遗产转化为旅游产品：理念·原则·目标 [J]. 旅游学刊，2010，25（6）.
② Alberti F G, Giusti J D. Cultural heritage, tourism and regional competitiveness: The Motor Valley cluster [J]. City, culture and society, 2012, 3（4）.
③ 曾琪洁，吕丽，陆林，等. 文化创意旅游需求及其差异性分析：以上海世博会为例 [J]. 旅游学刊，2012，27（5）.
④ Larson M, Lundberg C, Lexhagen M. Thirsting for vampire tourism: developing pop culture destinations [J]. Journal of destination marketing & management, 2013, 2（2）.
⑤ Bond N, Falk J. Tourism and identity-related motivations: why am I here (and not there)? [J]. International journal of tourism research, 2013, 15（5）.
⑥ 陶婷芳，田纪鹏. 特大城市环城游憩带理论与实证研究：基于上海市新"三城七镇"旅游资源价值的分析 [J]. 财经研究，2009，35（7）.
⑦ 张祝平. 以文旅融合理念推动乡村旅游高质量发展：形成逻辑与路径选择 [J]. 南京社会科学，2021（7）.
⑧ 陈建. 契合中的差距：乡村振兴中的文旅融合政策论析 [J]. 长白学刊，2021（3）.
⑨ 于干千. 法律政策学视域下健全文旅融合法律体系路径研究 [J]. 思想战线，2021，47（3）.
⑩ 黄春，陈蕴茜. 全面乡村振兴背景下江西茶旅融合发展路径研究：以江西资溪县为例 [J]. 农业考古，2021（2）.
⑪ 邵明华，张兆友. 国外文旅融合发展模式与借鉴价值研究 [J]. 福建论坛（人文社会科学版），2020（8）.

乡村文旅融合的路径①，尚子娟等围绕乡村红色文化与旅游发展模式进行了分析②；三为具体应用研究，包括对于西藏、长三角地区不同的乡村文旅融合现状的分析③④，文旅融合推进乡村公共文化发展的具体研究⑤⑥，胡平波等则通过实证数据分析了政府支持下农旅融合促进农业生态效率提升的机理。⑦

　　已有研究对文化与旅游的关系、文旅融合的演进进行了一定的深入分析，关于乡村文旅融合发展也已经分别从宏观、中观和微观层面形成了一定的研究积累，这些都为本章的研究提供了重要的依据与启发。但是，截至2021年8月，学界的已有研究显然在视角上缺少整体性的把握。现有研究或是单一地进行政策模式分析，或是仅指向旅游发展目标及农业效率的提高，均为一些典型经验和局限于旅游文化产业的论证，没有深入考察文旅融合背后的影响因素和发展机理，这对于我国新时期乡村振兴战略的深入反思与研究解释力度都略显薄弱。毕竟，当前乡村文旅融合发展关注的是按照"产业兴旺、生态宜居、乡风文明、治理有效、生活富裕"的总要求实现乡村的全面振兴，这就要求不能仅仅是探究文化资源与旅游资源的外在简单联系，更应着眼于系统视角下的空间基础研究。以不同维度空间下主体互动行为的内在逻辑关系来阐释文旅融合发展的过程与内在规律，也需要基于我国不同区域的多元化社会因素进行整体思考，才能明确在区域发展不平衡、城乡发展不平衡的背景下，乡村振兴应如何依托于乡村文旅融合建设得以实现，以及在这一过程中又存在哪些限制。因此，本章选择空间基础作为阐释的研究媒介，从不同空间的基础元素分析文旅融合建设的内在机理以及东北地区空间基础的现状与特点。

---

①　孔凯，杨桂华. 民族地区乡村文旅融合路径研究 [J]. 社会科学家，2020 (9).
②　尚子娟，任禹崑. 乡村红色文化与旅游发展模式探析 [J]. 学术交流，2021 (4).
③　侯志茹，岳世聪. 乡村振兴背景下西藏地区文旅融合发展模式探究 [J]. 西藏大学学报（社会科学版），2020，35 (3).
④　李萌，胡晓亮. 长三角都市文旅融合一体化发展研究 [J]. 江苏行政学院学报，2020 (5).
⑤　赵华. 文旅融合下乡村公共文化服务创新体系研究 [J]. 经济问题，2021 (5).
⑥　潘颖，孙红蕾，郑建明. 文旅融合背景下的乡村公共文化发展路径 [J]. 图书馆论坛，2021，41 (3).
⑦　胡平波，钟漪萍. 政府支持下的农旅融合促进农业生态效率提升机理与实证分析：以全国休闲农业与乡村旅游示范县为例 [J]. 中国农村经济，2019 (12).

（二）理论视角：空间社会学的引入

20世纪六七十年代以后，空间研究的价值逐步凸显，空间具有社会性，成为社会科学领域的共识。空间研究者中最知名的是法国学者列斐伏尔，他在著作中指出了空间的社会性意涵，认为尽管任何空间都有其地理特殊性，其形成过程也与自然基础有关，但自然的空间（natural space）已经无可挽回地消失了，今天我们置身其中的空间——尤其是城市空间——是社会性的。[1] 当前，空间社会学已经成为西方学者开展城市社会学研究的主要话语方式。马克·戈特迪纳等在《新城市社会学》（The New Urban Sociology）一书中详细阐释了空间转向下的城市研究，并对社会空间分析框架进行了说明，即对居住空间、全球化发展、城镇化发展政策以及居民日常生活的互动空间开展了研究。[2]

文旅融合特色村落的形成显然具有多重维度的空间属性影响，如果从空间尺度对文旅融合村落进行界定，可以分为三个层面：从微观层面来看，文旅融合村落是以乡村行政管辖范畴为基础的村民聚居地与行政村的微观空间；从中观层面来看，文旅融合村落是地理空间边界明确、文化认同高度一致、具有共同乡村地缘关系的乡村连片区域；从宏观层面来看，文旅融合村落是以村落为中心、以多元化旅游资源和参与主体链接城乡空间的复合性地理空间单元。而这也仅是一种单纯结构性的空间划分。刘少杰提出，当代空间社会学是在其知识基础从物理学向现象学转移，研究方式从结构论向空间论转变的基础上形成的，而其理论视野则广阔地展开于地理空间、社会空间、网络空间和表象空间的四个维度及其紧密联系中。[3]

首先，地理空间自然是最为鲜明的基础部分，是在物理意义上的一种可见性、客观性的直观存在，如微观层面的场所和中观层面的城市、街区。地理区位、场所设置与空间距离是地理空间的核心基本要素。

其次，社会空间实际上是物理空间区域性的延伸，居住于物理空间中

---

[1] Lefebvre H. Space：social product and use value［M］//Brenner N，Elden S. State，space，world：selected essays. Minneapolis：University of Minnesota Press，2009.

[2] Gottdiener M，Hutchison R. The new urban sociology［M］. Boulder：Westview Press，2010.

[3] 刘少杰. 以实践为基础的当代空间社会学［J］. 社会科学辑刊，2019（1）.

的居民的交往活动、人际关系正呈现了社会空间的内涵，而个体的行动以及人与人之间的互动在社会空间中发生，也可能进一步演化出新的物理空间边界和内涵。在城乡融合发展的过程中，社会空间可以从经济维度、行政维度、文化维度和居民生活维度四个层面开展研究。

再次，表象是在记忆中储存下来并可以在社会中传递的知觉。福柯和胡塞尔等人认为，人们的认识和行动，并不是直接以客观存在为对象的，人们首先、直接或实质面对的是在某种知识的规定下经过外物刺激而形成的知觉表象。[1] 戴维·哈维尤其提到了各种空间的表达是内心的创造（代码、符号、"空间话语"、乌托邦计划、想象的景色，甚至物质构造，如象征性空间、特别建造的环境、绘画、博物馆及类似的东西）[2]，那么包含主体体验的表象空间自然应是空间社会学研究的一部分。

最后，随着互联网技术的飞速发展，在可见的物理空间及其基础之上延伸的社会关系互动的社会空间和心理空间之外，还存在着共时发生的虚拟空间，我们称之为"网络空间"。网络空间是由电子通信信息构成、肉眼不可见却极具活力的空间样态，无论是地理空间、社会空间，还是表象空间，都离不开网络空间的影响。

故而，本章对空间基础会分别从这四个维度展开分析，即在地理空间、社会空间、表象空间和网络空间的维度下，对不同的空间维度及其关系中所表现的区域特点、环境资源、社会资本、民间资本和社会活力等要素性基础展开研究。

三、文旅融合特色村落的建设过程

（一）Y 村的基本情况

Y 村位于 A 省 A 市 A 镇管辖下的城乡接合部。A 镇于 1956 年置 N 乡，

---

[1] 刘少杰. 以实践为基础的当代空间社会学 [J]. 社会科学辑刊，2019 (1).
[2] 哈维. 后现代的状况：对文化变迁之缘起的探究 [M]. 阎嘉，译. 北京：商务印书馆，2003.

1958年改为H公社，1966年5月更名为A市N公社。1983年11月，A市N乡人民政府成立，1995年9月，A市将N乡划归A开发区管辖。1997年，N乡的土地面积为131平方公里，人口数量达到1.5万。1998年12月，撤乡建镇，N乡人民政府更名为所在市的A开发区A镇人民政府。2003年，A镇被国家环境保护总局授予"全国环境优美镇"称号并颁发了"全国环境优美镇"证书；2004年A镇被全国爱国卫生运动委员会、卫生部授予国家级卫生镇的称号。2007年，根据开发区建设规划，A市政府陆续对A镇所管辖的村镇区域进行开发征地。至2010年，A开发区逐步发展成熟，并于2015年完成基本建设。当时，A镇辖区内包括三个城市社区与九个农村社区，Y村正是九个农村社区之一。

Y村距离所在市的中心城区仅15公里，东临J国家级风景名胜区，西接X国家水利风景区，辖区面积12.56平方公里，共有A、B、C三屯，548户，2 000余村民。Y村优越的自然环境和便利的地理位置，使其具备了发展文旅产业得天独厚的区位和资源优势。2017年，A镇政府先后投入1 000多万元资金为Y村进行"美丽乡村"建设和改造。2019年7月，Y村入选首批"全国乡村旅游重点村"名单。2020年5月，在国家城乡融合发展战略的贯彻下，A镇政府投入大量人力、物力和财力推进Y村文旅融合项目"改造工程"的实施，通过土地征收流转打造Y村的乡村文旅产业。就这样，曾经素面朝天的Y村逐步转型为政府规划下的"东部民宿集聚、西部商旅带动、南北侧风光游览、中部传统村落留痕"的特色文化旅游体验综合体。

（二）Y村文旅融合特色村落的建设过程

Y村文旅融合特色村落的建设过程主要包括以下几步：

第一，政策先行，制定文旅融合特色村落发展的五年计划。

自2017年开始，地处A镇城乡接合部的Y村，在政策推动下，先后经历了"美丽乡村"建设、人居环境整治工程建设两次新型城镇化建设。2019年5月，Y村完成了以路灯安装为主的"亮化工程"。

> Y村村民D："村里这几年变化真快啊！2017年我们村开始修路、安路灯，又做了绿化。大概是前年（2019年），政府给我们老百姓家门口铺上了水泥路。"

第六章　文旅融合特色村落的空间基础

2019年12月，Y村入选"国家城乡融合发展试验区试点村"后，A镇政府按照《长春市推进国家城乡融合发展试验区建设实施方案》要求，以超过2 000万元的财政投入，在上级区政府的指导下在Y村实施文旅融合村落的改造工程。具体方案为以"拆除一、提升一、改造一"的整体思路设计Y村工程规划，"拆除相对适合连片开发的A屯，改造'留住乡愁'的B屯，改建C屯进行体验式开发拓展"，打造文旅融合特色村落。

  A镇党办主任A："这是一个五年计划，具体包括四个大部分。第一个是打造观光游览与健康休养结合的'房车营地'项目、湿地公园，还有东北亚国际康养及民族风情文化展示园项目；第二个是把B屯改造成'乡愁记忆'展示区，包括数字农业展示中心，集教育基地、研学、实训于一体的党群服务中心，还有展示东北农耕民俗文化的乡村博物馆，也计划引入中医药博物馆，为游客和周边农户提供专业诊疗、食疗等服务；第三个是生态休闲与产业收益结合的'美丽花海'项目，这个已经完成了大部分了；第四个是生态治理与水系风光相结合的'友好河'项目，这个部分还在改造中。"

第二，推进规模性土地开发，分类启动土地长期流转机制。

如何能让传统村落顺利转型为文旅融合特色村落，关键是土地流转的有效落实。不同于以往企业或个人对接农户的征迁模式，A镇政府将Y村定位为"规模化、集约化、现代化"农业经营模式的文旅融合特色村落，通过将土地进行"村级收储、集中管理、规模开发"的农业发展框架，扩大土地供给规模，对土地种植结构进行全面调整。A镇政府随后具体启动了230公顷土地的集中连片长期流转，通过村委会协助沟通，与相关农户开展了分类土地流转的征迁工作，包括长达九年租期的农田征迁和部分农户的村房征迁。

2020年3月，镇政府正式委托Y村村委会协助开展土地征迁工作。在村委会B书记的带领下，Y村村委会在2020年5月便完成了Y村改造第一阶段的征迁任务。其中，A屯100户全部拆迁完毕，原有80户村民的B屯在拆迁后余53户原村民。由于拆迁工作进展较为顺利，A屯的原位置很快完成征拆，为连片开发Y村"美丽花海"项目基地提供了合理的种植时间。B屯的旅游服务驿站、党群服务中心、乡村博物馆也相继改建完成。在完成拆迁改建的同时，村委会还支持了B屯的12户村民将闲置民居转型为小商铺，探索将小农户纳入产业服务体系中的新模式，为Y村村民增加经营性收入。

第三，招商引资，实现农业产业多元资源整合。

文旅融合需要打造核心文化旅游产品，体现出当地产品的地域文化价值、休闲旅游价值、娱乐价值以及劳动技能价值等。因而，A镇政府在前期投资的基础上，结合Y村的五年计划，针对适合连片开发的农田，引进Z集团投资建设特色农庄项目，建设房车营地、帐篷屋、观景塔亭、特型装置、台地餐厅、蒸汽小火车等配套设施，丰富和提高了来Y村游览游客的体验性与参与感；面向保留"乡村记忆"的区域，引进了省农投集团、省农信公司、X农业集团、A工业大学、A中医药大学等区域内外企业和科研机构，融合不同组织机构的专业优势，合作共建了数字化农业中心、党群活动中心、民宿体验区、种子博览中心、乡村博物馆、中医药博物馆、药膳馆等游览互动场所，让游客能够从历史风俗、农田文化、东北农业特色产品等方面全方位地体验Y村文旅融合发展背后蕴含的地域文化。

同时，A镇政府通过引入第三方企业，实现了Y村第一、二、三产业的多元融合发展。以与X农业集团合作开发的"美丽花海"项目为例，目前打造了纹绣、乡愁、彩虹三片花海，利用花卉造型打造"麦田怪圈"大地景观，栽植了百日草、波斯菊、醉蝶花等20余种花卉和中药材，不仅可供游人观赏，而且成熟后可以采摘销售。该项目还可以进一步扩展出供游客参与的精油制作、拓染等手工作坊项目，满足人们对原生态生活切身体验的追求和个性化需求。

第四，链接媒体平台，网络联动提升Y村品牌知名度。

2020年8月，Y村文旅融合特色项目基本建设完成后，上级区政府和A镇政府链接媒体资源，联络T直播、国内多家官方传媒以及公众号等对Y村进行报道。A镇党办主任A说："大大小小的媒体报道和不同部门的参观考察得有50多次了，央视也来采访了。"

Y村的农庄项目和"美丽花海"特色景观，也多次在"抖音""快手"等平台上被游客在网络上报道、转发、推荐，这使得Y村很快成为东北地区夏季观光旅游的知名去处之一。Y村党支部书记B说："我们自己没有制作官方抖音号，都是靠口口相传吧。"

四、文旅融合特色村落的空间基础

(一) 地理空间基础

第一，地理环境成为Y村文旅项目开发的天然基础。

Y村在地理环境上具有天然的优势，不仅毗邻其所在省的多个特色公园和知名景区，自身的环境特点也很适合旅游开发，其林地占比达到了45%。村党支部书记B对此有几分自豪地介绍道：

> 我们的耕地是475公顷，林地是400.5公顷，可以说是接近半丘陵地带，地形地势为"两山夹一谷"，村域内山、水、林、田有机结合、交相辉映，芳草、林海、碧潭、田野、夕阳以及炊烟构成一幅美丽的画卷。

优越的自然环境成了Y村转型为文旅融合特色村落的先天基础，而地处城乡接合部地带的空间距离也使其成为居民周边游、节假日"自驾游"的优选去处之一。距离，这个基本的空间名词，自然决定了在地理空间之中主体行动互动时间的长短，Y村与城区仅15公里的距离条件也为其转型为文旅融合特色村落提供了主体沟通便利性。

> Y村党支部书记B："现在游客多，也是因为我们村比较近，因为疫情的问题，大家也不愿意走太远。"
>
> 游客C先生："听说离市区不远有个'花海村'，所以带着家人来了，在工作闲暇之余，也能放松一下身心。"

第二，地理空间规划形成村落转型的有利条件。

文旅融合特色村落的充分发展，离不开融合生态环境、文化体验、休闲观光与旅游消费的地理空间基础条件，同样也需要在规划设计上增加一些巧思设计。

> A区工作人员E："以目前坡地上可见的彩色风车为例，这些风车

不是用来发电的,也不仅仅是为了好看。这里的气候条件下,种植花卉需要有充足的水源。因此,风车实际上是以水井为基础,对原有设施进行巧妙利用,集安全保护、水体保护、景观功能于一体,保留了生态本色。"

Y 村党支部书记 B:"我们在湿地公园有意设计了三处打卡点,也是 Y 村最为醒目的三处景观:第一处是高达 10 米的凤凰,遥望着北侧的 Y 村,很多游客会在凤凰下留影;第二处是湿地公园的 logo,一棵大树横卧在路口,上边有湿地公园字样;第三处是一个少女雕像,手捧脸颊,甜美地向访客们微笑着。路的对面是花海和栈桥,游人可以走上栈桥,欣赏一下湿地公园的全貌。"

毕竟,客观可见、深度体验性的地理空间资源,才能增加农业文化的附加值,延长文化旅游业的产业链,增强 Y 村作为新生文化旅游景区的吸引力。目前,"花海村"已经成为周边居民对 Y 村的"代称",而湿地公园也成为诸多骑行者、徒步爱好者热衷的去处。尤其是 8、9 月份,日均千名游客汇集 Y 村游览观光,这显然已经说明了 Y 村地理空间规划为其文旅融合项目的建设和发展起到了一定的作用。

无论是作为自然村落的地理空间基础,还是转型为文旅融合特色村落后的空间规划,Y 村的地理空间基础都展现出了良好的发展优势。而正是良好的地理空间基础,使得 Y 村的文旅融合项目建设得以可能。可以说,地理空间基础对于文旅融合特色村落的建设,发挥着"本固枝荣"的功能。超过千万元的资金投入、"链接"不同部门的社会资源投入,以及动员当地农户参与小成本经营的政策推力,使 Y 村得以顺利转型,可见东北地区政策推动的"强权威"影响力还是极其鲜明的。

不过,东北地区的气候四季分明,进入 10 月,部分东北地区就开始进入冬季了。Y 村酒坊工作人员 M 说:"这个地方主要是靠夏天,游客过来看看花,玩一会儿。到了冬天几乎没什么人了。"

东北地区的气候特点决定了 Y 村的文旅开发存在一定的局限性,这也是东北地区地理空间基础的软肋。比如 2020 年 8 月底,接连三场台风经过东北地区,Y 村被波及,这次史上罕见的气候异常导致该村的花海景观受到严重冲击,Y 村的花海观览也随之中断。

(二) 社会空间基础

在空间研究的四个维度中,社会空间既演绎着主体实践的过程,也是主体实践的结果。从空间生产关系到社会生活的各个方面,社会空间是一个具有总体性的问题。① 在 Y 村文旅融合特色村落的建设过程中,A 镇政府通过征迁政策的实施,对村民的日常生产生活和社会关系进行多元性重组,形成了其转型的社会空间基础,其中发挥主要作用的是经济因素。

首先,经济因素是促进城乡融合发展目标实现的动力条件,也是转型社区居民生活保障的基础。A 镇政府不仅为 Y 村文旅融合项目提供建设资金等经济性支持,也为村民提供土地租金和拆迁费用。在 Y 村转型的过程中,无论是文旅项目设计的投入,还是为村民提供的安置款与拆迁补偿,每一步都离不开上级政府的财政支持,而 Y 村的村民最看重的也是这一因素。

> Y 村党支部书记 B:"老百姓现在有几方面收益,一个是经营性收入,一个是工资性收入,另外还有一个固定性收入。固定性收入就是征迁土地的租金。我建议他们去做点小投资,比如你做餐饮,我做个民宿,在路边小市场做点生意,也就是开展第三产业了;工资这块的话,主要就是打工的收入。比如现在我们的保洁员(我们有将近 60 名保洁员),全是 Y 村老乡,单算工资这块儿的开支一个月就要十多万元。"

通过访谈我们发现,不同村民对于经济因素的关注点不同,有的居民关注征迁土地的补偿金,而有的居民觉得这可能是一个投资机会。

> Y 村村民 F:"征迁是国家政策,关键是看价格能不能补贴到位,我们这批还在等今年的政策。"
>
> Y 村村民 G:"具体我也不知道怎么回事。反正说占地能给钱。这些地都种花,我们又不会种花,咱们自个也折腾不出啥玩意。"
>
> Y 村村民 N:"现在能发展也挺好,大家都出去卖卖东西(指路边小市场),也能挣点钱,就不知道能干到啥时候。"

---

① 刘少杰. 以实践为基础的当代空间社会学 [J]. 社会科学辑刊, 2019 (1).

Y村村民H:"博物馆里的物件儿都是我找的,也有买的,以后人多了,我肯定要收门票的。"

可见,经济因素在Y村文旅融合项目发展的社会空间重组过程中发挥了核心作用。村党支部书记代表国家政策"自上而下"地协助执行方,为村民提供了相关经济补偿和发展性收入;而村民关注的是空间变迁下自己的生活是否有经济保障。双方仍然延续着传统的"主动"与"被动"的互动关系,也呈现了城镇化过程中"国家"与"社会"的行政主导关系,背后展现的是新时代农村"半熟人社会"的村委会与村民的行政性社会空间基础。

其次,Y村转型作为城乡融合发展试验区的实践探索,行政因素显然是其社会空间重组的主导因素。A镇政府将征迁落实的沟通工作交给村委会,工作任务的下达代表着权力的下放,村委会的行政性职能角色得以在互动关系中表现出来。

A区工作人员E:"我们说话没有效果,村民就相信村委会,村委会有权威啊,最开始征迁的时候,村委会成员也是磨破了嘴啊。"

A镇党办主任A:"他们村党支部成员才是真正跑腿的人,整个过程,无论是流转做工作也好,签约包括动员群众改造庭院也好,土地征收、房屋拆迁也好,每个环节都有好多的问题、好多的矛盾。没有他们我们做不成的。"

Y村党支部书记B:"政策下来了,我们这1 000多人也是各有各的想法。我屡次开会给大家翻来覆去地讲,把合同都翻来覆去地给老百姓公示,最后合同都签完了,又给老百姓附加了一个合同,强调要保证老百姓的利益。"

村党支部书记的讲述也说明村委会的角色更贴近行政,虽然村党支部书记也是从小生长在Y村的原住民,但是面对城镇化过程的时代需求,法治和契约的保障才是Y村社会空间重组的基础。不过村民对村党支部书记的信任和认可也同样对政策的落实起到了辅助作用。

Y村村民J:"书记那真是没的说,我们从小就认识了,村里变化这么大,她是最辛苦的。"

Y村村民G:"我们就全力配合政府,有条件了、有政策了就跟着干。"

第六章　文旅融合特色村落的空间基础

Y村村民K："书记人好，没人比得了，这样的干部对老百姓好啊，因为我们老百姓有个啥事，有个为难处，你跟她说完，她指定说到做到。"

再次，东北地区的乡村民风文化也为Y村转型提供了社会空间基础。在Y村文旅融合项目中，对"乡村记忆"文化的定位首先体现了这一部分的内容。对乡村博物馆、X咖啡馆等文化维度的空间设计，将原B屯的一些村房改建成民宿、农家乐等旅游产品，以及在原有村民家用的仓房、牛栏等农业建筑基础上，结合旅游市场消费的需求特点，打造具有农用特色、传统民俗风格的休憩、休闲区域，都体现了这一点。这一块目前虽然还在完善的过程中，但相关空间已经成为吸引游客驻足体验的主要区域。

Y村转型的文化维度空间基础也具有资源联合性的特点。比如在以往民居村落基础上进行改造提升，引入X农业集团等多家机构和社会组织进行资源联合等，多方力量的共创推进了文化空间的塑造，为A区良好的物理空间条件赋予了新的活力。"美丽花海"项目的工作人员为我们进一步说明了他们与Y村进行资源整合的具体方式。

X农业集团工作人员P："Y村属于我们公司的一个基地，目前用于商业销售的花我们已经采完了，现在能看到的只是观赏花……设计了花海同主题的围墙，院子里面也种花，设计了种子馆，划分了现在的种子展示区、休息区、手工艺品展示区、试验区这四个部分，很受欢迎。"

在Y村文化维度的社会空间建设中，其目标是实现文化旅游产品的价值，通过适当的创新，引领东北地区文化旅游新潮流，通过农田、花海、湿地的打造，融入视觉和体验的立体享受，让村落旅游成为乡村特色休闲旅游产品。其中，政府、村委会、村民、合作企业和科研机构共同成了旅游产品提供者。从这一角度来看，Y村村民对于这一转型的适应能力很强，已经挑战了一些学者关于东北"农业本位"思维定式[1]的观点。不过，地处城乡接合部的Y村在转型之前就呈现出了很多城市文化特征。

Y村党支部书记B："过去咱们这块没拆迁，老百姓家都最起码都套个小院墙，小院的大门都整得很规整。不像有的村子虽然挺有钱，

---

[1] 张福贵. 东北老工业基地振兴与东北现代文化人格的缺失 [J]. 社会科学辑刊, 2004 (6).

但是村民院子从来不收拾。"

X农业集团工作人员P："过来投资还是很好沟通的。这边房屋面积比较大，地理位置比较好，差不多是东西两侧花海的一个中心位置，我们就选来这里。我们先建了种子博物馆，后来改造了民宿，村民一直很配合我们集团。"

最后，村民主体参与也构成了Y村转型过程中的社会空间基础。实际上，在上述经济维度、行政维度和文化维度社会空间的互动实践中，都会或多或少地包含一定程度的村民主体参与维度的内容，也正是基于经济、行政和文化维度的资源条件，村民作为Y村转型过程中投资方与旅游产品提供方的角色才成为可能。

无论是在征迁过程中与村委会商讨交流，还是与不同企业进行合作谈判，村民或是成为路边小市场的销售商家，或是成为不同企业中的打工者，Y村村民都明显表现出了在文旅融合发展项目过程中的主体参与性。他们会在政策允许的前提下，尽量争取使自己的利益得到更多的保障和增进。

实际上，村民的主体参与性在最开始签订征迁合同的时候，就已经表现出来了。Y村村民是在政府做出保护土地生态环境的承诺后，才完成了合同的最终签订。Y村党支部书记B说："最后合同都签完了，又给老百姓附加了一个合同，强调要保证老百姓的利益。"

A镇党办主任A则回忆道："我们理解老百姓的想法，所以向老百姓承诺，租老百姓的地进行改造，必须是发展有利于生态保护与农业结构调整的项目。"

而村民的主体参与性不仅表现在对自身利益的争取和强调，也表现在对国家发展战略的理解和支持。Y村党支部B书记分享前任书记征迁时候的故事，让课题组印象深刻：

老书记家房子大，村委会说拆迁后想在他家办公，他说"没问题，我马上就搬家"，也没谈要求就立马搬家了。他也说过，这个地方因为是政府拆迁他才搬，不拆迁这一辈子他都不会挪窝的。我们都很感动。

社会空间塑造，是日常生活的社会空间的展开过程。① 结合美国社会学

---

① 刘少杰. 网络化时代的社会空间分化与冲突 [J]. 社会学评论，2013，1 (1).

家帕森斯的 AGIL 系统模型理论，可以进一步阐释经济、行政、文化与居民自治四个维度的社会空间实践进程。① 在 Y 村文旅融合项目的建设过程中：经济维度提供了塑造社会空间的适应性资源；行政维度是塑造社会空间实践的基础，同时也是社会空间建设的主导因素；文化维度为社会空间塑造带来了发展活力和持续性动力；村民主体参与性则是城乡发展过程中居民内生性的动力所在。

（三）表象空间基础

由人们的思想意识和感觉表象所构成的观念空间，通常被看成现实社会之外的空间，被称为表象空间。表象空间是在行动者主体观念上形成的日常生活实践，正如"医学表象是在治疗之前就已经形成了以医学知识为根据的具有改造身体权力的空间表象……人们实质面对的是在某种知识规定下经过外物刺激而形成的知觉表象"。② 列斐伏尔也曾明确提出这样的思考："空间（被表现的、被设计的、被建立的）是如何进入社会、经济，或者政治、工业与都市的实践中的？空间的观念在什么地方、什么时候表现出来？这一观念在什么时候会表现出它的有效性？"③ 在 Y 村的转型过程中，不同主体的表象空间基础显然是有所差异的，这一点在政府设计的"东部民宿集聚、西部商旅带动、南北侧风光游览、中部传统村落留痕"项目方案的实施中就有所体现。

文旅融合特色项目的设计是在前期发展经验基础上形成的，因而 A 镇党办主任 A 颇为自信地说："我们镇 2003 年起就是国家级卫生镇，一直到现在。我们发展这个项目之前，这个地方已经是市民比较认可的了，是市民在小长假都来自驾游的这么一个地方。餐饮也是非常有名气。那既然有这些优势，我们想可以把文旅产业做起来。"

在 Y 村文旅融合村落的空间打造中，A 镇政府的规划和设计，展现出了空间表象先于一切感知存在的设计，其目的是使其巧妙构想能够出现在游客的视野之中，形成游客在这一表象下的深刻空间体验。

---

① 刘迟. 基层组织空间实践与社区治理 [M]. 北京：社科文献出版社，2021.
② 刘少杰. 以实践为基础的当代空间社会学 [J]. 社会科学辑刊，2019（1）.
③ 列斐伏尔. 空间与政治 [M]. 李春，译. 上海：上海人民出版社，2015.

Y 村党支部书记 B："比如 X 栏咖啡，位于 Y 村小院一隅，这里我们保留了农家生活元素，保留展现古老村落记忆的瓦，创意制作出瓦椅，留住乡村物件……院落整体景观设计融合了乡土文化精髓和现代旅游创意，力求带给游客过去、现在和未来不同的时空感受。"

村民对于 Y 村转型的表象空间的认知是逐渐确定起来的，从最开始得知征迁后的犹豫观望，到逐步参与征迁合同内容的讨论，再到项目逐渐建成后的参与投资和对 Y 村发展的认可与称赞，这一过程说明了空间生产和空间表象之间的紧密联系。列斐伏尔也曾提出，"空间生产首先是一种物质生产活动，它不仅改变了城市物理空间的存在状态和社会空间的矛盾关系，而且一定要反映到人们的思想观念中，进而引起空间观念的变化"。①

政府对于不同主体表象空间的推动作用也表现在动员社会力量参与中。

X 农业集团工作人员 P："我们是招商引资过来的，我们做的项目属于政府打造的一个项目，村子帮着我们收地，政府给我们项目。其实，我们之前也不知道这里还能种花。"

我们也发现，Y 村村民主体意识的表象空间正在形成。从首批征迁的村民经常回乡探望老邻居，到与投资公司合作开发 Y 村的旅游产品，以及积极等待未来 Y 村文旅融合项目的全面开展，这些行动的背后体现了村民的空间表象及其影响下的表象空间都在发生作用。

无论是地理空间的改造，还是社会空间的塑造，表象空间基础无疑成为整个空间体系中的幕后推力。整个项目包括设计规划、投资引资等环节，呈现的都是东北地区"强政府""自上而下"地行使行政权力的作用和效果。政府对于 Y 村发展规划的空间表象，融入对其地理空间和社会空间的建设之中，使得这一空间中的不同主体形成了新的空间表象，村民、相关企业与合作组织成为 Y 村文旅融合特色村落发展中的一分子，从而在日常生活的时空互动关系和主体互动性关系中形成了新的社会空间样态。而这里似乎我们一直没有怎么提及的空间表象，就是生活在村落中的以耕地为生的普通村民在 Y 村转型前后的内心体验。虽然这一部分可能被经济因素和行政因素的社会空间塑造所影响而得到了"交易性的满足"，但是从 Y 村顺利转型发展的过程和效果来看，Y 村原村民的表象空间的确也表现出了

---

① 刘少杰. 以实践为基础的当代空间社会学 [J]. 社会科学辑刊, 2019 (1).

东北地区一些"顺民意识"的文化特征。

（四）网络空间基础

超过人口比例一半的中国人都已经成为网民，网络社会的发展速度可见一斑。网络空间已经告别曾经的虚拟空间形式，网络行为真实地发生在我们的经济生活、政治生活和文化生活之中。2020年9月29日，中国互联网络信息中心（CNNIC）在北京发布第46次《中国互联网络发展状况统计报告》。该报告指出，截至2020年6月，我国网民规模达9.40亿，较2020年3月增长3625万，互联网普及率达67.0%。网络的普及率提高和网民数量的大幅攀升说明网民与网络已经成为双向互动的主客体关系。而利用网络新媒体来促进农村文旅发展更成为必然趋势。数字乡村正在成为乡村振兴发展的重要突破口，是乡村振兴的战略方向，也是建设数字中国的重要内容。2016年中央一号文件指出，"互联网＋农业"可以有效振兴我国农业发展，推动我国乡村旅游、休闲农业的开发。借助网络新媒体实现文化与乡村旅游业的融合，可以让乡村旅游的宣传营销实现资源的优化组合。

不过，直至2021年7月，Y村的网络建设问题还没有得到解决。这方面的建设速度似乎与Y村多渠道多元化发展的文旅融合项目并不协调。

> X农业集团工作人员P："本来要有直播带货平台，但是这边网络不好，组织起来太麻烦。所以，现在我们花卉主要是通过实体店销售。"

> Y村村民L："上网信号不咋好，一整就断，要不就收不着了。信号不好也看不到，那就拉倒了。"

> Y村党支部书记B也提到了网络问题，说："我们现在网络不行，上面（上级政府）说给我们建两个信号塔，暂时还没有建完，一个正在建，一个还没有开始建。"

Y村虽然文旅项目建设得如火如荼，政府也提供了有力的资金与政策等多方支持，但是在后续如何营销和持续获得收益上的考虑仍有不足。相比南方一些乡村文旅村落，Y村并没有利用过任何官方媒体进行宣传。

> Y村党支部书记B："目前的报道就是区里给组织的，其他就是一些游客发的，我们没有网络宣传，就是靠口口相传。"

Y村网络空间的发展现状是当前很多地区乡村文旅发展中普遍存在的问题：缺乏对旅游产品的营销意识与长期规划。由于受到"自上而下"行政规划的影响，从地理空间的打造到社会空间的重组，Y村文旅融合特色村落的发展节奏都是按照政策设计按部就班完成的。一些村民虽然在转型过程中体现出了一定程度的主体参与意识，但也始终是在政策规划前提下进行适当的"讨价还价"。当然网络硬件基础设施对技术和资金投入的要求都是比较高的，也只能依靠政府提供支持，以保障文旅融合村落的建设不仅是完成空间打造，更能具有广泛影响力，从宣传到销售的每一个环节都实现对文旅融合的整体升级。

五、结语：完善东北乡村振兴发展的社会基础

（一）政策主导空间基础整合优势资源

地处城乡接合部的Y村在地理空间基础上具有鲜明的优势，具有森林覆盖率高、依山傍水、距离市区近、交通便利等优势，这些天然性的地理空间基础使其原本就是周边市民自驾游的热门。在国家推行城乡发展战略规划的基础上，Y村抓住契机成了东北地域探索城乡融合发展的试点村落之一。本章通过分析发现，这些优势资源转型利用的关键是政策先行。在上级区政府和镇政府的政策推动下，Y村从早期的"国家卫生镇"到"美丽乡村"建设，再到2020年开始五年计划进行"东部民宿集聚、西部商旅带动、南北侧风光游览、中部传统村落留痕"的特色文化旅游体验综合体项目的实施，Y村的发展正是随着乡村振兴发展战略的实施一步一步得以实现的。让人惊叹的是，Y村文旅融合特色村落项目的建设，从政府政策的表象空间设计，到地理空间的转型打造和社会空间的重构塑造，将Y村空间基础中的相关资源进行优化组合的过程仅用了五个月时间。其中产生作用的不仅是东北地区政府"自上而下"政策实施的"强权威"，更有超过千万元的项目财政投入和过亿元的征迁款发放的经济性支持。

Y村党支部书记B："和隔壁村屯相比，我们的征迁费是接近他们

的三倍。"

Y村的征迁地价之所以高出周边地区的标准,自然源于上级区政府强有力的经济支持,不过这也是得益于A区作为国家级高新技术产业开发区的身份优势。在我国城镇化发展战略布局中,开发区本身就具有以行政资源推动经济发展的制度优越性,例如以深圳市高新技术产业开发区、上海浦东新区为代表的开发区都取得了较为快速和充分的发展。在A开发区辖区内的Y村,也自然受益于国家开发区城镇化战略建设规划的政策和资金,获得了高额的资金支持和优厚的政策支持。同时,也是通过区政府的招商引资项目,Y村得到了省农投集团、省农信公司、X农业集团、A工业大学、A中医药大学等域内外企业和科研机构的相继入驻,种子博览中心、乡村博物馆、中医药博物馆等游客互动场所得以建成,从而完成了Y村文旅融合特色村落建设的资源整合。

政府有关文旅融合特色村落设计的理念和规划,有效调动了多元化的空间基础,使五年计划这一观念性的空间设计得以落地,实现了政策推动下的资源整合利用。

(二)党建引领文旅产业"空间打造"的有序实践

Y村文旅融合特色村落的建设得以实现,地理空间打造、社会空间塑造得以有序推进,关键在于基层党建引领的核心作用。在Y村整个转型过程中,基层的村党支部发挥了重要作用,是村党支部在征迁过程中带领村民开展基层议事,使征迁认同得以在基层凝聚、矛盾得以在基层化解。

> Y村党支部书记B:"这个过程不容易啊,我们村干部每天都灰头土脸的,就是从一点一滴和老百姓谈,有什么问题和想法都讲清楚、说明白。"

访谈中,我们也多次听到政府工作人员谈到基层党建的核心引领作用。

> A区政府工作人员C:"我们说话没有效果,村民就相信村委会,村委会有权威啊,最开始征迁的时候,村委会成员也是磨破了嘴啊。"

> A镇党办主任A:"他们村党支部成员才是真正跑腿的人,整个过程,无论是流转做工作也好,签约包括动员群众改造庭院也好,土地征收、房屋拆迁也好,每个环节都有好多的问题、好多的矛盾。没有

他们我们做不成的。"

谈到村党支部书记，村民都是赞不绝口。

Y村村民K："书记人好，没人比得了，这样的干部对老百姓好啊，因为我们老百姓有个啥事，有个为难处，你跟她说完，她指定说到做到。"

村党支部积极引领，党支部书记不仅带头做工作，也动员了原村党支部书记等老党员在征迁过程中做出表率，使得Y村在拆迁改造过程中始终保持着邻里和睦的和谐状态。

（三）村民主体的内生活力需要提升

Y村文旅融合特色村落的前期建设，是在区、镇政府主导和村党支部的引领下，将自然资源、市场力量、社会资源充分融合而实现的。但是在Y村文旅融合特色村落的后期建设中，不仅政府、市场和社会机构是发展主体，土生土长的村民同样也是掌握村落发展资源、创造文旅产品价值、推进文旅产业发展的主体。作为调动空间基础的重要群体，村民主体的内生活力仍然需要提升。

Y村村民G："我们就全力配合政府，有条件了、有政策了就跟着干。"

这位村民的言语中表达了对党和政府的信任，却也明显缺少了开拓自身主体主动性的热情。虽然一些村民已经和入驻企业进行了合作投资，也有村民加入了路边小市场的农产品售卖，但是如何更好地宣传产品和将产品销售给消费者，实现文旅融合产业转型的有效产出，多数村民还是在观望政府的下一步政策。这也是政策先行导向的城乡发展战略的必然结果。

当然，短期内实现村民群体主体意识的表象空间的转变不太可行，但是基于开发区政府优势地位资源的"强权威"，政府可以在政策先行基础上具体规划路径，强化对村民主体性的调动，可以尝试进行乡村振兴项目的相关培训，推选新农村中的能人、能手，提升村民群体的内在活力，使之在文旅融合发展项目中发挥协同带头作用，从而使得乡村振兴发展得到更全面的激活。

(四) 文旅产业持续发展需要关注网络空间建设

在网络社会如此发达的今天,网络空间基础是现代产业空间基础的重要组成部分,也是激活不同社会群体活力的主要媒介。以网络群体为表现形式的新基层社会,是经济、政治、文化、社会和生态发展的新社会基础,是推进区域发展应当加以重视和积极优化的新社会基础。①

Y 村在网络上声名远播并非来自官方宣传和村民自己推动,而是来自来 Y 村参观游览的游客,他们将拍摄的照片和视频发布在不同的媒体平台上,吸引了更多的网民成为新游客。可见,网络传播较传统的宣传方式具有非常明显的优势。文旅产业发展必须关注网络空间与其他空间的资源组合。网络新媒体不仅能够降低宣传营销成本,还能够提高文旅产品和资源信息传播速度、扩大传播范围。网络上数以亿计的网民都可以成为信息的发布者、观看者和传播者,市场影响力不言而喻。Y 村应加快网络设施建设。虽然游客自发口口相传说明了 Y 村在文旅建设上的吸引力,但是充分发挥出网络媒体宣传的优势作用,有助于进一步实现品牌的示范性推广。政府也可以继续发挥主导作用,为村民进行网络媒体宣传和销售提供相关培训,发挥网络在信息传播、文旅产品营销中的积极作用,拓展文化旅游宣传销售的新模式、新路径,以快速促进 Y 村文旅产业产值的提升。

Y 村文旅融合特色村落仍在建设之中,笔者访谈调研时只是其五年计划的第二个年头。几年前那个"家禽满村跑、垃圾随便倒"的普通村落与调研时的 Y 村已经不可同日而语,即便依然存在网络建设等需要完善的部分,笔者对其未来文旅产业的转型升级仍满怀期待,同时也会继续追踪接下来三年 Y 村的发展,在此基础上对东北乡村振兴进行更全面深入的研究。

---

① 刘少杰. 积极优化区域发展的社会基础 [J]. 社会学评论,2021,9 (1).

第七章　乡村"三治"融合路径优化的人力基础

——基于皖北乡村青年群体的实地考察

自党的十八大召开以来，党和国家高度重视社会治理事业，持续推进社会治理体系与治理能力现代化进程。党的十九届五中全会明确提出，完善共建共治共享的社会治理制度，加强和创新社会治理。2021年4月28日，中共中央、国务院出台了《中共中央 国务院关于加强基层治理体系和治理能力现代化建设的意见》。该文件明确提出，基层治理是国家治理的基石，统筹推进乡镇（街道）和城乡社区治理，是实现国家治理体系和治理能力现代化的基础工程。乡村社会治理的重要性日渐显现，在国家推行乡村振兴战略的背景之下尤为如此。在乡村振兴战略深入推进且成效显著的背景之下，如何促进农村社会安定团结和稳定有序，实现乡村社会的有效治理，有力推动基层党组织领导下的自治、法治、德治"三治"相结合的乡村治理体系的形成，是值得探讨的重要课题。

第七章 乡村"三治"融合路径优化的人力基础

一、乡村社会"三治"融合体系亟待青年人力支持

乡村社会"三治"融合体系的成熟完善，乡村社会治理水平的有效提升，乡村善治目标的最终实现，乡村振兴战略的有力推进，其核心在于多元主体参与，关键在于人才，尤其是拥有发达技术和革新思想的青年人才。在纪念五四运动100周年大会上，习近平总书记指出："青年是整个社会力量中最积极、最有生气的力量，国家的希望在青年，民族的未来在青年。"青年群体在乡村振兴中扮演着重要角色，发挥着不可替代的作用。

（一）乡村人口长期外流造成乡村社会治理人力匮乏

长期以来，由于城乡二元结构的持续存在以及乡村发展的相对滞后，大量乡村人口尤其是青壮年人口流入城市寻求发展机会，此举在为乡村外流人口带来从业经验和较高收入的同时，也制约乡村社会高质量发展和社会治理水平的提升，甚至部分村落出现了"空壳化""空心化"现象。乡村社会空心化造成乡村发展潜力不足，乡村社会脆弱性风险凸显[①]，致使乡村社会发展相对乏力。党的十九大报告明确提出，当前我国社会主要矛盾已经转化为人民日益增长的美好生活需要和不平衡不充分的发展之间的矛盾。由此可以看出，党和国家高度重视城乡发展失衡的现象，并制定了多种政策，设计了特定战略来消解这些矛盾，如每年的中央一号文件都是针对乡村社会发展而制定的，时下的乡村振兴战略也是国家着力推动的重要战略。

乡村社会治理能力提升和治理体系现代化是维持乡村社会安全稳定和实现乡村振兴战略的重要支持。相比城市，时下乡村社会治理水平较低，基层党组织领导下的"三治"融合体系尚未完善，其中一个重要的原因就在于治理人才的匮乏。农业青壮年人力大量外流，不仅是城市引力的结果，还与乡村政策支持不足、自身产业特征不彰以及发展韧性不足有关。在村

---

① 王伟勤. 西部地区农村空心化风险及其治理探析 [J]. 西北大学学报（哲学社会科学版），2014，44 (5).

人口的"老龄化""孩童化""女性化"现象不仅影响着乡村振兴战略的有效落地与实施，而且制约着乡村社会治理体系与治理能力现代化进程，一定程度上阻碍了乡村社会善治之路的形成。

（二）乡村善治呼唤农村青年英才

乡村社会治理体系的完善与治理能力的提升，乡村善治之路的形成，离不开自治、法治和德治相互融合治理体系的形成，而要发挥"三治"合力，形成相互融合、相得益彰的治理格局，离不开优质的人才引领与充足的人力资源的加持。在形成"三治"融合治理体系的诸多环节中，每个维度都需要人力支持，尤其是需要青年人才的引领与参与。

就乡村自治而言，民主选举、民主协商、民主决策、民主管理和民主监督五个环节，都需要青年人才的大力支持。民主选举是基层政权建设的重要过程，在这一过程中，需要在村"两委"成员中配备一定比例的年轻干部，这本身就是在要求青年人才加入乡村社会建设队伍，也在制度上保障了青年人才能够有效参与乡村社会治理和社会建设。在民主协商环节，青年人才的参与能够优化既有民主协商方式、有效提升民主协商效率。在民主决策环节，青年人才拥有较强的学习能力，对国家政策拥有更为精确的解读能力，因此，在决策中能够更切实地使国家政策落地，让更多村民参与决策过程，进而使整个决策环节更为民主。在民主管理过程之中，青年人才能够更为高效地运用现代信息技术，将之有效融入民主管理，由此提升管理效率。在民主监督环节，由于青年人才具有更强的监督意识，因此该群体的参与可能会使整个监督效率大为提升。

就乡村法治而言，多数青年人或者拥有在城镇打工的经历，或者具有较高的学历，与其父辈相比，他们普遍拥有一定的法律知识，具有一定的契约精神和法律意识。在日常的工作中，这种法律意识和法律知识积累能够有效地提高乡村社会法治化水平。青年人群能够在法治氛围营造、法律知识宣传与培训、矛盾纠纷调解、以整治村霸为主的扫黑除恶活动等乡村公共事务中挺身而出，起到良好的引领作用。

就乡村德治而言，由于乡村社区的熟人社会性质，一些在村老人之间存在复杂的矛盾关系，可能彼此相互不配合的情况也比较多。相比老人，青年人思想较为开明，对历史遗留问题能够坦然处之，在培育良好行为举止、引领文明乡风、贯彻社会主义核心价值观、争做道德模范等方面拥有较高的积极性，能够在新时代文明实践站建设、志愿服务、村规民约修订、道德模范评选、人居环境改造等工作中积极作为，进而为乡村德治工作提供重要的人力支持，为实现乡村的文明乡风提供重要支撑。

因此，本章基于乡村振兴战略背景，围绕青年群体助力乡村社会治理路径优化主题，在翔实的实地调研基础之上，从自治、法治、德治"三治"融合中探讨乡村社会的善治之路，为有效推进新时代乡村振兴战略提供必要的支持。

二、青年群体助力乡村社会"三治"融合现状

乡村治理体系与治理能力现代化不仅关乎乡村社会稳定的秩序和和谐的氛围，而且影响着乡村振兴战略的有效实施和农村社会的高质量发展。乡村社会"三治"融合路径优化与乡村振兴战略实施过程离不开广大青年的积极参与，农村建设应充分利用青年所具有的活力、激情、想象力与创造力，发挥青年对农业农村农民全方位的反哺功能。① 有学者指出，截至 2019 年，各类返乡入乡创新创业人员累计超过 850 万人，"田秀才""土专家""乡创客"等本乡创新创业人员达 3 100 多万人。② 为了解青年群体参与乡村社会治理的现状，我们在皖北 10 余县 40 多个农村社区进行了实地调研。此次调研历时 20 余天，调研组共调查村落 40 多个，乡镇企业 10 余家，调研点遍布淮南、阜阳、亳州等地，对皖北区域的乡村社会治理情况进行了系统梳理，对青年群体参与乡村社会治理情况展开了深入分析，梳理了其中存在的问题及其产生的原因。

调查组首先调查了淮南凤台县、寿县、潘集区、谢家集区等县区，梳理江淮之间的农村社区社会治理现状，接着调查了亳州谯城区、涡阳县、蒙城县和利辛县，后又前往阜阳市，实地调研临泉县、颍泉区、颍州区和颍东区，对皖北乡村社会治理状态及其青年群体参与乡村治理现状进行了

---

① 曾东霞. 青年反哺与回归：破解乡村振兴短板之道 [J]. 中国青年研究，2020 (8).
② 熊春文，陈家碧. 青年农民研究：背景、议题与展望 [J]. 青年研究，2021 (1).

综合性考察。在具体调查实施中，调研组在每个县区抽取 2 个乡镇，每个乡镇调查 2 个农村社区，共调查了 40 多个乡村，10 余家乡镇企业。整个调研以座谈会和深度访谈的形式进行，获取了丰富翔实的调研资料，获得了青年群体助力乡村社会治理的丰富案例。经过对实地调研资料的梳理分析，调研组发现，当下乡村青年群体助力社会治理的基本路径体现在德治引领、法治介入和自治助力等层面。

（一）乡村德治提升中的青年群体助力

第一，积极投入引领乡村道德新风气。青年群体在乡村德治改善中扮演了重要角色，发挥了引领示范作用。调研组通过对皖北多地的调查发现，乡村社会治理中的"德治"是每个村镇都非常强调的元素。乡村青年在乡村德治进程中扮演着极为重要的角色。在乡村道德示范建设中，在地青年和在外务工就业青年人群，相比那些在村的年岁较长者，常常更能成为乡村道德模范的重要人选。青年群体思想活跃，参与活动积极，注重人情面子，顾及他人感受，看重自身良好形象，在各种道德荣誉评选中，常常凭借平时积攒的良好人缘而当选，一定程度上引领着普通村民的道德风气。比如在长丰县杨庙镇马郢村，村内设有家风教育展馆，开设道德讲堂，通过一些真实的家庭小故事，由青年引领，进行家风教育，让村民形成并强化共同体意识，提高道德责任感。

第二，以身示范推动乡村移风易俗。在开展乡村社会移风易俗活动中，乡村青年相比村中老人，更容易接受新思想，对红白喜事的铺张浪费、程序繁杂、仪式考究、攀比心态等不合时宜的现象，更容易持批判态度并转变观念，身体力行地改变这些现象。除了青年自身的努力示范，村里也积极开展移风易俗工作，成立诸如"红白喜事治理委员会"等组织，在道德风尚宣传和移风易俗工作中积极发挥引导作用。有些地方还创新工作机制，改善不良社会风气。比如在一些农村社区，村里利用公共资源组建"婚礼大屋"，倡导"草坪婚礼"，鼓励村民到该公共场所举办婚礼。凡到此处举办婚礼者，一律不允许铺张浪费，每桌限制 10 道菜，婚礼仪式也化繁为简。在此处举办和参加婚礼的人，耳濡目染之下，旧的观念也在慢慢转变。

第三，主动担当推进文明乡风建设。"乡风文明"是乡村振兴战略的总要求之一，青年群体在文明乡风建设活动中也扮演着重要角色。从表面来看，文明乡风相对"务虚"，但实质上，它在乡村社会居民思想引领、文化熏陶、行为纠偏等方面均有重要作用。农村青年多数都有在城市生活的经历，城市文明和现代观念在他们身上均有积淀，当返回农村后，他们会受到这些文明理念的影响，对乡村传统文化中的落后观念加以引导，进而引领普通村民的思想观念，陶冶其情操，甚至改变其不合时宜的行为。

（二）法治乡村建设中的青年群体参与

法治是乡村社会治理中的重要环节之一。虽然传统乡村社会是一个"无讼"的社会形态，村民一般不愿意和陌生的法律及其运行机制打交道，但随着时间的推移，一些矛盾难以自我消化和和解，也无法借助村中权威和基层政权机构进行有效解决时，诉诸法律也成为一个重要的化解手段。

第一，宣传引导助力村民法治观念强化。在调查中发现，不少在村年长村民缺乏法治观念，甚至做出违法乱纪之事而自身不知。受过义务教育甚至高等教育的农村青年群体在经过外出就业、务工的"洗礼"之后，他们中的大多数自觉或不自觉地树立了法治观念和规则意识。青年人在村里的思想和行为均较为活跃，其法治观念和规则意识不仅影响着自家老人，还对村里其他村民产生一定的引导作用。久而久之，村民的法治观念和规则意识在一定程度上得以增强。

第二，主动化解村中老人的矛盾纠纷。在乡村矛盾纠纷调解方面，青年群体发挥的作用尤为明显。调研组在皖北多地调查发现，村里的矛盾纠纷大多发生于老人之间，纠纷原因多为宅基地、田地划界矛盾，以及长期存在的历史纠纷。青年群体要么在外地务工挣钱，无暇顾及村里利益，要么对土地的情感不及老人，不怎么重视土地上的得失。村里老人之间冲突的解决，无论靠村镇干部介入、村中乡贤调解，还是付诸法律，通过诉讼渠道加以解决，都常常会遭遇困境，形成僵局。遇到棘手的纠纷，从年轻人入手，由年轻人做通老年人的工作，有时能够起到较为显著的效果。当老人之间产生棘手的矛盾纠纷时，村干部常常联系冲突双方的子辈，如果子辈在村，调解者就会面谈，让其劝解自家老人；如果子辈不在村，也会让他们通过电话、网络等手段劝解其家中老人。农村青年群体地位不断提升的社会现实①，使子辈话语权得以彰显，其调解的力度和效度都因此得以显现，为解决乡村纠纷提供了必要的支持。

第三，助推引导村民合规行为。教育水平较高、相对见多识广的乡村青年群体，法治观念较强，拥有较大的话语权，同时又具有一定的规则意识，在村中的行为较为规范。与此同时，他们对村中失范行为能起到一定劝诫和引导作用，主要体现在：首先，对家人的引导，针对家人的偏差行为，能够及时发现并介入引导，尽早避免产生不良社会后果；其次，对亲友邻里的非法行为进行矫正、引导，针对亲友邻里的不合规行为，利用自身法律知识，适时引导，以规范村民行为；最后，针对其他村民可能发生的失范行为，自己不方便介入时，可以向村干部建言献策，由其介入，以防止危害社会的行为出现。

（三）自治中的农村青年参与路径

自治是乡村社会治理的重要基础。农村青年群体在乡村自治中扮演着不可或缺的角色，有的还是新生代村治主体。他们是相对年轻的"80后""90后"，在乡村担任村干部，积极参与开展乡村治理工作②，在乡村居民经济发展、社会交往、文化传承、政治参与等方面发挥了重要作用。

1. 积极担当各类合作社运营的"领头雁"

在农村自治各环节中，各类农民合作社成为其中的重要元素。农民合作社利用规模化生产优势和农产品集聚效应，摆脱了传统小农经济的一些局限，成为实现乡村振兴的重要抓手之一。青年群体是农村致富带头人，也是新型农业经营主体的生力军，他们为村民提供农业技术支持和及时准确的市场信息、宣传致富门路、拓展销路、改善农业基础设施、拓宽增收渠道，在新型农业经营主体培育中的"领头雁"作用逐渐显现。③

（1）特色种养殖业中的青年引领。

乡村振兴战略离不开农村产业的大力支持，乡村产业发展也无法离开

---

① 阎云翔. 中国社会的个体化 [M]. 陆洋，等译. 上海：上海译文出版社，2016.
② 徐宏宇. 城乡一体化地区新生代村干部的择业逻辑及其影响：基于家计模式视角的分析 [J]. 中国青年研究，2021（8）.
③ 杨少波，田北海. 青年在新型农业经营主体培育中的领头雁作用研究：基于对湖北省农村致富带头人的调查 [J]. 中国青年研究，2016（1）.

青年人才的参与。提升乡村社会发展活力，重点在于扶持和推广具有地方特色的产业，引导乡村形成"一乡一业，一村一品"的产业格局，从资源优势和乡镇青年群体出发，充分挖掘和打造各村品牌产业和产品，确立契合当地特色的主导产业。① 在调查中，笔者发现，无论是在传统农业作物种植中，还是在新型经济作物栽培中，合作社都是非常有效的组织手段，而且在村青年成了合作社运行的中坚力量，他们也是乡村社会发展中的"中坚青年"。他们长期在乡村生产生活，主要经济和社会关系亦在乡村，既依赖乡村又服务乡村，在收入层面居于农村中等及以上水平。②

调研组在寿县正阳关镇的调查中发现，退伍军人李明（化名）为当地种粮大户，经营超过200亩的稻虾种养农田。在武汉当兵时，他曾经到华中农业大学学习相关技术，他后期到山区当兵时，也曾帮助当地居民种植有机水稻，这些宝贵的学习与生活经历使其能够拥有一般性种植技术，同时又能尝试新型种养业——有机稻虾种养，对当地农户具有较强的带动作用。类似的案例还有合作社或种植大户开创的"茶园＋养殖家禽""桑园＋蚕丝业""草莓种植采摘""火龙果百香果种植"等新型种养模式，这些合作社或种植大户的主体多为青年，他们引领和带动当地农民投身农村社会建设，是一批"懂农业""爱农村""爱农民"的人才。

（2）"市场资本注入式"合作社的青年助力。

合作社的另一运作方式是由企业注入资金，提供发展规划和技术支持，由当地农村提供土地、货源和人力，形成企业导向型合作社。比如巢湖市半汤街道"三瓜公社"即为其中一例。"三瓜公社"全称为安徽三瓜公社投资发展有限公司，由淮山集团投资数亿元建成。三瓜公社分为南瓜电商村、冬瓜民俗村和西瓜美食村三个品牌。起初，公司是按照电商模式运营的，以"农业＋旅游或农产品＋旅游"的方式运转。如今，公社发展日趋成熟，一方面，开发了2 000多种产品，实施线上电商和线下实体店相互整合的销售模式；另一方面，大力发展农业旅游，其中冬瓜民俗村拥有大量客栈、餐饮、娱乐、田园项目，目前已经建成的标志性产品有二十四节气馆、郁金香高地等。"三瓜公社"在吸纳青年返乡创业，提高乡村社会生活质量和

---

① 李斌，黄改. 产业立体网络平台体系：青年发展与乡村振兴的基础逻辑 [J]. 中国青年研究，2019（9）.
② 夏柱智. "中坚青年"和乡村振兴的路径选择：兼论青年研究视角的优势 [J]. 中国青年研究，2019（8）.

治理水平等方面发挥了重要作用。

（3）"在土参与型"农民合作社的青年支持。

充分利用"在土参与型"农民合作社中青年职业农民的作用。青年职业农民是那些在村庄从事适度规模农业经营及为农户提供社会化服务，其经济关系、社会网络及情感归属均在村庄，而且相对于分散的小农户，具有较强的社会组织动员能力，可以扮演对接国家和农民的社会组织者角色的群体。① 该类合作社以农村村民为行动主体，由政府提供政策和资金支持，首先吸引青年职业农民进入农村，成为带动合作社发展的"领头雁"，并带动本地农民积极参与合作社建设。此类合作社不是将农民从土地上撤离，而是让他们继续利用土地进行生产，并且通过合作社带动他们实现共同富裕，长丰县杨庙镇马郢合作社即为其中一例。就经济效用层面而言，该类合作社对当地农民的带动作用主要如下：共同创业，或者带动当地农民参与养殖业、种植业，使农民能够在产业技能上有所提高，增加他们的经济收入；招纳工人，促进农民就业，增加其工作岗位；财产性租赁，租用当地农民的土地和设备等，以增加其收入；购买农民种植的农产品，进行深加工，在增加农民收入的同时，也能为其农业产品提供便捷的销路。

2. 身体力行孵化培育农村社会组织

在乡村社会自治中，社会组织参与乡村社会治理的作用不容忽视。社会组织多数为农村居民自发形成的"自组织"。所谓自组织，是指这样的组织，即组织在演化的过程中，在没有外界压力影响的条件下，组织内部的各个成员能够遵循着既定目标，相互协调运行，使整个组织内部呈现一种自主有序活动的状态。研究农村社会的自组织理论及其运行模式，对推动乡村社会建设与社会治理具有重要的意义。目前，乡村中存在的自组织类型主要有：兴趣型社会组织、志愿服务组织和公益型、互助型社会组织。在这些自组织中，青年群体发挥了重要的作用。

（1）兴趣型社会组织中的青年推动。

调查发现，皖北地区农村社会组织目前发展相对滞后，形式较为单一，参与乡村社会治理的渠道和形式较为简单。兴趣型社会组织在农村时有出

---

① 夏柱智. 农村青年职业农民发展的社会学研究：阶层视角的应用［J］. 中国青年研究，2020（11）.

现，比如农村自发组成的唢呐队、腰鼓队、太极拳队等文娱体育型社会组织。虽然这些成员多为年长村民，但负责组织运转的工作常常由精力相对旺盛的青年成员承担，他们为组织的运行和组织功能的发挥提供了重要支持。

（2）志愿服务组织的青年支持。

志愿服务组织是乡村社会组织的重要组成部分，为乡村社会治理提供了重要支撑。当前农村青年志愿服务已呈现出如下十大趋势：农村青年志愿服务参与频率提高、领域不断拓展、聚焦重点群体、促进乡村振兴、深化乡村治理、活跃民俗文化、改善生态环保、逐渐走向专业化以及青年在农村志愿服务中发挥创新作用、共青团推动农村青年志愿服务发展繁荣等。[1]调研组在长丰县杨庙镇马郢村调查发现，该村通过引进青年创客入驻乡村，在促进经济发展的同时，也培育了社会组织。志愿服务组织就是其中一例。马郢村志愿者组织中本地人为15人，外地人有112人，并形成一些志愿支教机构，目前的志愿服务多为经常参与活动的相对固定的志愿者。志愿者中心开展"马郢快乐儿童家园"计划（2016年），已扶持4村，125名儿童，成立9个社团，从事不同志愿服务活动，如马术、戏曲志愿服务活动等，并与村内产业结合。该村志愿者主要通过熟人、公众号宣传进行招募，多名青年创客同时也是志愿者团队的核心人物。志愿者需在共青团平台进行登记，在正规渠道记录志愿时长，其中在村村民志愿者具有较高觉悟，每日自发巡村并自觉登记。村里为志愿者团队成员举行团建等人文关怀活动，凝聚志愿者，使之能够在志愿组织中坚持下去。

（3）公益型、互助型社会组织的青年参与。

一些公益机构或者热心公益人士选择特定乡村，建立公益组织，在乡村开展相关活动，吸纳村民就业，由此带动乡村旅游，促进乡村建设和社会治理。在此类社会组织中，乡村青年能够在组织建设和活动开展中发挥积极引导作用，进而宣传和引导村民参与社会组织，激发乡村社会发展活力。村民之间还可以成立诸如"弟兄协会"[2]等类似的社会组织，以对抗社会风险和互帮互助。"弟兄协会"为农村社区供给公共产品并为其会员提供

---

[1] 谭建光，李晓欣，苏敏. 中国农村青年志愿服务发展趋势：来自16 758份网络问卷调查数据的分析［J］. 中国青年研究，2021（4）.

[2] 姜似海. 农村青年互益组织发展的功能与局限：滇南良心寨村"弟兄协会"的社会人类学考察［J］. 青年研究，2019（2）.

非公共产品，虽然组织成员互益金额相对较高，但组织的互益活动在不断充实，有利于提升组织对会员的吸引力。

3. 切实引导村民互帮互助

在改革开放和市场制度引入过程中，传统农民之间的邻里守望、互帮互助行为受到经济理性和市场力量的冲击，逐渐变得少之又少。随着乡村振兴战略实施以及各类合作社的兴起，"村落共同体"理念逐渐复苏，人与人之间的合作纽带伴随合作社运动的兴起也逐渐得以复建和稳固，而青年群体在其中发挥着重要的引领作用。多数青年人拥有村外务工经历，明白人与人之间相互支持的重要性，且目光相对长远，拥有清晰的长期人生规划。他们在参与合作社或者其他社会组织时，不仅注重个人发展，实现自我成长，而且关注自身对村民的带动作用，重视对父老乡亲的情怀。农村青年的无私帮扶行为影响着整个农村社会的风气，有助于村民之间互帮互助的村落共同体氛围的营造。

（四）"三治"融合中善治追求及青年群体助力现状

自治、法治和德治是乡村社会治理的三个维度，三者并非各自为政，而是相互关联。在三治关系中，德治在乡村社会治理中发挥引领角色，把握着乡村社会治理的方向；法治是乡村社会治理实施的重要保障；自治是根本性的，处在基础性地位，是乡村社会治理的核心内容。乡村社会治理的最终目标是实现自治、法治和德治"三治"融合，迈向乡村社会的善治之路。

在乡村社会"三治"融合进程中，农村青年群体扮演着至关重要的角色。他们中的不少人在德治中体现为实践者和引路人，在法治中定位为先行者和引导者，在自治中化身为主力军和带动者，众多角色融合于一身，在推动乡村社会走向善治之路上发挥着难以被取代的作用。

1. 妥善利用乡镇企业平台推进"三治"融合

充分利用电商、本土乡镇企业平台的就业带动作用，发挥农村女性青年在社会建设中的推动作用。在农村电商迅猛建设与快速发展过程中，农村女性青年群体作为拥有互联网技术、运营知识、销售经验以及相对时间弹性的行动者，成为支撑农村电商发展与兴旺的不可忽视的一极，带动了乡村电商的快速发展。① 调研组在寿县正阳关镇的调查中发现，由乡村创业青年创立的大美兴公司目前职工有 20 人，豆制品销往全国各地。该公司在带动本地农民就业、促进乡村自治的同时，根据员工多为女性的特点，灵活调整上班时间，将上下班时间调整为早上七点到下午三点半，充分考虑到了女性员工照顾家庭和孩子的需求。同时，公司雇专人做午饭，员工还可以把中午放学的小孩接到公司就餐，以充分解决员工后顾之忧，让其安心工作。这种人文关怀体现了乡村创业青年的道德素养。可见，乡村创业青年的道德行为在一定程度上加快了乡村德治的推进。另外，皖北一些乡村创业青年种植桑蚕业带动乡民致富的同时，充分吸纳几十位乡镇残疾人就业，帮助政府缓解助残压力，提升当地社会福利水平，这种道德行为也是在一定程度上促进了乡村社会"三治"融合。

2. 主动借助农业情怀助力"三治"融合

农村青年利用对农业的情怀助力乡村社会"三治"融合的案例比比皆是。这与青年自身特点有关。他们中的大多数往往具有较高知识水平，务工创业阅历丰富，具有长远发展目光，较少计较眼前得失，对农村农业发展具有一定情怀，能够做到"懂农业""爱农村""爱农民"，是农村社会建设的"多面手"。他们无论是在德治引领、法治观念塑造中，还是在自治工作推进中，都能积极谋划，施展身手，为乡村善治贡献应有之力。

三、乡村"三治"融合中的青年群体参与困境

实地调查结果显示，在深入推进乡村振兴战略的背景之下，皖北农村青年在推进乡村社会治理进程中做出了诸多尝试，并取得了一定的成绩，甚至有些地方的实践经验还在全国产生了一定影响。但是，在乡村社会供给侧结构性改革深入推进之下，农村青年助力乡村社会治理过程中，尚存在一些需要克服的问题。农村青年群体参与乡村社会建设与社区治理的阻碍在于：乡村精英和普通青壮年劳动力大量外流，农村内部缺乏组织与合

---

① 聂召英，王伊欢. 复合型排斥：农村青年女电商边缘化地位的生产［J］. 中国青年研究，2021（9）.

作，农民自信心不足，缺乏资金，农业资源严重不足以及农民增收困难等。① 在深入推进乡村振兴战略背景之下，在广大乡村迈向善治进程之中，这些问题亟待系统厘清，以为有效解决这些问题提供必要的支撑。

（一）德治引领面临参与困境

在乡村德治中，虽然青年在很多地方发挥了有效引领作用，起到了促进文明乡风建设的效果，但是还存在一些需要解决或改善的问题。

第一，离乡不在场的"脱嵌"困境。大量青年人群外出务工，是皖北乡村人口结构的重要特征。总体来看，乡村社会的在村主体以年岁较大者和一些儿童妇女等群体居多，绝大多数青年在外地务工就业，一年中大部分时间不在村里，"脱嵌"于乡村社会结构之外，因而其在道德引领中的作用受到约束。虽然青年对老人具有较大影响，但由于自身不在乡村，只能通过电话、网络等手段引导老人，所以这种德治引导效果不够显著，难以保障乡村社会德治成效。

第二，攀比心理的"路径依赖"。部分青年在外地务工、就业挣钱之后，为了在村里赢得面子和重视，常常会产生一些攀比心理，比如农村盖房子之间的攀比，红白喜事之间的攀比，等等。虽然村里进行了移风易俗的宣传活动，但由于行为的"路径依赖"，这类攀比心理还会在一定时期内存在，这既不利于乡村社会文明乡风建设，也不利于农村社会良好风气的引领，在一定程度上制约了乡村德治进程。

第三，代沟导致在村青年与年长村干部的沟通不畅。在村青年多为返乡创业青年或者村委会成员，他们在思想观念和工作方式上常与村里年长干部存在意见分歧，这种分歧有时会造成沟通障碍，使他们难以在乡村德治方面达成一致；同时，这些青年与那些卸任的村干部由于思想观念差异和价值观不同，也会产生交流障碍。虽然青年人有其优势和长处，能够加快工作进度，但是年长干部却有丰富的村庄工作经验和有效的处事方式，二者如能有效结合，势必会大大推动乡村社会治理工作前进。

第四，青年群体与在村村民的代际差异。总体来看，在村村民一般年岁已高，难以在外地务工就业，而返乡青年或青年干部多数在30岁左右，

---

① 蒋占峰. 农村青年对新农村建设的认知及参与困境调查 [J]. 中国青年研究，2009（9）.

与在村村民有明显的代沟。在相互沟通时，尤其是在道德引领和文明乡风建设中，青年人难以有效说服当地老人，进而阻碍了乡村德治工作的进程。

（二）法治建设中的参与短板

第一，青年法治意识需要进一步强化。虽然农村青年拥有一定的法治观念和规则意识，但是在具体的创业和社会生活中，一些青年存在侥幸心理，甚至有钻法律漏洞的行为，为乡村社会法治工作带来挑战。还有个别乡村青年游手好闲、不务正业，甚至存在违法乱纪行为，威胁着乡村法治秩序。

第二，法律知识获取渠道相对狭窄。若想守法，首先需要知法懂法。然而，乡村村民了解和学习法律的渠道并不是很多。而且对乡村社会而言，除非必须与法律打交道，否则村民很少主动学习法律。但随着时间的推移和现代化进程的加快，法治乡村建设显得尤为重要，如何拓展村民获取法律知识的渠道，使之掌握法律知识，树立法治意识，是值得深入探究的问题。

第三，部分青年违法行为依然存在。调研组在调查中发现，与过去相比，尤其是大力开展扫黑除恶活动之后，虽然农村违法乱纪行为逐渐减少，平安乡村建设得以有力推进，但是一些越轨行为仍然时有上演，小偷小摸现象依旧存在，一定程度上威胁着乡村社会的法治进程。

（三）自治协调中遭遇限制

第一，合作社理念的宣传障碍与带动困境显现。随着乡村振兴战略的深入实施，各种农民合作社逐渐在乡村社会中涌现，成为带动农村经济发展与社会建设的重要抓手。然而，由于现在的乡村社会在村农民多为老人，对合作社有时不够信任，且合作社存在定位模糊和宣传不足的问题，所以合作社对村民的吸纳力常常不足。具体到土地问题上，一些年长村民对土地有深厚的情感和情结，不愿将土地流转出去，也不愿加入合作社。同时，在合作社初创时期，没有三至四年的积累，一些成效难以显现，这也为其动员村民加入合作社带来困难。

第二，乡村社会组织人力资源困境凸显。乡村社会组织多数处于发展初期，其成立的宗旨是打造乡村共同体，为有需要的村民提供服务，推进乡村自治。但是，很多村民难以理解这些社会组织的宗旨和初衷，加上固有的小农意识和时间限制，最终不愿意参加这些社会组织。以志愿者组织为例，此类组织成立的宗旨是满足村民的一些需求。但是多数本地村民的参与度不高，虽经广泛动员，参与者仍多为社会热心人士，本地人只占很小比例。这在一定程度上制约着农村社会组织的发展，影响着乡村自治的总体进程。

第三，乡村青年创客互动合作机制亟待建立。为鼓励青年人才到农村创业，不少乡村搭建平台、出台政策、招商引资，为有志向到农村发展的青年提供各种政策优惠，使之能够扎根农村，推动乡村经济建设与社会发展。在各种支持之下，皖北一些村庄不仅吸引了本地青年进村创业，甚至能够吸纳一些外地优秀青年加盟。这些青年创客虽然拥有创业热情，也能与村庄进行紧密合作，为农村自治带来喜人变化，但是由于业务规划和设计上的缺陷，一些创客的业务存在交叉和竞争现象，还有一些创客由于业务相差甚远，不能形成一种创业生态链，因此，青年创客彼此之间的合作亟待完善。

第四，社会交往平台需要完善。传统乡村社会是一个熟人社会，村民彼此之间交往甚密，形成了一种邻里守望、田园牧歌般的生活，"乡愁"得以铭记。然而，随着市场经济的渗透和理性主义的崛起，村民朴素的情感被金钱和利益所侵蚀，村落共同体理念受到冲击，人与人之间的交往逐渐世俗化、功利化，乡村公共空间与交往平台受到挤压。实施乡村振兴战略不仅需要发展乡村经济，还需要打造村落共同体，鼓励村民建立相互信任、互融互促的情感纽带，形成一种互帮互助、相互守望的村落氛围。打造和谐共荣的村落共同体是乡村自治需要面对的重要课题。

（四）乡村"三治"融合的综合性问题

第一，农村青年干部"一人多岗"现象普遍。皖北乡村实地调查资料显示，农村基层青年干部虽然在乡镇承担一定职责，能够将自身想法贯彻于工作之中，但是由于乡村人力匮乏，存在一人兼任多岗现象。同时，由于各个岗位任务繁重，加之岗位叠加，所以很多青年干部忙于文档工作，无暇在农村社会建设中投入更多精力，这在一定程度上影响了乡村社会建设与社会治理进程。调研组在与乡村青年干部访谈中发现，岗位叠加，加上无休止的上级任务，很多青年干部由于工作强度太大而疲于应付，甚至无法完成工作任务，以致一些人产生了职业倦怠，或者消极怠工，这在很大程度上影响了乡村社会的正常运转。

第二，青年人才流失严重。乡村社会"三治"融合、走向善治的关键在于人才。在乡青年尤其是人才的缺席不仅意味着研究对象数量的微小，更意味着新农村建设主体的缺失。[①] 总体而言，时下乡村社会对青年人才的吸引力不足，难以吸引更多青年到农村创业；即便吸引了一些青年来农村创业，仍有一部分人由于不适应农村社会发展，而重新回到城市。农村青年人才流失的主要原因如下：在收入层面，一般而言，农村难以与城市相比，尤其是那些有过在城市务工经历的人，明显的收入落差使之难以坚持在乡村发展；在生活成本层面，有些青年虽在乡村工作，但常常居住在县城，微薄的收入加上较高的交通成本，使一些青年放弃乡村的工作；在生活丰富度层面，虽然乡村社会建设力度逐渐增加，基础设施建设逐步完善，环境整治效果显著，但是相比城市生活的丰富多彩，很多青年不愿扎根乡村，更愿到城市一展身手。概言之，对多数青年而言，城市相比农村更具吸引力，他们在就业倾向上会选择城市，对一些在乡村发展的青年而言，即使暂时在农村工作，也只是将之作为一个过渡，其最终的就业去向还是都市，这在一定程度上造成了乡村青年人才的流失。

第三，农业产业的长周期性、高风险性制约青年创业。调研组在皖北多地调查时，访谈对象经常挂在嘴边的话是，扎根农村，发展农业，最重要的是要有"情怀"。这里的"情怀"更多体现为一种价值观，具体到农村社会发展与社会治理而言，就是"懂农业""爱农村""爱农民"，这"一懂两爱"是农业"情怀"的集中展示。之所以强调青年在农村发展需要"情怀"，是因为农业的一些特征。农业生产需要较长周期，一般没有3~4年，很难见到成效；同时，由于受市场行情、物流、气候等因素影响，农业风险性较高。这些产业特征令人生畏，对于缺乏"情怀"的创业青年而言，是很难坚持做下去的。所以在推进乡村振兴战略、推动乡村善治的进程中，在规避农业的产业风险的同时，还需培育乡村创业青年的农

---

① 谢新华，李思明，马润生. 在乡青年及其观念中的社会互动：以湖南 M 镇为例 [J]. 青年研究，2008（5）.

业"情怀"。

第四，高质量、规划性青年人才匮乏。在乡村社会发展中，很多村落拥有良好的发展潜力，比如有的特色农场发展潜力巨大，有的拥有文化旅游资源，有的具有特色农业合作社，还有的乡镇企业发展潜力巨大，等等。调研组经过梳理发现，这些村落拥有一个共性问题，那就是高质量、规划性人才匮乏，更不用说这方面的青年人才。比如致力发展文化旅游的乡村，缺乏对民宿的高质量设计，欠缺对旅游规划的专业打造；特色农场在产品生产和营销层面缺乏专业人员参与；农民合作社缺乏"职业经理人"，难以有效整合力量，推进高质量发展；乡镇企业则多为家族式运营，一方面对现代管理理念和人才的包容度不够，吸纳不足，另一方面也欠缺有战略眼光、懂管理、懂技术的高质量人才，致使难以进一步升级与发展。

第五，滞后甚至缺位的社会政策制约农村青年发展。调研组在与农村青年企业家的访谈中了解到，一些不合时宜的地方性政策影响了乡镇企业的发展。比如在企业用地上，政策不断更改，使青年企业家疲于应付政府事务，难以集中精力发展企业；一些生产证件办理等业务有时需要多次到相关部门申办，还时常难以成功获批，基层政府服务效率有待提升，对企业的优惠补贴政策和行政支持力度亟待加强。

第六，青年创业创新的资金不足。在推动乡村"三治"融合进程中，一些有"情怀"的青年跃跃欲试，欲在乡村一展身手，做出一番事业。然而，仅有"情怀"和理想是不够的，一些致力于推动农村发展的青年在创业创新过程中遇到的明显的瓶颈就是缺乏资金。虽然政府也会出台一些支持政策和补贴优惠，但这对庞大的创业投入而言仍显不足。

第七，在乡青年缺乏务实高效的智力支持。助力乡村"三治"融合的青年主要体现为村镇青年干部、返乡创业青年、长期在乡发展青年三类。调研组在调研中了解到这三类青年对实地参访研学及专家到村实地指导等培训的需要尤为迫切。村镇青年干部每年参加的培训频率较高，但青年干部反馈，这些培训多数形式单一、内容枯燥、缺乏实操性。长期在乡发展青年对类似稻虾种养、生态循环农业等专项农业技术培训需求迫切，急需相关培训平台和智力支持。

四、青年助力乡村社会治理路径优化的国内外经验

从青年助力乡村社会治理的问题剖析可以看出，尽管青年群体对安徽省乡村振兴和农村社会建设提供了重要支持，取得了一定成效，但是由于存在突出的问题，很多青年并未能发挥应有之力，一定程度上制约着乡村社会迈向善治的进程。作为传统农业大省的安徽省，需要直面青年在农村社会发展中面临的问题，并积极采取措施加以解决，妥善发挥青年人才的应有之力，深入推进乡村振兴战略，不断提升农村社会治理水平，进而为推进现代化五大发展美好安徽进程贡献力量。他山之石，可以攻玉。在提出具体对策之前，调研组研究梳理了国内外青年助力乡村社会治理的经验，为问题解决提供必要的智力支持。

（一）国外相关经验

1. 美国青年参与社会治理的经验启示

作为世界最发达的资本主义国家，美国与中国在价值观念、基本制度、社会结构、文化背景等方面均存在显著差异。但美国也有城乡差异，且社会对农村青年存在一定歧视，比如：农村学生更易受家庭经济状况影响，教育期望相对现实，期望值不高；在入学机会方面，城乡差异也会催生学生群体内部异质性，农村学生进入重点大学的机会受到挤压；农村青年入学模式还呈现"曲线救国"特征，或是推迟进入大学的时间，或是先入社区学院后转学至四年制大学。[①] 美国虽然有广袤的农村，但更多是采用农场主运行模式，从事农业生产者人数较少，青年参与乡村社会治理的经验不多。不过美国青年参与城市社会治理的经验值得借鉴。美国青年介入社会治理的主要依托是青年组织，根据该类组织面向群体、自身职能等特点，可以将其分为政治、经济、志愿服务和权利保护等多元类型。美国青年组

---

① 汪卫平，牛新春. 美国农村青年大学之路：关于大学期望、入学机会与学业完成的文献梳理 [J]. 中国青年研究，2018 (6).

织的整体环境具有多元性和精准性的特点。同时，美国青年组织常常拥有明确的组织定位和使命，并与国家主流价值和道德要求衔接。另外，项目化运作是美国青年组织工作的重要特色，具有以下优点：通过项目化方式，青年组织的预算和开支得以透明化，资金的使用效益得以提高。借助第三方机构或社会力量对项目进行评估监管，可以实现公平、公正，使项目的运作效率不断提高。

2. 德国青年参与社会治理的路径启示

德国青年助力社会治理活动，也是主要通过青年组织的方式进行，只不过政府对青年组织支持力度较大，沿袭"民间办事、政府买单"的运作模式进行。德国法律明确规定，青年组织的政治职责由政府承担，社会组织负责项目运营，为青年组织分配资金是政府的重要职责。

3. 法国青年农民培育路径启发

法国非常重视青年农民的培育，从而使农业保持发展活力，保障农业的基本生产。关于青年农民的培养，法国拥有一套比较成熟的经验模式，具体是：就青年农民进入农业领域而言，年长的农场主退休，必须找到年轻农民继承，否则其土地就要通过租赁、并购等市场途径转让给周边农民；农场主的土地由子女继承要满足土地超过102公顷的条件，由此避免土地过度细碎，确保农场的规模和竞争力。就青年农民的素质培养而言，青年农民若想从事农业，必须先经过相关的技术和经营培训并取得相关证书。[1] 从法国农民职业技能培训来看，它把职业培训与证书制度有机结合，实现了"技术—信息—供销"一体化服务。[2] 同时，法国政府充分利用学校的师资力量，对青年农民开展免费培训，比如，公立农业学校实行免费职业教育，初中毕业生可自愿报名，进行职业技能培训；同时，法国还会向青年农民提供技术培训、农业企业注册、职业规划等多元化的帮助，并提高农业保险的保费补贴比例，给青年农民安排一定数额的贴息贷款，使青年群体能尽快在农业领域立足。[3]

4. 日本积极引导青年参与乡村社会建设

日本社会私性化和家庭结构小型化的演变给青少年社会化及成长带来

---

[1] 熊春文，陈家碧. 青年农民研究：背景、议题与展望 [J]. 青年研究，2021 (1).
[2] 宋洋. 欧盟农村发展支持政策研究 [D]. 保定：河北农业大学，2008.
[3] 农业部欧盟农业政策考察团，张红宇. 从英法农业现状看欧盟共同农业政策的变迁 [J]. 世界农业，2012 (9).

的后果便是：个人独立性、自律性的缺失以及家庭内部沟通减少造成个人的相对自闭性。① 由于日本社会具有稳定性和保守性等特征，所以社会组织而非国家机器主要承担了引导青年、教育青年的作用。各类社会组织全方位地承担了青年群体"继续教育"的职责，培育其基本素养，为其参与社会治理和发展提供重要的支持。

从国外经验的简单梳理来看，每个国家对青年参与社会治理的支持由于国情不同而存在差异。有的强调国家力量，有的偏重社会参与，还有的倡导国家与社会组织的有机结合。同时，西方经验给我们带来的一个重要启示是，针对创业，尤其是青年创业问题，西方社会不仅重视商业创业，还将"社会创业"纳入青年创业范畴，作为一个重要板块。"社会创业"因其公益性、价值性和服务性等特征，越发为公众所推崇。社会组织一方面借助市场手段解决资金问题，另一方面做事专业透明、注重节约成本，具有可持续性，在实现创业者个人自我价值和社会价值的同时，也协助解决了农村社会治理问题，成为重要的乡村社会创业趋势。

（二）国内先进经验

1. 公益型书院助力乡村社会治理的文旅融合

公益型书院是以特定乡村的文化符号为依托，将之与乡村旅游整合，推进乡村社会建设与治理的文化资本。类似公益型书院的培植在安徽省外不少地方出现，比如以南京桦墅村嘤栖书院、浙江桐庐的云夕图书馆为代表的品牌书院，就是其中的翘楚。公益型书院将绅士化文化空间与乡土环境有机结合，激活了乡村文化资本与社会资本，催生了乡村旅游的生产机制，引发了城市资本与智库"双下乡"的正向结果。在公益型书院的谋划、建设与运行中，青年都能在其中发挥重要的作用。青年人才的介入，使该类书院拥有了更多活力，促进乡村文旅发展的同时，也推动了乡村社会善治的进程。

2. 农村青年人才计划助力乡村社会治理

为推进青年人才助力乡村振兴和农村社会治理，党委组织部及政府相关部门都在推出各类人才计划，向农村输入青年人才。从起初的"大学生村官"安排到如今的"第一书记"制度，无论引入的是长期性人才还是过

---

① 陈映芳. 个人化与日本的青少年问题 [J]. 社会学研究，2002 (2).

渡性人才，都在一定程度上推动了乡村社会治理和社会建设进程，为农村社会发展提供了人才支持。

3. 乡村青年干部的能力提升与压力调适

实施乡村振兴战略和有效社会治理等要求，为基层青年干部带来挑战的同时，也带来了机遇。基层青年干部需着力提升"五维"领导力，即自我实现力、政治坚定力、战略引导力、团队合作力、资源整合力。一些地方从坚定理想信念、加强政治建设、管理好下属、营造和谐的同事关系、管理好外部伙伴等方面采取有力举措，以综合提升基层青年干部领导力。青年干部群体本身体现为参与乡村振兴的一股重要的在地化力量。比如，"第一书记"尤其是青年"第一书记"有效推动了基层治理，他们通过参与基层治理为乡村振兴注入了鲜活的力量。

但是，不少青年乡村干部面临工作、生活、身份认同三重现实压力。一方面需要青年村干部自下而上地按照"一懂两爱"的角色标准要求自己；另一方面，政策制定者应通过自上而下的路径，为青年村干部等内生型农村青年人才参与乡村振兴构建长效发展机制。青年干部群体的心态、价值观与行动逻辑，主要是在社会责任基础上的市场理性与文化乡愁的交合支配心理。青年干部群体扎根农村发展，呈现了市场经济的理性选择，同时拥有家国政治热情、社会责任感和田园牧歌型的文化乡愁意识，体现为"城乡文化反哺"式的青年参与社会治理的正向结果。

4. 都市"嵌入型智识"青年助力乡村社会治理

都市"嵌入型智识"青年成为支持乡村振兴和社会治理的重要力量。比如，近期流行的乡村民宿热潮就引发了城市建筑师"下乡"的洪流，民宿产业吸纳了一些青年建筑设计师，其中一些人既是建筑设计者，也是投资者。以长三角地区为例，该区域民宿主要集中在浙江省德清县莫干山，安吉县裸心谷，杭州市桐庐县和建德市，丽水市的松阳县及缙云县等环杭州区域，苏州市太湖洞庭山片区，溧阳市天目湖区域，南京市的汤山、溧水、老山国家森林公园等区域，这些区域活跃着一批都市"嵌入型智识"青年，他们在推动乡村社会治理中发挥着重要功能。一些乡村利用优雅的环境和朴素的民风，积极与政府部门、社会组织对接，吸引都市青年进村进行定期短暂指导，由此提升乡村社会治理水平。比如一些村庄通过打造"画家村""作家村"等村庄标识，吸引都市人流尤其是青年群体到乡村采风、体验生活，带动乡村旅游和社会建设，实现城市—乡村双赢互利发展。

五、青年群体助力乡村"三治"融合的路径优化

对广大农村地区来说，青年群体不仅是遏制乡土衰败的动力之源，更是乡村振兴的行动主体，因此无论是从实践层面还是从理论层面来说，青年人群尤其是青年职业农民都不应该是被忽略或遮蔽的对象。① 聚焦农村青年助力乡村社会治理存在的主要问题，同时在借鉴国内外相关经验的基础上，为了促进农村青年群体助推社会善治进程，调研组提出以下相关建议，为乡村振兴战略实施的青年参与提供必要的行动参考，为深化农村社会治理体系与治理能力现代化进程建言献策。

（一）充分发挥农村青年的道德引领作用

德治是乡村社会治理中的重要一环，在实现乡村善治进程中发挥着道德引领作用。为解决乡村德治存在的一些问题，充分发挥道德引领作用，进而建设乡风文明的现代农村社会，可采取如下措施：

1. 借助传统文化的积极元素引领青年树立正向价值观

传统文化，尤其是其中的积极元素，对村民价值观具有深刻的影响。在德治建设中，应充分吸纳传统文化的优秀成分，充分发挥其在引领乡村社会正向价值观培育中的作用。可有效利用二十四节气活动进行宣传教育，引导青年树立正向价值观。同时，建立与发展类似公益型书院的社会组织，充分利用传统文化和本地文化优势，引导青年群体积极参与，引领农村村民对社会主义核心价值观的学习与内化活动，进而为乡村德治顺利开展提供支持。

2. 利用家庭、家教、家风推动乡村德治

习近平总书记指出，家庭是人生的第一个课堂。家教在一定程度上反映了一个人的言谈行为举止和基本素养，家风是社会风气的重要构成之一。

---

① 熊春文，陈家碧. 青年农民研究：背景、议题与展望 [J]. 青年研究，2021 (1).

家庭、家教、家风在农村社会治理中尤其重要，在引领乡村德治中具有难以替代的作用。在乡村社会，可以通过建立"家教家风教育展馆"，充分利用感人的家庭小故事，以形象化的手段和感性教化的方式引领村民树立良好道德，进而推动乡村德治建设进程；也可以通过评选类似"五好家庭"等模范家庭，借助榜样家庭的示范作用，引领乡村形成积极的道德风气。

3. 青年道德模范评选与培育

乡村社会可以通过制定相关规章制度，积极评选诸如"乡村好人""好媳妇"等青年道德模范，以榜样的示范作用，引领乡村的道德风气，为文明乡风建设贡献力量。

（二）切实推动青年助力法治乡村建设

1. 积极发挥青年在农村社会纠纷调解中的作用

鉴于乡村社会主要纠纷时常发生于村中老人之间，应充分利用子辈包容、大度、开放等特点，由年轻人通过面谈、电话、线上沟通等多种方式，积极引导自家老人，妥善应对村中纠纷，为和谐乡村秩序的形成提供支持。

2. 高效利用线上线下融合手段开展普法教育

在乡村社会，除了一些老人由于技术限制无法上网之外，几乎所有年轻人都能通过网络获取信息。鉴于这一现实，普法部门可以利用网站、公众号、手机App等多元化线上形式，进行普法教育，并由青年人学习后，影响村中老人；同时，可以利用村中广播、公共空间等线下手段，宣传相关法律知识，不断增强村民法治观念与意识。

3. 妥善预防和纠正青年不良行为

在法律宣传和法律知识普及的基础上，乡镇、村干部积极配合，了解农村青年的思想动态和行为举止，如有不良行为出现的苗头，及时发现，适时介入，防止更大危害结果的产生，为平安乡村建设贡献力量。

（三）主动强化青年在农村自治中的主导角色

1. 农民合作社中的青年"职业经理人"队伍建设

虽然乡村社会农民合作社运动逐渐兴起，农民也有参与的积极性，但是由于合作社定位模糊、规划变动、宣传不足、运行不畅等问题的存在，不少农民对合作社持观望态度，合作社建设未能达到预期效果，需要通过加强合作社青年"职业经理人"队伍建设来改善这一问题。

农业合作社的青年"职业经理人"充当农户和合作社创办者之间的桥梁，担负着合作社的稳产增产职责，在赢得农户信任的同时，也得到合作社发起人的认可。青年"职业经理人"队伍的出现，可以让合作社发起人将主要精力集中于合作社定位研究和发展规划等工作上，在一定程度上保障合作社的清晰定位和长远规划；还可以使农民加深对合作社的理解和认同，为农民参与合作社提供重要的信任机制。青年"职业经理人"成为农民合作社建设的生力军，一定程度上推动了青年融入农村社会建设与社会治理过程。

2. 充分发挥农村青年的技术优势

青年群体对新技术的熟悉程度和接受水平明显高于在村老人，他们是互联网盛行下的"App一代"，又被称为"数字化原住民"[①]，能够迅速掌握数字技术。在农村社会发展和自治进程中，可以利用青年群体的技术优势，推动农村社会建设工作。应充分发挥青年人群电子产品使用熟练的优势，发展农村电商服务，带动特色农产品销售；基于青年对互联网技术的熟悉和掌握，发掘当地农村文化旅游资源，创新"互联网＋农业＋旅游"模式，为当地经济发展与社会建设提供支持；利用青年的技术优势和较强的学习能力，对本地农产品进行深加工，以提高经济收益和社会效益，比如乡村桑蚕种养业，在收获蚕丝的同时，利用技术将蚕丝加工成蚕丝被，就是对农副产品进行深加工的案例。

3. 加强"青年创客"对农村社会发展的引导

利用线上线下平台宣传乡村，出台一系列优惠政策吸引"懂农业""爱农村""爱农民"且有志在乡村发展的"青年创客"返乡进乡创业，为他们提供必要的发展平台，由其带动当地农民共同致富。这些"青年创客"对农村社会拥有情怀的同时，常常具有一技之长，且有一定的发展规划。他们愿意扎根农村，一般经过几年沉淀，就能成就一番事业。他们的成功，将会带动当地村民的发展，进而有利于推动农村社会建设和治理进程。

---

① Gardner H, Davis K. The App generation: how today's youth navigate identity, intimacy, and imagination in a digital world [M]. New Haven and London: Yale University Press, 2013.

4. 强化农村社会组织孵化与培育中的青年参与

社会组织在乡村社会自治中的作用不容忽视。应推动由具有特定兴趣爱好的青年牵头，组建一些兴趣爱好组织，陶冶村民情操、维持情感，为乡村社会稳定秩序的形成贡献力量；由热心公益服务的青年发起，建立一些活跃的志愿组织，进行需求调查，为村民提供紧迫的社会服务，及时帮助有需求的村民，使乡村社会有效运转。这样，通过强化青年对农村社会组织的参与，做到各类乡村社会组织由青年带动，并充分吸纳本地村民，使之主动参与，最终有效实现乡村的高效自治。

（四）积极推进青年群体助力"三治"融合

1. 基层党建引领"三治"融合

基层党建在乡村"三治"融合中发挥着积极作用。在实现乡村善治进程中，应充分发挥基层党组织的战斗堡垒作用和党员的先锋模范作用。党组织的青年干部和青年党员应积极参与，助力乡村社会治理。在基层党建引领下，青年群体应创新乡村社会治理方式，如推行"多维共治"即为其中有效的尝试。可由组织部牵头党建工作，由政法委、纪委牵头微权力治理，宣传部牵头意识形态引导，统战部牵头基层协商，五方主体共同努力，引导乡村社会走向善治。

2. 加强吸引青年人才的政策支持

为吸引"一懂两爱"优秀青年扎根农村，当地政府需要提供多种必要的支持。可以利用相亲活动，吸引优秀青年到农村落户，发展事业；通过各种情感纽带，吸引相关青年到农村发展；为优秀青年兴办企业提供各种政策和资金优惠，使其能够顺利创业；利用各类团建活动，吸引优秀青年了解农村，进而培育其对农村的情感，甚至到农村成就一番事业。

3. 完善培育本地青年人才的举措

虽然吸引外乡优秀青年是农村社会建设的重要举措，但其实本地青年才是农村社会未来发展的根本。一方面他们拥有家乡情怀，对故土具有天然的情感；另一方面，如果能够在家乡发展事业，带动父老乡亲共同发展，他们在心理认同和成就感上也会拥有更好的体验。乡村要利用好本地人优势，本地青年也更容易成就一番事业。政府要借助优惠政策和在地化优势，发掘并培育本地青年人才，帮助其发展产业和进行创业，在乡村社会建设中贡献力量，为实现乡村振兴和农村社会善治提供本地青年人才的支撑。

4. 打造农村青年群体的智力支持平台

乡村社会应与各高校合作，利用专业人才和优秀师资，拓宽培训渠道，加大对青年群体的创业就业知识培训，进而为农村社会发展提供必要的人才和智力支持。乡村也可尝试建立村镇制度化培训机构，利用企业、高校、研究机构的培训师资，为创业就业青年提供宝贵的智力支持，为农村青年就业创业人才培育贡献力量。

5. 孵化培育振兴乡村的青年社会组织

积极孵化培育以振兴乡村为目标的青年社会组织，并通过政府购买服务等方式充分发挥青年社会组织的乡村需求发掘、人才汇聚和资源整合等作用，为乡村"三治"融合发展注入青年的活力。部分城市青年也热衷乡村发展议题并展开实践行动，应对此加以积极引导和利用，为乡村社会组织建设提供支持。另外，高校青年大学生暑期"三下乡"社会实践，可借助社会组织，更为有效地开展助学、助农、助村等志愿服务实践。

6. 强化农业产业的保障措施

鉴于农业产业的风险高、周期长等特点，通过一些政策举措保护农业产业，以鼓励青年积极扎根农村、发展事业。虽然现在有一些农业方面的产业保障措施，但存在价格高、覆盖面窄等问题。政府和保险行业应进行沟通配合，由政府提供政策支持和合理补贴，由保险公司设计妥善的保险条款与特定保险产品，为农业产业提供更契合的保险服务。

7. 吸引都市"嵌入型智识"青年助力乡村"三治"融合

应充分利用乡村生态环境和文化旅游资源优势，发展本地民宿产业，吸引都市青年建筑设计师到乡村短暂工作，帮助村民规划旅游线路、优化生态资源、设计民宿布局，为乡村经济发展和社会治理贡献力量；借助乡村社会优雅的环境、朴素的民风、悠久的文化等元素，积极赢得政府部门、科研院所、社会组织的支持，吸引都市智识青年定期进村进行短暂指导，打造诸如"画家村""作家村"等村庄标识，在吸引都市人流尤其是青年群体到乡村采风、体验生活的同时，又带动乡村旅游和社会建设，实现城乡双赢互利发展。

第八章　城乡收入差距缩小的社会基础
——基于浙江省城乡居民收入差异的考察

2021年5月，中共中央、国务院出台了《中共中央 国务院关于支持浙江高质量发展建设共同富裕示范区的意见》（以下简称《意见》）。"这是以习近平同志为核心的党中央把促进全体人民共同富裕摆在更加重要位置作出的一项重大决策，充分体现了党中央对解决我国发展不平衡不充分问题的坚定决心。"①《意见》指出，"浙江省在探索解决发展不平衡不充分问题方面取得了明显成效，具备开展共同富裕示范区建设的基础和优势"。浙江省"城、乡居民收入分别连续20年和36年居全国各省区第1位"，发展均衡性较好，2020年"城乡居民收入倍差为1.96，远低于全国的2.56……是全国唯一一个所有设区市居民收入都超过全国平均水平的省份"。② 那么，浙江省为何能在实现共同富裕的道路上取得如此优异的成绩呢？

浙江省在实现共同富裕方面所取得的成绩离不开为其发展提供稳定支持的社会基础。区域发展的社会基础是由可以支持和推进区域发展的基层

---

① 何立峰. 支持浙江高质量发展建设共同富裕示范区，为全国扎实推动共同富裕提供省域范例［J］. 宏观经济管理，2021（7）.
② 同①.

社会要素构成的,涉及内容十分丰富,考察区域发展的社会基础,要根据区域发展的战略任务、区域范围、区域问题,做出突出重点的分析和概括。[①] 浙江省之所以能够在探索解决发展不平衡不充分问题方面取得明显成效,关键在于浙江省挖掘自身优势,做到了城乡差距、区域差距、收入差距的逐年缩小。本章立足于省级层面宏观数据的分析,并认为区域发展的社会基础能够反映在宏观数据中,通过对宏观数据的分析,能够更加全面客观地认识浙江省经济社会发展的社会基础。围绕共同富裕这一发展战略,浙江省共同富裕示范区建设的社会基础主要包括物质基础(财政、产业结构与经济模式)、制度基础(财政支出结构、均等化政策)和群众基础(就业结构与创业热情)等在城市和乡村空间上的分布情况。

考虑到城乡差距、区域差距、收入差距的作用条件与影响因素并不一致,笼统地研究难以做到系统、深入,其中城乡差距一直是制约中国实现共同富裕和区域协调发展的症结,本章聚焦在"浙江省城乡收入差距何以缩小"这一具体问题上。另外,仅分析浙江省的数据并不能很准确地评判浙江省城乡收入差距缩小的社会基础的优劣,因此,在研究过程中,笔者重点比较了江浙两省的数据,在现状描述部分还加入了广东省和全国的数据作为参照。本章所用数据均来自浙江、江苏等省份历年的统计年鉴。

之所以选择江苏省与浙江省进行比较,是因为改革开放后,"苏南模式""温州模式"成为区域发展的典型模式,江浙两省一直是中国经济发展较好的两个省份,它们地理位置相邻,在就业人数占总人口的比重、城镇化率等方面较为接近,地区生产总值方面江苏省领先于浙江省,人均可支配收入方面浙江省则领先于江苏省,而且两省城乡居民收入倍差较为接近,比较研究两个省份的异同能够反映不同经济发展模式对贫富差距与共同富裕的影响。2020年江浙两省的基本情况如表8-1所示。

表8-1 2020年江浙两省的基本情况

项目	浙江省	江苏省
年末常住人口	6 468万人	8 477.26万人
就业人数	3 857万人(占总人口的59.6%)	4 893.00万人(占总人口的57.7%)

[①] 刘少杰. 积极优化区域发展的社会基础 [J]. 社会学评论, 2021, 9 (1).

续表

项目	浙江省	江苏省
城镇化率	72.2%	73.4%
全省生产总值	64 613.34 亿元（人均 100 620 元）	102 718.98 亿元（人均 121 231 元）
城镇居民人均可支配收入	62 699 元	53 102 元
农村居民人均可支配收入	31 930 元	24 198 元

一、浙江城乡居民收入差距的现状

（一）浙江城乡居民人均可支配收入长期高于江苏和广东

如图 8-1 所示，浙江城乡居民人均可支配收入在 1978—2019 年均领先于江苏。在 1978 年、1985 年、1990 年、1995 年、1998—2000 年，广东城

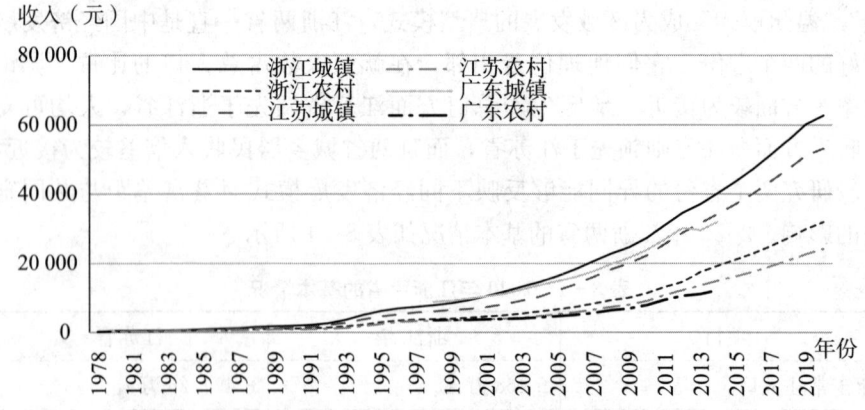

图 8-1 浙江、江苏、广东城乡居民人均可支配收入增长曲线

注：2012 年及以前各省统计的是农村居民人均纯收入，2013 年及以后统计的是农村居民人均可支配收入。广东公布了 1978 年、1980 年、1985 年、1990 年、1995 年、1998—2014 年的农村人均收入数据。

镇居民人均可支配收入高于浙江，但 2000 年之后则低于浙江。根据公布的数据信息，广东农村居民人均纯收入仅在 1978 年、1980 年高于浙江，之后则一直低于浙江。

（二）2013 年之后浙江城乡居民人均可支配收入倍差显著下降

如图 8-2 所示，尽管三个省份的城乡居民人均可支配收入的实际金额相差还很大，但近些年城乡居民人均可支配收入倍差已呈现下降趋势。江浙两省的城乡居民人均可支配收入倍差整体小于广东，也小于全国。在 2008 年以前，浙江的城乡居民人均可支配收入倍差几乎长期大于江苏，但 2008 年以后与江苏趋近，尤其是 2013 年以后，城乡居民人均收入倍差明显小于江苏。值得关注的是，浙江 2020 年的城乡居民人均可支配收入倍差为 1.96，甚至小于 1978 年的 2.01。也就是说，浙江经过 40 多年的改革开放，不但让人们富了起来，而且其城乡居民人均可支配收入倍差比改革开放之初还小，这预示着浙江经济社会发展模式的成功，也为其他省份探索共同富裕道路提供了重要参考。

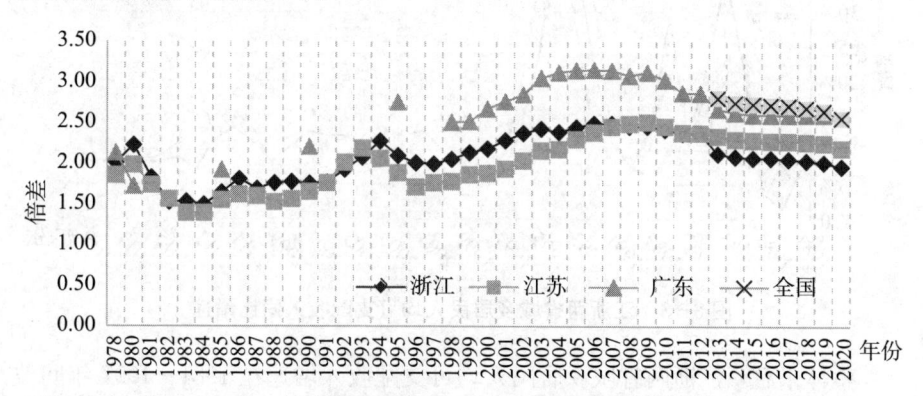

图 8-2　浙江、江苏、广东及全国城乡居民人均可支配收入倍差（1978—2020 年）

注：在统计口径上，广东 1978—2012 年公布的是城镇居民人均可支配收入和农村居民人均纯收入，2013—2014 年公布的是城乡人均可支配收入，2015—2019 年公布的是城乡收入比，没有公布城乡人均可支配收入金额。广东缺少 1979 年、1981—1984 年、1986—1989 年、1991—1994 年、1996—1997 年、2000 年的数据。浙江、江苏缺少 1979 年的数据。全国缺少 1978—2012 年的统计数据。

三个省份的城乡居民人均可支配收入倍差有三个共同下降的时间段，

即1980—1984年、1993—1996年和2008—2020年，尤其是2013年下降最为明显。前两个阶段，三省城乡居民人均可支配收入倍差在短暂缩小（平均4年时间）后又逐渐增大，而第三个阶段则呈现长期下降趋势（至2020年已保持了12年）。1980—1984年各省城乡人均可支配收入间的绝对差距还很小，这一时期，江浙两省农村居民人均可支配收入增长速度远高于城镇，而后被城镇超过，如图8-3所示，1993—1996年江浙两省城镇居民人均可支配收入增速放缓较为明显，农村居民人均可支配收入增速略高于城镇。2008年至2019年，江浙两省农村居民人均可支配收入增速再次略高于城镇，其中江苏农村居民人均可支配收入在2011年达到10 744元，同比增速达到近20多年来的高峰（18.5%），浙江省农村居民人均可支配收入在2013年达到17 494元，同比增速达到近20多年来的高峰（20.2%）。

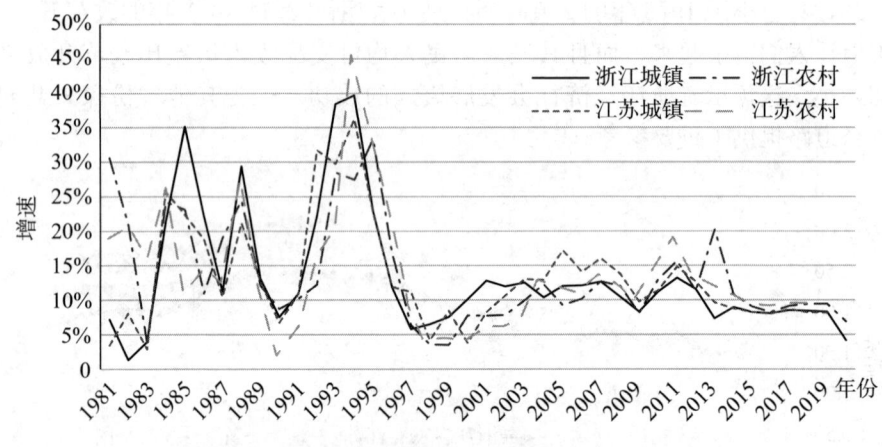

图8-3　江浙两省城乡居民人均可支配收入同比增速

整体来看，江浙两省城乡居民人均可支配收入增速在1981—1997年间波动幅度较大，1997年之后相对趋于平稳。在居民人均可支配收入提高到一定水平时，增速趋缓属于常态。2020年受疫情对经济和居民收入的冲击，浙江省农村居民人均可支配收入增速为6.9%，城镇为4.2%，较2019年农村（9.4%）和城镇（8.3%）的居民人均可支配收入增速有所降低，但依然保持较好的增长势头。

（三）浙江农村居民收入增速较高主要来自工资性收入和转移性收入

如图 8-4 所示，从四种收入类型上看，浙江省农村常住居民的主要收入来源依然是工资性收入。如图 8-5 所示，2010—2011 年，浙江农村居民家庭经营收入有所增长，2009 年同比增长 3.7%，2010 年和 2011 年则分别为 10.6% 和 16.3%。在浙江农村居民家庭经营收入中，2011 年同比增速最高的是三产收入中的批发零售贸易餐饮收入（20.9%），其次是一产收入中的农业收入（19.3%）和三产收入中的服务业收入（18.3%）以及建筑业收入（18.1%）。

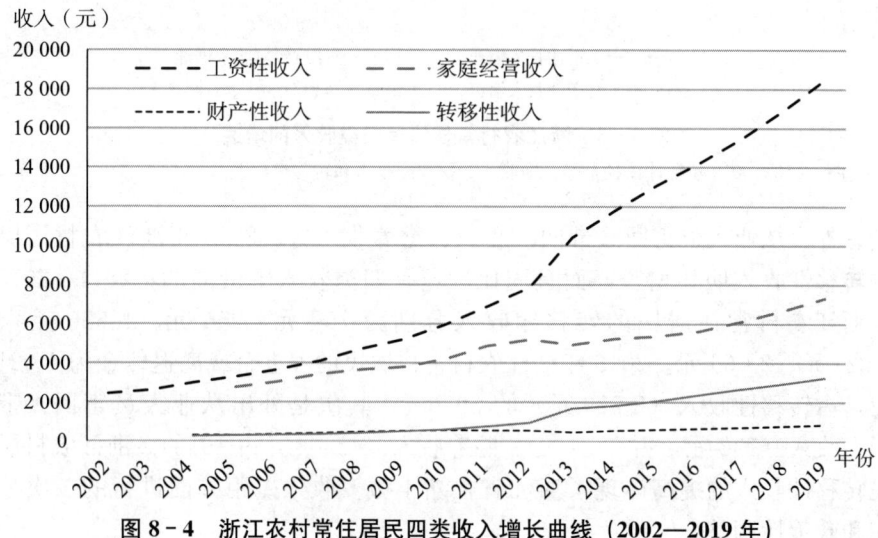

图 8-4　浙江农村常住居民四类收入增长曲线（2002—2019 年）

注：2013—2019 年统计口径是经营净收入、财产净收入和转移净收入。

有研究发现，中国收入再分配政策的力度有所加强，具体表现为转移性收入在居民收入中所占份额有所上升。[①] 农村居民的转移性收入包括养老金或离退休金、社会救济和补助、惠农补贴、政策性生活补贴、医疗费报

---

① 罗楚亮，李实，岳希明. 中国居民收入差距变动分析（2013—2018）[J]. 中国社会科学，2021（1）.

图 8-5　浙江农村常住居民四类收入的增速

注：2013—2019 年统计口径是经营净收入、财产净收入和转移净收入。

销、外出从业人员寄回（带回）收入、赡养收入等。2013 年浙江农村居民的转移性收入明显增长，而且同比增速是四类收入中最高的，2011—2015 年浙江农村常住居民的转移净收入分别为 767 元、956 元、1 686 元[①]、1 821 元、2 066 元。2013 年浙江农村常住居民的养老金或离退休金为 1 021 元，占转移性收入（2 579 元）的 39.6%，其次是外出从业人员寄回（带回）收入（732 元，占 28.4%）、赡养收入（413 元，占 16%）。浙江农村居民转移性收入的提高体现了浙江省在缩小城乡收入差距方面进行的二次分配和政策性调整。

相比广东，1978—2020 年浙江与江苏的城乡居民人均可支配收入倍差更为接近，两个省份更有比较价值，所以接下来将重点比较江浙两省的社会基础异同。

---

① 2014 年浙江省统计年鉴的转移净收入采用"农村居民人均总收入和纯收入（2005—2013 年）"，即转移性收入；而 2016 年浙江省统计年鉴采用"城乡居民人均可支配收入情况（2013—2015 年）"，即转移净收入。此处采用 2016 年浙江省统计年鉴的数据。

二、浙江城乡居民收入差距缩小的物质基础

共同富裕的前提是富裕，城乡居民收入差距的缩小不是建立在平均主义的"劫富济贫"基础上的，而是以区域经济社会的可持续发展为基础，共同富裕建设不能浇灭人民主动创造财富的热情。浙江的经济发展模式、政府财政税收能力、产业结构等构成了浙江城乡居民收入差距缩小的物质基础。之所以将这些强调经济因素的物质基础归属于社会基础的范畴，原因在于：经济发展模式、政府财政税收政策与财政汲取能力等离不开社会关系、社会结构以及决策者、实施者、受动者等行动者的人为影响，物质基础不是自然形成的，而是在社会基础的制约乃至决定下形成和演化的。

（一）浙江在税费方面仍具有"藏富于民"特征，近些年加强了政府干预

比较浙江与江苏的各项财政收支及人均GDP（人均地区生产总值）之比可以发现，浙江与江苏人均地区生产总值较为接近：在1984年以前，江苏领先于浙江；在1985—2008年，浙江领先于江苏；2009年之后，江苏再次领先于浙江。而在财政总收入、地方一般公共预算收入以及一般公共预算支出方面，浙江一直少于江苏。若以人均GDP为衡量标准，浙江整体的税收负担要比江苏低，这意味着浙江财政汲取能力并不高，在税费方面具有"藏富于民"的特征，而财政支出的效率要略高于江苏。

如图8-6所示，从1994年分税制改革至今，浙江与江苏在财政总收入、地方一般公共预算收入及支出的比值变化上存在两个上升期（1994—2004年、2014—2019年）与一个下降期（2004—2014年），上升期说明浙江省财政汲取能力在增强，反之则说明其是在下降。2019年前后，四条曲线趋于一致，说明两个省的差距在缩小。近几年，浙江省着重加强财政税收能力，税费方面"藏富于民"的特征淡化，政府干预和二次分配的特征

加强。不过，考虑到浙江省民营经济长期占有优势①，部分个体经济（如家庭作坊等）所创造的财富并没有纳入 GDP 和税费缴纳的统计范围内，所以浙江省在税费方面仍具有"藏富于民"的特征。

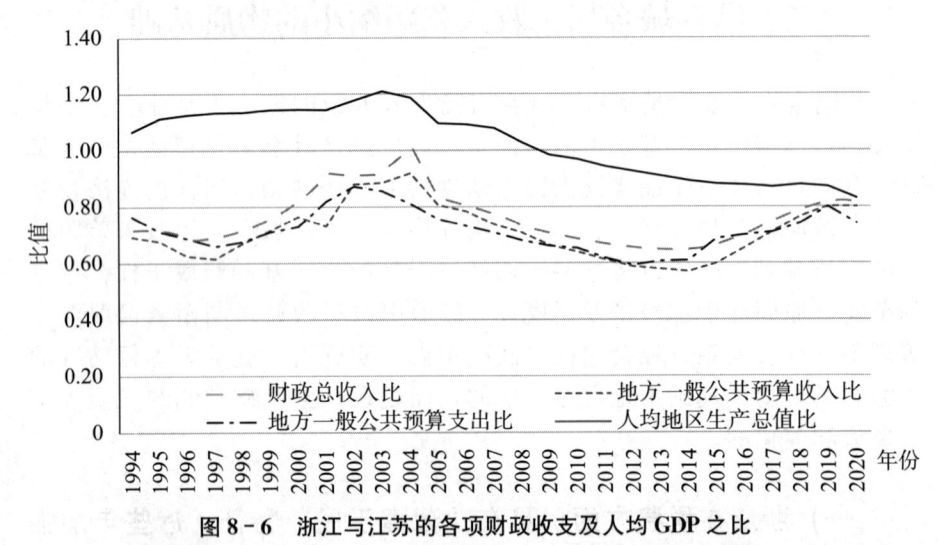

图 8-6　浙江与江苏的各项财政收支及人均 GDP 之比

注：财政总收入统计的是地方一般公共预算收入与上交中央"四税"之和，不包含政府性基金收入和国有资本经营收入。

再看江浙两省财政收入的上交中央与地方自留占比结构（见图 8-7），哪个省份的这一数值更接近 0.5，说明哪个省上交中央财政收入和地方自留财政收入越均衡。从 2000 年一直到 2018 年，江苏地方自留财政收入长期占比较多，而上交中央财政收入占比相对较少，这意味着从总的财政占比结构看（而非绝对值），浙江对中央财政的贡献要比江苏略大。不过 2018 年之后，两省财政收入的上交中央部分与地方自留部分占比结构趋于一致。

从一般公共预算收入及上交中央财政占地区生产总值的比重（见图 8-8）来看，在分税制改革初期，两省并没有较大差异，近 20 年则逐渐拉开了差距。浙江地方一般公共预算收入占 GDP 的比重呈逐年升高趋势，2015 年至今均超过了 11%，而江苏地方一般公共预算收入占 GDP 的比重在 2015 年达到高峰（11.3%）之后呈下降趋势，2020 年这一数字只有 8.8%，回到了 2008 年的水平。地方政府一般公共预算收入的汲取能力取决于该地经济

---

① 这一点在本章后文中的图 8-10、图 8-11 和表 8-5 中均有所体现。

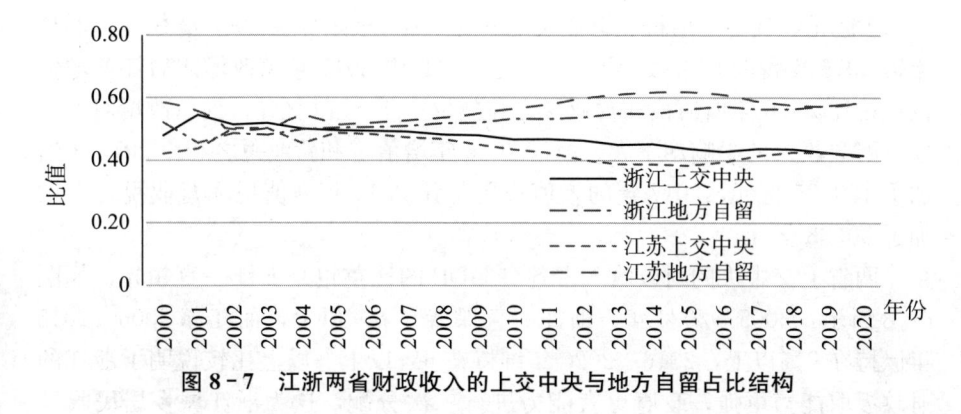

图 8-7　江浙两省财政收入的上交中央与地方自留占比结构

社会发展水平与质量。相比较而言，近些年浙江省互联网经济等新经济发展强劲，这提高了浙江省财政汲取能力。

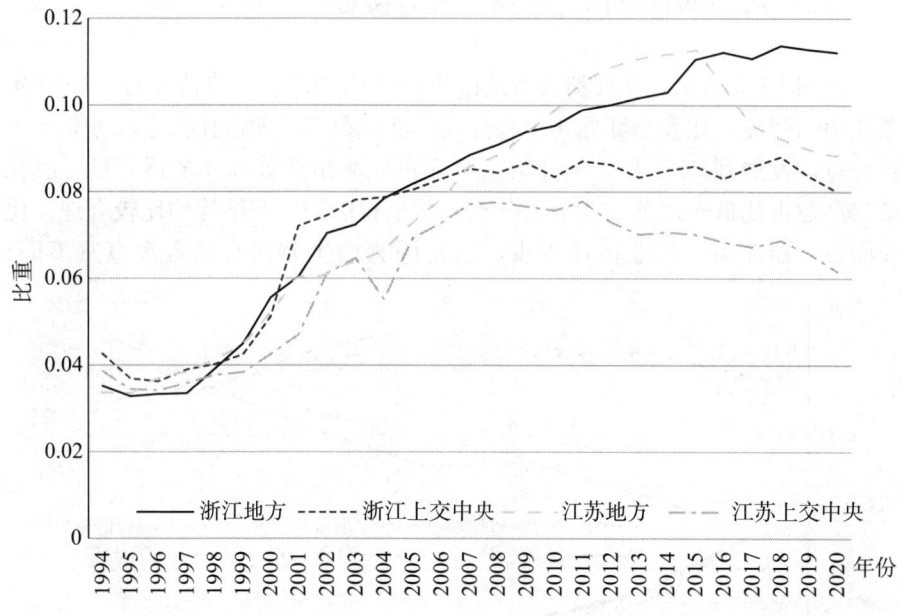

图 8-8　江浙两省地方一般公共预算收入及上交中央财政分别占地区生产总值的比重

2016 年、2017 年江苏税收罕见地出现了负增长，此前则是常年保持在 10% 以上的同比增长速度（2003—2008 年、2010—2011 年达到 20% 以上），2019—2020 年税收同比增速仅为 1%。2016 年较 2015 年税收收入减少了

78.29亿元，其中增值税和营业税之和比2015年减少了190.02亿元，2017年较2016年税收收入减少了47.5亿元，其中2017年营改增之后江苏增值税更是比2016年增值税和营业税之和减少了435.49亿元。而营改增对浙江地方财政收入的影响却不大。浙江2016年增值税和营业税之和比2015年增加了139.75亿元，2017年的增值税更是比2016年增值税和营业税之和增加了50.38亿元。

两省上交中央的财政收入占各自GDP的比重也是浙江一直领先，如图8-8所示：2005—2020年，浙江一直保持在8%以上，而江苏2006—2015年保持在7%以上，2016—2020年维持在6%以上。以上比较说明了浙江的财政汲取能力更强，政府更有能力进行二次分配，这为浙江城乡居民收入差距的缩小提供了一定的物质基础。

（二）江浙两省三产比重结构较为接近

如图8-9所示，从江浙两省地区生产总值的产业构成情况看，1990年浙江第三产业占比高出江苏4个百分点，浙江第二产业占比低于江苏3.8个百分点。发展到2020年，浙江第三产业占比高出江苏3.3个百分点，浙江第二产业占比低于江苏2.2个百分点。两个省份的三产结构均比较合理，比较而言，浙江第一产业占比更少，这是因为两个省份自然资源禀赋不同。

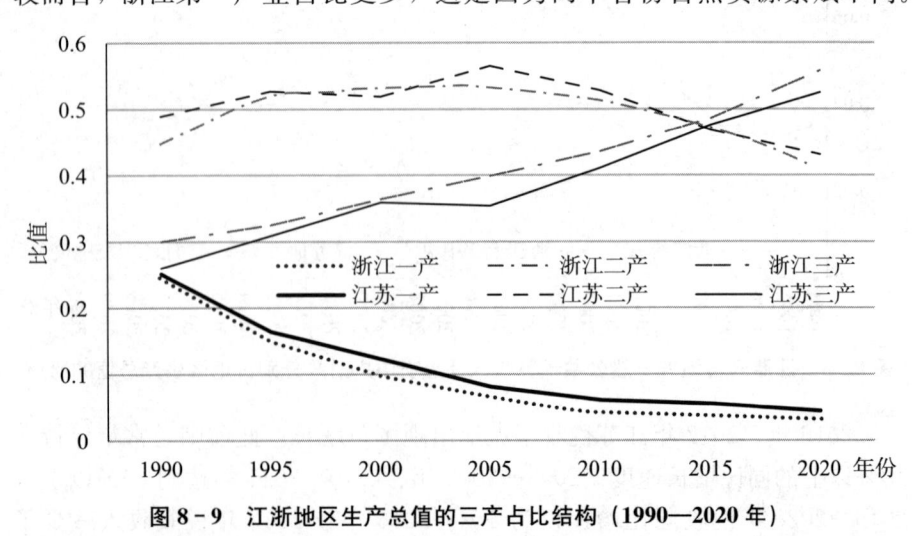

图8-9 江浙地区生产总值的三产占比结构（1990—2020年）

但江苏第一产业生产总值的占比也仅比浙江高出1个百分点,这说明单纯依靠第一产业难以壮大经济规模,也难以带领农民致富。这一问题在本章第四部分论及江浙三产就业人数占比时会进一步探讨。

(三) 工业企业中浙江私营企业更发达,江苏外商投资企业占比相对较高

从江浙两省不同类型规模以上工业企业生产总值的占比结构上看,如图8-10所示,2011—2020年,浙江的私营企业生产总值占比长期稳定在40%以上,2020年还达到了50.5%,而江苏2011年的私营企业生产总值占比为35.1%,逐年上升势头明显,2016年达到了同年浙江的水平。江苏在2016年之后的统计年鉴中并未公布工业企业的生产总值,所以无法得知如今江苏私营企业的发展水平。从外商及港、澳、台商(图8-10中将之统称为外商,因为港、澳、台商比照外商适用相关法律)投资企业生产总值的占比来看,两个省份的这一数字均呈现下降趋势,江苏常年高

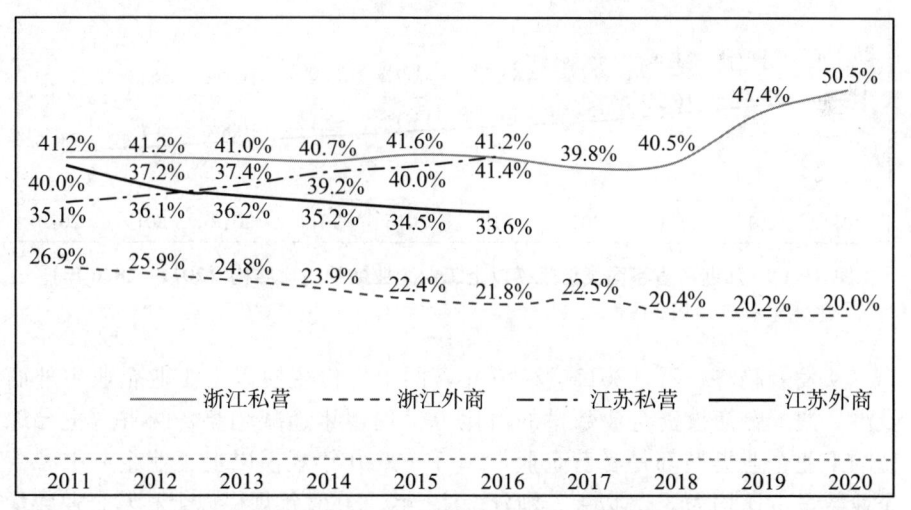

图8-10 江浙两省不同类型规模以上工业企业生产总值的占比结构(2011—2020年)

注:自2011年起,规模以上工业企业是指主营业务收入为2 000万元及以上的工业企业。私营企业是指由自然人投资设立或由自然人控股,以雇佣劳动为基础的营利性经济组织,包括私营有限责任公司、私营股份有限公司、私营合伙企业和私营独资企业。外商投资企业是指外商及比照外商适用相关法律的港、澳、台商投资企业,包括合伙、合作、独资经营企业和股份有限公司等。

于浙江 12~13 个百分点。

在规模以上工业企业数的占比结构方面，如图 8-11 所示，浙江私营企业数量占比高于江苏，而江苏外商及比照外商适用相关法律的港、澳、台商投资企业数量占比高于浙江。有研究指出，私营企业和股份制企业的收入效应更强，而外资企业在提高城市居民收入的同时降低了农村居民收入，拉大了城乡居民收入差距。① 江苏 GDP "含金量"低的原因在于外资依存度高、民营经济发展不快、人力资本存量偏低以及城镇化水平低。② 人力资本和城镇化的影响因素将在本章群众基础部分进一步分析。

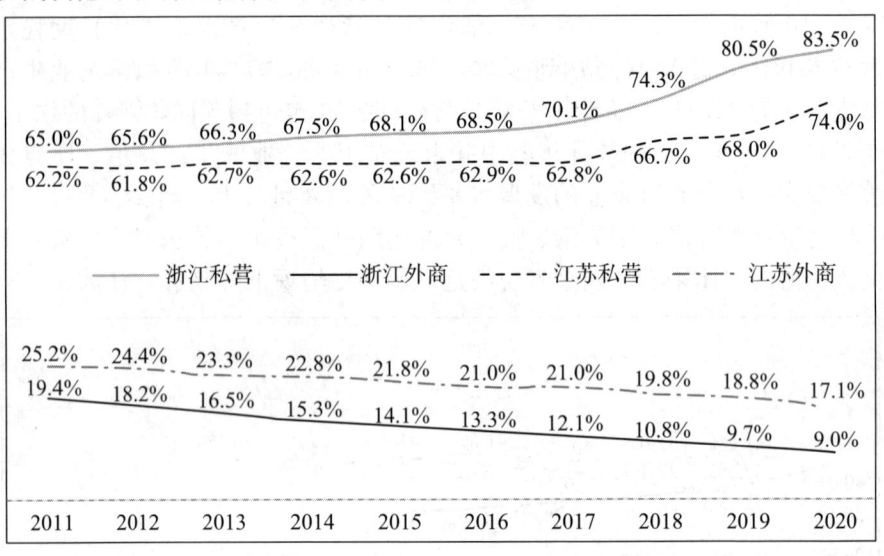

图 8-11　江浙两省不同类型规模以上工业企业数的占比结构（2011—2020 年）

注：同图 8-10 图注。

从发展趋势上看，2011—2020 年，两个省份规模以上工业企业中外商及港、澳、台商投资企业数量的占比也呈现逐年递减趋势，两省占主导地位的工业企业类型都是私营企业，2011—2020 年规模以上工业企业中私营企业数量占比均在 60% 以上。浙江 2019 年、2020 年规模以上私营企业数量占比已经超过了 80%，江苏省 2020 年也已经达到 74%。

---

① 孙覃玥，萨姆纳，范从来. 论所有制结构的经济增长效应与收入分配效应：以苏南模式和温州模式为例的实证研究 [J]. 江海学刊，2010（4）.

② 李传殿. 江苏 GDP 含金量低于浙、沪的原因探析 [J]. 现代管理科学，2011（7）.

三、浙江城乡居民收入差距缩小的制度基础

"前富带后富"来之不易,在资本逐利的本性下,如果缺少来自党和政府的引导和制度性保障,已经富起来的人和企业往往缺少足够的动力去带领还未致富的广大群众走向富裕。浙江城乡居民收入差距缩小的制度基础重在强调政府的二次分配,尤其表现在财政涉农支出、城乡公共服务均等化以及农村低收入群体帮扶等方面。此外,在制度基础方面还需关注社会固定资产投资的流向,其中既有政府的力量,也有市场和社会的力量。

(一)江浙两省涉农财政支出占比较为接近,浙江人均投入更多

图8-12为2001—2020年江浙两省涉农支出占一般公共预算支出的比重,表8-2为2001—2020年江浙两省涉农支出及其在一产从业者中的人均分配情况。从绝对值来看,浙江地方预算支出的总金额低于江苏,涉农支出的金额也低于江苏。如表8-2所示,2001年浙江涉农支出为40.22亿元,江苏涉农支出为51.94亿元,2020年浙江涉农支出为764.89亿元,江苏涉农支出为1 091.25亿元。如图8-12所示,从涉农支出占一般公共预

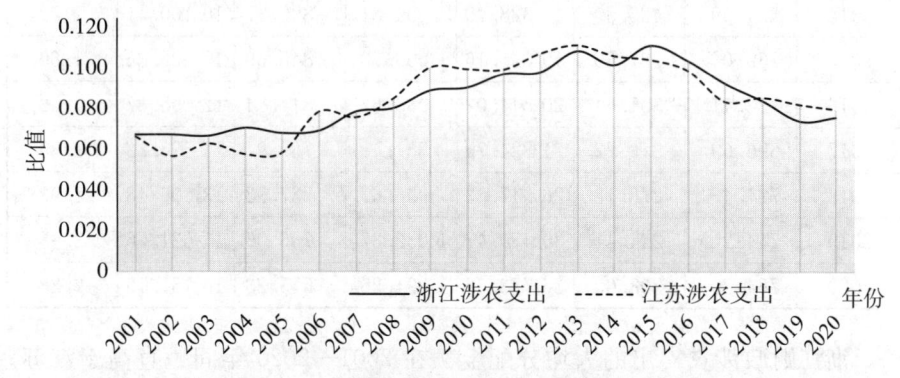

图8-12 江浙涉农支出占一般公共预算支出的比重

注:浙江2001—2006年统计的是支农支出,2007—2019年统计的是农林水事务支出。江苏2001—2004年统计的是农业支出,2005年之后统计的是农林水支出。

算支出的比重上看,江浙两省较为接近,浙江仅在2001—2005年、2015—2017年略超过江苏。

表8-2 江浙两省涉农支出及其在一产从业者中的人均分配情况

年份	浙江涉农支出（亿元）	浙江一产从业人数（万人）	浙江人均涉农支出（元）	江苏涉农支出（亿元）	江苏一产从业人数（万人）	江苏人均涉农支出（元）	人均涉农支出比（浙/苏）
2001	40.22	935.24	430.05	51.94	1 832.25	283.48	1.52
2002	50.50	885.29	570.43	59.55	1 744.41	341.38	1.67
2003	59.86	826.03	724.67	65.93	1 615.49	408.11	1.78
2004	75.10	779.65	963.25	75.68	1 506.31	502.42	1.92
2005	86.15	759.53	1 134.25	97.57	1 414.83	689.62	1.64
2006	101.87	717.81	1 419.18	158.12	1 323.88	1 194.37	1.19
2007	142.15	680.23	2 089.73	193.63	1 230.28	1 573.87	1.33
2008	177.42	645.02	2 750.61	276.16	1 179.94	2 340.46	1.18
2009	236.08	610.32	3 868.13	403.27	1 120.19	3 600.01	1.07
2010	290.37	573.83	5 060.21	489.16	1 029.98	4 749.22	1.07
2011	373.32	535.77	6 967.92	618.13	992.59	6 227.45	1.12
2012	408.20	498.99	8 180.52	754.09	958.88	7 864.28	1.04
2013	513.03	460.98	11 129.12	868.34	929.63	9 340.71	1.19
2014	524.59	425.50	12 328.79	899.31	890.37	10 100.41	1.22
2015	739.08	387.66	19 065.16	1 008.60	845.69	11 926.36	1.60
2016	722.41	351.64	20 544.02	985.62	814.84	12 095.87	1.70
2017	696.69	319.22	21 824.76	887.45	769.9	11 526.82	1.89
2018	724.46	278.13	26 047.53	996.67	737.92	13 506.48	1.93
2019	744.24	244.41	30 450.47	1 032.37	706.06	14 621.56	2.08
2020	764.89	208.00	36 773.56	1 091.25	675.23	16 161.16	2.28

浙江财政涉农支出的人均分配金额在2001—2020年间一直高于江苏。从浙江与江苏的人均涉农支出比来看（暂且忽略两省价格水平的差异），在2006—2014年间,江苏省与浙江省较为接近,二者之比在1.5以下,表8-2的其他时间段中浙江人均获得的涉农支出金额明显高于江苏,尤其是在

2019 和 2020 这两年，浙江人均涉农支出金额高出江苏一倍多。

（二）浙江在缩小城乡收入差距方面的政策支持力度大

上文已经发现，2013 年浙江农村居民收入增长较多。2012 年，浙江城镇居民人均可支配收入实际增长 9.2%，农村居民人均纯收入实际增长 8.8%（浙江省 2013 年政府工作报告）。2013 年，浙江城镇居民人均可支配收入为 37 851 元，增长 9.6%；农村居民人均纯收入为 16 106 元，增长 10.7%（浙江省 2014 年政府工作报告）。浙江农村居民人均纯收入增速的提高离不开浙江省委、省政府一系列促农增收政策的推动。根据浙江省 2013 年政府工作报告，2008—2012 年，浙江省财政每年支出增量的三分之二以上均用于民生，城镇居民人均可支配收入 34 550 元，年均实际增长 7.7%；农村居民人均纯收入 14 552 元，年均实际增长 8.5%；低收入农户人均收入达到 6 260 元。

在此之前，浙江省在 2008 年推出了两项重要举措，即《基本公共服务均等化行动计划（2008—2012）》和《低收入群众增收行动计划（2008—2012 年）》。这两项举措对提高农村居民人均纯收入、缩小浙江省城乡居民收入差距起到了重要作用。

《基本公共服务均等化行动计划（2008—2012）》旨在通过五年的努力，建立健全多层次、全覆盖的社会保障体系，配置公平、发展均衡的社会事业体系，布局合理、城乡共享的公用设施体系，着力缩小城乡之间、区域之间、群体之间的基本公共服务差距。[1]

"低收入群众增收行动计划"由在农村实施"低收入农户奔小康工程"、在城镇实施"城镇低收入家庭增收工程"组成，其中农村的主要对象是 2007 年家庭人均纯收入低于 2 500 元的农户。此行动计划的基本目标是到 2012 年，力争使低收入农户（"低保"农户除外）70%以上家庭人均纯收入超过 4 000 元；有劳动力的低收入农户至少有 1 人实现非农就业或从事产业化经营的特色农业；符合最低生活保障条件的低收入农户全面纳入最低生活保障，所有县（市、区）农村最低生活保障标准提高到

---

[1] 浙江省人民政府关于印发基本公共服务均等化行动计划的通知［EB/OL］.（2012－05－11）［2023－09－21］. https://www.zj.gov.cn/art/2012/05/11/art_1229621583_63969.html.

2 500元以上。实施"低收入农户奔小康工程",主要是开展产业开发帮扶行动、培训就业帮扶行动、下山搬迁帮扶行动、基础设施建设行动、社会救助覆盖行动、区域协作促进行动、金融服务支持行动、社会援助关爱行动等八大行动。①

其中,产业开发帮扶行动以低收入农户集中村为重点,提出到2012年,欠发达地区特色农业生产规模明显扩大、技术水平显著提升、经营主体迅速成长,基本形成"一乡一业""一村一品"的专业化生产和产业化经营格局;争取50%的低收入农户集中村和70%的下山搬迁小区发展成为来料加工点,从事来料加工的劳动力达到100万人,收入达到40亿元,人均收入达到4 000元以上;力争30%以上的下山搬迁小区发展家庭工业;有条件的欠发达乡镇和低收入农户集中村的"农家乐"休闲旅游业得到发展,从业农户户均年营业收入达到2万元以上;低收入农户集中村50%以上有集体经济收入,20%以上集体经济年可支配收入在10万元以上。

社会救助覆盖行动提出加大农村"五保"对象集中供养、住房救助、灾害救助的力度,提高农村医疗服务水平,探索建立农村养老保险制度,降低低收入农户因学因病因灾返贫致贫的概率。欠发达地区基本建成农村医疗卫生服务体系,低收入农户全面参加新型农村合作医疗;新型农村养老保险和农村老年居民养老保障制度基本建立;等等。浙江省2014年政府工作报告提到浙江省城乡居民最低生活保障月均标准分别提高到了526元和406元。浙江省2001—2020年最低生活保障和救济情况如图8-13和表8-3所示。

下山搬迁帮扶行动中提出2012年前每年搬迁5万人以上,地质灾害危险区的农户基本完成搬迁。例如,浙江省2013年政府工作报告指出当年完成欠发达地区和海岛异地搬迁6.2万人。

区域协作促进行动主要是深入实施"山海协作工程",扩大发达地区和欠发达地区的经济联姻和技术、教育、卫生、人才、就业等多方面协作,促进资本与劳动力的对流和产业转移、劳务对接、异地开发。

---

① 浙江省人民政府关于印发低收入群众增收行动计划的通知[EB/OL].(2008-08-08)[2023-09-21]. https://www.zj.gov.cn/art/2008/8/8/art_1229621583_64386.html.

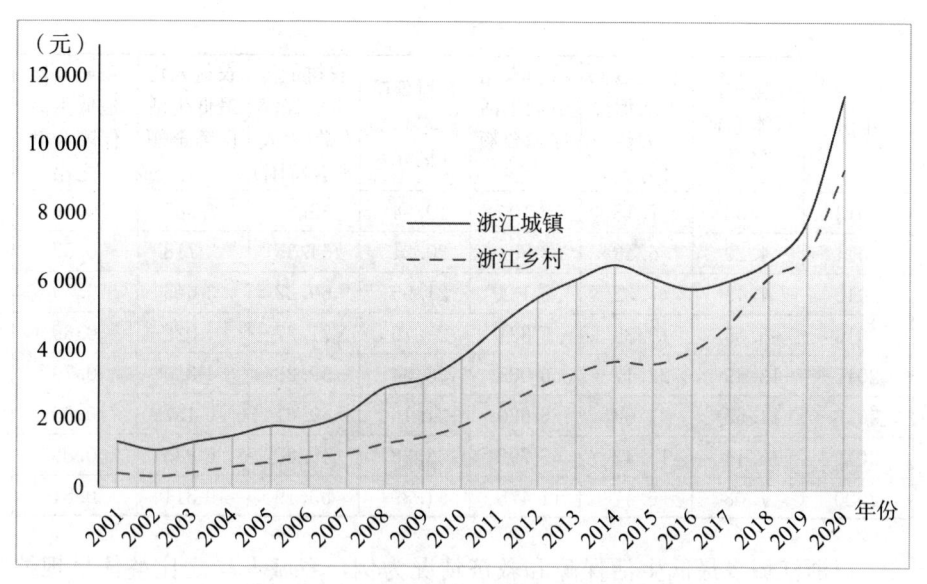

第八章 城乡收入差距缩小的社会基础

图 8-13 浙江城乡人均最低生活保障金额

表 8-3 浙江城乡最低生活保障和救济情况

年份	城镇保障资本总额（亿元）	城镇最低生活保障人数（万人）	城镇人均最低生活保障金额（元）	农村保障资本总额（亿元）	农村最低生活保障人数（万人，不含特困）	农村人均最低生活保障金额（元）	乡城人均最低生活保障金额之比
2001	0.45	3.35	1 343	1.01	23.58	428	0.32
2002	0.62	5.63	1 101	1.16	34.99	332	0.30
2003	1.08	8.07	1 338	2.16	47.17	458	0.34
2004	1.35	8.85	1 525	3.34	53.96	619	0.41
2005	1.61	8.90	1 809	4.01	52.60	762	0.42
2006	1.60	8.93	1 792	4.92	53.97	912	0.51
2007	1.97	9.02	2 184	5.72	56.14	1 019	0.47
2008	2.73	9.28	2 942	7.95	60.8	1 308	0.44
2009	2.97	9.33	3 183	9.18	61.08	1 503	0.47
2010	3.44	8.98	3 831	11.27	61.7	1 827	0.48
2011	4.17	8.76	4 760	14.81	62.33	2 376	0.50
2012	4.37	7.85	5 567	17.82	60.71	2 935	0.53

续表

年份	城镇保障资本总额（亿元）	城镇最低生活保障人数（万人）	城镇人均最低生活保障金额（元）	农村保障资本总额（亿元）	农村最低生活保障人数（万人，不含特困）	农村人均最低生活保障金额（元）	乡城人均最低生活保障金额之比
2013	4.38	7.18	6 100	19.94	58.87	3 387	0.56
2014	4.20	6.43	6 532	20.21	54.35	3 718	0.57
2015	4.49	7.32	6 134	21.95	60.22	3 645	0.59
2016	6.35	10.89	5 831	28.75	71.37	4 028	0.69
2017	13.49	22.17	6 085	28.64	59.23	4 835	0.79
2018	14.55	21.98	6 620	31.16	50.61	6 157	0.93
2019	15.14	19.43	7 792	33.28	48.68	6 836	0.88
2020	7.08	6.17	11 475	51.39	55.19	9 311	0.81

以浙江城乡最低生活保障和救济情况为例，乡城人均之比整体呈现缩小趋势。2001—2002年，农村人均最低生活保障金额仅占城镇的约30%，此后所占比例逐年递增，最高峰是在2018年，农村人均最低生活保障金额占城镇的93%，2019年、2020年这两年虽稍有回落，但也能保持在80%以上。

（三）相比江苏，浙江社会固定资产投资中的乡村占比更高

如表8-4所示，在社会固定资产投资的绝对值上，江苏2000—2001年的投资总额和城镇投资金额均高于浙江，在2001年、2003年、2004年，江苏农村社会固定资产投资金额低于浙江。江浙两省全社会固定资产投资的农村占比如图8-14所示。

表8-4 江浙全社会固定资产投资的城乡分布

年份	浙江总体（亿元）	江苏总体（亿元）	浙江城镇（亿元）	江苏城镇（亿元）	浙江农村（亿元）	江苏农村（亿元）	浙江农村占比（%）	江苏农村占比（%）
2000	2 267.22	2 995.43	1 548.51	2 217.90	718.71	777.53	31.7	26.0
2001	2 776.69	3 302.96	1 957.75	2 523.75	818.94	779.21	29.5	23.6
2002	3 596.31	3 849.24	2 364.95	2 559.87	1 231.36	1 289.37	34.2	33.5

续表

年份	浙江总体（亿元）	江苏总体（亿元）	浙江城镇（亿元）	江苏城镇（亿元）	浙江农村（亿元）	江苏农村（亿元）	浙江农村占比（%）	江苏农村占比（%）
2003	4 993.57	5 335.80	3 182.09	4 016.14	1 811.48	1 319.66	36.3	24.7
2004	6 059.78	6 827.59	4 056.60	5 008.19	2 003.18	1 819.40	33.1	26.6
2005	6 696.26	8 739.71	4 809.50	6 230.54	1 886.76	2 509.17	28.2	28.7
2006	7 593.65	10 071.42	5 432.70	7 481.80	2 160.95	2 589.62	28.5	25.7
2007	8 420.43	12 268.07	5 996.90	9 161.38	2 423.50	3 106.69	28.8	25.3
2008	9 323.00	15 060.45	6 551.10	11 369.62	2 771.90	3 690.83	29.7	24.5
2009	10 742.32	18 949.88	7 454.33	14 266.80	3 288.00	4 683.08	30.6	24.7
2010	12 376.04	23 184.28	8 438.08	17 416.47	3 937.96	5 767.81	31.8	24.9
2011	14 077.25		10 350.45		3 726.80		26.5	
2012	17 095.96		12 180.12		4 915.84		28.8	
2013	20 194.07		14 448.48		5 745.59		28.5	
2014	23 554.76		17 224.62		6 330.15		26.9	

注：浙江 2014 年之后、江苏 2010 年之后不再按照城乡分类统计数据。

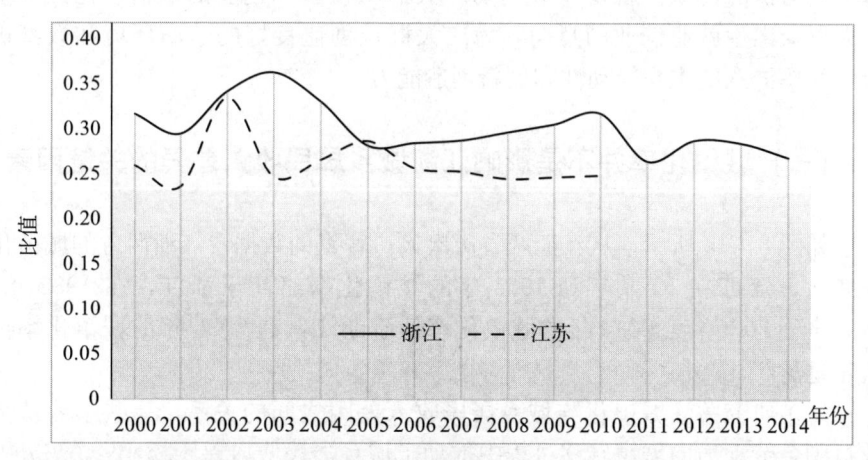

图 8-14 江浙两省全社会固定资产投资的农村占比

注：浙江 2011 年起农村投资统计中不再包括农户投资；江苏 2010 年之后的数据未公布，浙江 2014 年之后的数据未公布。

从江浙两省全社会固定资产投资的农村占比情况看，浙江常年保持在30%左右，江苏常年保持在25%左右。仅2005年江苏农村固定资产投资占比略高于浙江，其他年份均是浙江高于江苏，这说明浙江农村相比江苏农村对社会固定资产投资的吸引力更强。由于两省社会固定资产投资金额的分类数据并未区分城乡进行统计划分，所以无法得出国有、集体、民营、外资等类型投资在浙江农村社会固定资产投资中的占比，也就无法直接解释是什么力量使浙江农村相比江苏农村更有投资吸引力。从下文浙江农村个体和私营企业从业人员数量方面我们可间接看到浙江农村吸引社会固定资产投资的市场力量。

四、浙江城乡居民收入差距缩小的群众基础

共同富裕是党和人民共同的事业，浙江城乡居民收入差距的缩小离不开广大浙江人民群众，尤其是广大农村从业者的奋斗。"一切为了群众，一切依靠群众，从群众中来，到群众中去"的群众路线是毛泽东思想活的灵魂。何为依靠群众？就是充分调动广大群众致富和创业的热情，充分尊重广大群众谋生就业创业的意向，为广大群众创造良好的营商环境和致富机会，发挥群众的主观能动性和创新创造能力。

（一）城镇化率并不是影响江浙城乡居民收入差异的关键因素

如图8-15所示，从江浙两省历次人口普查的数据看江浙两省的城镇化率变化，江苏在1953年和1964年的城镇化率略高于浙江，在1982年、1990年、2000年、2010年的城镇化率低于浙江，在2020年的城镇化率再次超过浙江。

很多研究关注城镇化与城乡居民收入差距之间的关系，一些学者认为农村剩余劳动力向城镇转移过程中推动了城乡居民收入差距缩小[1]，另外一些学者认为更多优质要素向城市集聚，造成农村劳动人口短缺，带来城乡居

---

[1] 张耀军，柴多多. 人口城镇化与城乡收入差距耦合关系研究[J]. 人口研究，2018，42 (6).

第八章 城乡收入差距缩小的社会基础

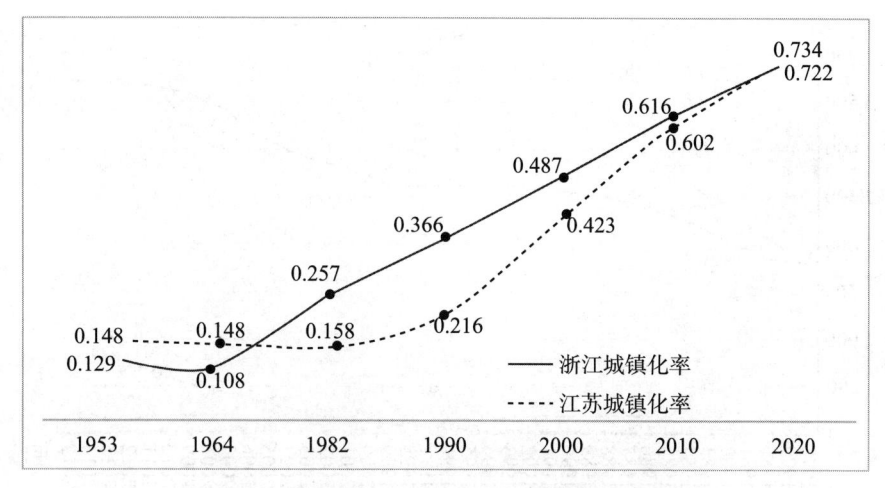

图 8-15 江浙两省历次人口普查数据的城镇化率

民收入差距扩大,所以城镇化与城乡居民收入差距间的演变关系存在一个倒U形理论假设,即随着城镇化率的提高,前期城乡居民收入差距呈扩大趋势,后期呈缩小趋势。[①] 结合前文比较的江浙两省城乡居民人均可支配收入倍差数据(1978—2020 年)可知,在 1978—2010 年间,江苏的城乡居民人均可支配收入倍差要小于浙江,而这一时间段江苏的城镇化率则低于浙江,2013 年之后浙江的城乡居民人均可支配收入倍差明显小于江苏,而在这一时间段二者的城镇化率接近,所以城镇化率并不是影响江浙两省城乡居民收入差异的关键因素。陆益龙等认为,"乡村振兴虽是在城镇化、现代化大背景下推进的,但需要跳出城市中心主义及现代性的陷阱,重新认识乡村的社会生态价值"。[②] 也就是说,并不是让农民去城镇打工便可以缩小城乡居民的收入差距,关键在于农民从事的产业和行业是否有利于其致富。

(二)浙江乡村从业人员较多但从事第一产业的人员较少

如图 8-16 所示,从浙江 1978—2015 年的就业人员情况看,浙江乡村从

[①] 闫东升,孙伟,陈东,等. 长江三角洲城镇化率与城乡收入差距的关系研究[J]. 中国人口·资源与环境,2021,31 (5).

[②] 陆益龙,陈小锋. 新时代的中国乡村振兴之路[J]. 中国农业大学学报(社会科学版),2019,36 (3).

203

（万人）

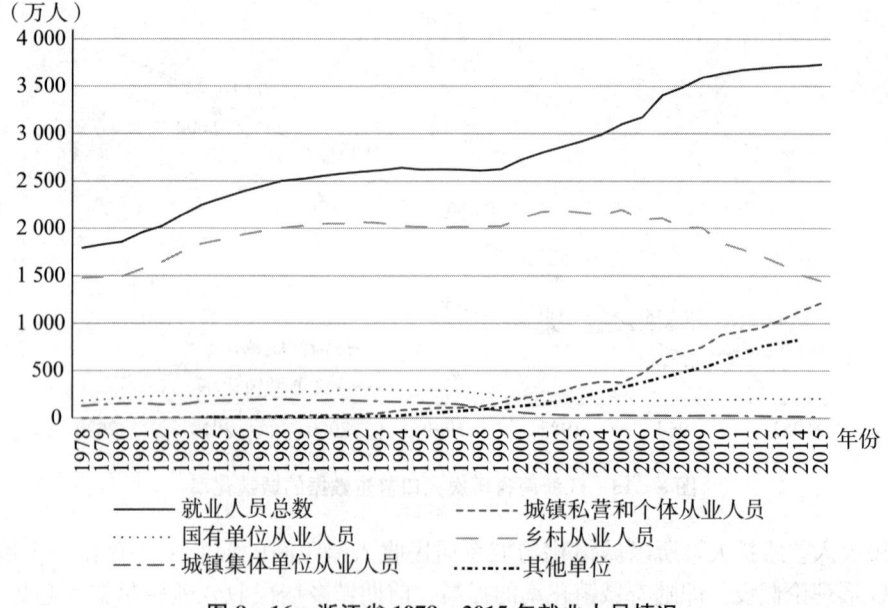

图 8-16　浙江省 1978—2015 年就业人员情况

注：2015 年后浙江省不再将城镇私营和个体从业人员与乡村从业人员分开统计。

业人员数量一直较多，2005 年达到顶点（2 196.42 万人），之后逐渐下降，到 2015 年也有 1 450.01 万人。城镇私营和个体从业人员一直呈逐年递增趋势，2015 年达到了 1 210.20 万人。到 2019 年城镇私营和个体从业人员及乡村从业人员总数为 2 821.54 万人。

再比较江浙两省三产就业人口的结构。如图 8-17 所示，浙江 1985 年第一产业就业人员为 1 273.25 万人，占就业人员总数的 54.9%，同年江苏第一产业就业人员为 1 738.09 万人，占就业人员总数的 53.2%。发展到 2020 年，浙江第一产业就业人员为 208 万人，仅占就业人员总数的 5.4%，而江苏第一产业就业人员为 675.23 万人，占总数的 13.8%。

比较图 8-16 和图 8-17 中 2015 年的相关数据，浙江省乡村从业人员 1 450.01 万人，而从事第一产业的人员仅为 387.66 万人。这说明，在浙江农村就业的 1 000 多万人并不是以第一产业谋生的。相比之下，江苏第一产业就业人口较多，在就业人员结构中所占的比重也较大。尽管江浙两省省情有差异，2020 年浙江农作物播种面积有 2 014.50 千公顷，江苏则有 7 478.39 千公顷，浙江水产养殖面积有 254.83 千公顷，江苏则有 598.54 千

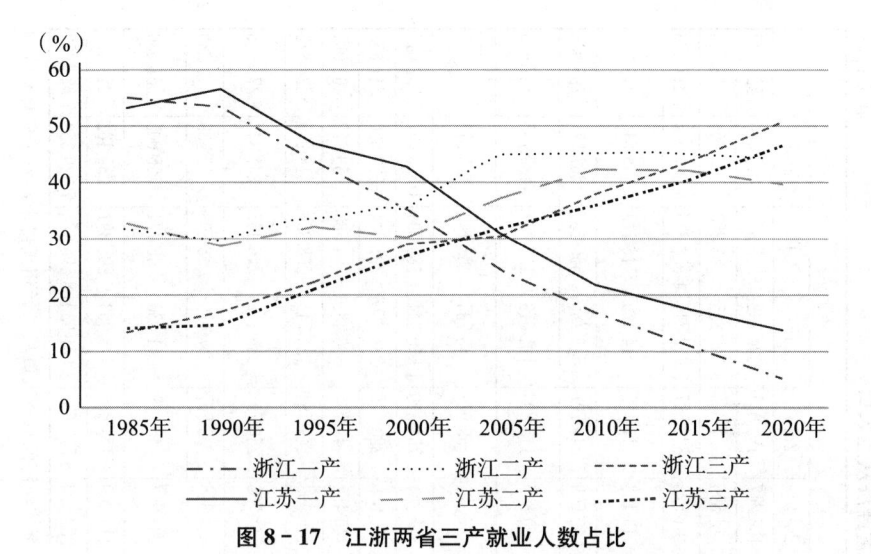

图 8-17 江浙两省三产就业人数占比

公顷，江苏第一产业因种植和水产养殖面积较大吸纳了相对较多的人口就业，但毕竟第一产业所带来的生产总值与居民收入有限，而且江苏农业机械化水平还高于浙江（江苏机械收获面积有 6 239.14 千公顷，浙江只有 789.60 千公顷），结合图 8-9"江浙地区生产总值的产业结构（1990—2020年）"，江苏一产生产总值占比仅比浙江高出 1 个百分点，但从业人口却比浙江高出 8.4 个百分点，可知相应所获得的人均收入自然是较少的，这是江苏城乡居民人均可支配收入倍差高于浙江的重要影响因素。

此外，由于江苏一产就业人数占比较高，所以二产和三产就业人数的占比小于浙江。浙江之所以能有 1 000 万左右的乡村从业人员不从事第一产业，与浙江的产业结构以及乡村居民的创业热情是紧密相关的。

（三）浙江乡村个体和私营经济从业人员数量呈增长势头

如表 8-5 所示，2007—2019 年浙江乡村个体和私营经济从业人员数量整体呈增长趋势，2007 年共有 5 199 071 人，到了 2016 年达到高峰，为 8 821 630 人，2018—2019 年数量有所下降，但也接近 800 万人。

从具体从事的行业来看，制造业一直是浙江乡村从业人员的主流，2014 年及以前一直占到从业人员总数的 60% 以上，其中 2007 年所占比例最高（69.2%），2015 年以后略有下降但也能达到总数的 55% 左右。排在第二

表 8-5 2007—2019 年浙江乡村个体和私营经济从业人口

单位：人

项目	2007	2008	2009	2010	2011	2012	2013	2014	2015	2016	2017	2018	2019
农林牧渔业	80 929	68 701	97 182	72 199	79 541	91 769	132 277	166 247	182 017	190 232	205 886	217 476	226 242
采矿业	21 526	16 802	20 350	16 929	15 862	15 445	14 525	13 895	14 335	13 865	13 263	13 094	12 656
制造业	3 599 087	3 363 816	3 450 128	3 472 613	3 705 869	3 818 152	4 655 392	4 401 528	4 828 527	5 032 844	4 958 846	4 301 505	4 211 328
电力、燃气及水生产和供应业	17 594	18 053	18 784	12 830	12 598	13 714	12 345	13 153	14 119	14 429	16 173	16 544	16 552
建筑业	148 560	178 248	177 181	186 046	169 750	191 138	188 582	200 609	547 707	546 785	566 259	267 375	285 988
交通运输、仓储和邮政业	108 390	88 599	90 364	78 140	83 593	86 875	88 661	100 805	115 898	121 513	132 987	139 785	137 618
信息传输、软件和信息技术服务业	20 465	19 042	20 973	16 550	15 212	15 597	29 463	27 201	59 944	45 733	53 160	53 871	59 345
批发和零售业	836 185	931 031	1 075 689	1 035 248	1 218 831	1 295 357	1 225 282	1 347 284	1 754 540	1 550 324	1 585 794	1 655 447	1 752 015
住宿和餐饮业	107 654	95 122	94 027	114 351	125 512	134 381	162 092	170 839	220 748	281 266	291 644	323 620	341 653
房地产业	27 324	21 253	27 252	29 726	27 703	28 867	38 216	40 457	49 137	360 483	54 388	58 672	61 034
租赁和商务服务业	47 739	106 740	112 263	111 649	65 495	76 473	102 385	145 993	249 754	183 741	208 350	218 951	228 872
居民服务、修理和其他服务业	124 104	116 580	142 494	140 961	150 789	142 716	153 884	174 768	256 794	256 146	246 465	267 443	277 418
卫生和社会工作	4 272	2 250	2 559	2 479	2 605	3 140	3 820	4 346	5 507	7 476	8 808	10 389	12 260
文化、体育和娱乐业	13 216	13 145	13 684	13 292	14 729	19 677	21 388	29 507	43 979	41 730	48 774	55 005	61 530
其他行业	42 026	16 583	38 439	8 978	6 363	4 441	8 176	115 960	174 665	175 063	205 391	230 182	249 471
从业人员合计	5 199 071	5 055 965	5 381 369	5 311 991	5 694 452	5 937 742	6 836 488	6 952 592	8 517 671	8 821 630	8 596 188	7 829 359	7 933 982

注：统计年鉴中列出了个体经济的从业人口以及其中的城镇从业人口，乡村个体经济的从业人口从二者相减得来，乡村私营经济的从业人口也是这样计算，最终乡村个体和私营经济从业人口之和为每年的数据。

位的是批发和零售业，2007年的从业人数有836 185人，占总数的16.1%，发展到2019年，从业人数达到了1 752 015人，占总数的22.1%。在城镇化率不断提高、乡村从业人口数量逐年递减的情况下，浙江农村批发和零售业从业人员数量反而实现了增长，这与近十几年来浙江农村电商和淘宝村的兴起与繁荣有紧密的关系，根据阿里研究院公布的数据，浙江省2021年有2 203个淘宝村，318个淘宝镇。① 农村电商产业的兴旺还带动了相关配套产业如制造、物流、租赁、信息技术服务等行业的发展。再看其他行业，从事建筑业的乡村从业人员数量在2017年达到高峰，有566 259人，占总数的6.6%，到2019年回落到3.6%；从事住宿和餐饮业的人数在2016年后呈增长趋势，2019年有341 653人，占总数的4.3%，已经超过了从事建筑业的人数，这是浙江乡村旅游产业发展的结果。总体而言，浙江乡村个体和私营经济从业人员所从事的行业较为多样，以制造业与批发和零售业为主导。

以2019年江浙两省乡村个体和私营企业户数（见表8-6）为例来比较，浙江乡村个体和私营企业户数的绝对值以及占乡村人口总数的比例均高于江苏。具体到行业类目，浙江从事制造业的户数（59.85万户）明显高于江苏（38.75万户），从事住宿和餐饮业的个体工商户（14.63万户）也高于江苏（8.23万户）。从绝对值上看，江苏省从事批发和零售业的个体工商户（81.24万户）比浙江（75.59万户）略高，从事农林牧渔业的个体和私营企业户数（11.87万户）高于浙江（6.23万户），从事交通运输、仓储和邮政业的个体工商户户数（9.08万户）比浙江（4.58万户）高。从各自占乡村人口总数的比例上看，这三个类目中，江苏从事批发和零售业的个体工商户小于浙江，浙江的后两个类目则小于江苏。总体来看，以上数据说明，浙江乡村个体和私营经济比江苏发达，尤其是制造业与住宿和餐饮业。

表8-6　江浙两省乡村2019年个体和私营企业户数　　　　单位：万户

项目	浙江个体	浙江私营	浙江总和	江苏个体	江苏私营	江苏总和
农林牧渔业	4.69	1.54	6.23	9.22	2.65	11.87

---

① 根据阿里研究院制定的淘宝村标准，在农村地区，以行政村为单元，电子商务年销售额达到1 000万元，本村活跃网店数量达到100家或当地家庭户数的10%，就可以认定为淘宝村。淘宝镇的认定标准为一个乡镇的淘宝村数量大于或等于3个，或者在阿里平台，一个乡镇一年的电商销售额超过3 000万元且活跃网店超过300个。

续表

项目	浙江个体	浙江私营	浙江总和	江苏个体	江苏私营	江苏总和
采矿业	0.01	0.05	0.06	0.02	0.02	0.04
制造业	35.54	24.31	59.85	19.96	18.79	38.75
电力、燃气及水生产和供应业	0.03	0.21	0.24	0.04	0.10	0.14
建筑业	1.25	2.39	3.64	0.91	2.95	3.86
交通运输、仓储和邮政业	4.58	1.35	5.93	9.08	1.26	10.34
信息传输、软件和信息技术服务业	0.31	1.19	1.50	0.50	0.54	1.04
批发和零售业	75.59	13.86	89.45	81.24	11.67	92.91
住宿和餐饮业	14.63	0.69	15.32	8.23	0.19	8.42
房地产业	0.17	1.02	1.19	0.09	0.62	0.71
租赁和商务服务业	2.82	3.43	6.25	8.01	2.15	10.16
居民服务、修理和其他服务业	11.16	1.16	12.32	10.96	0.72	11.68
卫生和社会工作	0.17	0.22	0.39	0.09	0.04	0.13
文化、体育和娱乐业	0.98	0.71	1.69	0.72	0.29	1.01
其他行业	0.32	4.05	4.37	0.39	3.21	3.60
合计	152.25	56.18	208.43	149.46	45.20	194.66
乡村人口总数	1 755 万人			2 371.77 万人		

注：江苏省并未统计个体和私营企业的从业人数，所以比较两省的从业户数。

浙江自己总结的经验是，"浙江全民创业最直接的受益者是广大城乡居民"，"人民群众自立自强成为经济社会发展的强大力量"，浙江"形成了'千家万户办企业、千辛万苦搞经营、千山万水闯市场、千方百计创新业'的创业局面"。"全民创业使劳动、知识、技术、管理和资本的活力竞相迸发，促进了生产力的大发展和社会财富的迅速积累，最终实现了富民强省。这说明，只要人民群众真正成为发展经济的主体，获得自主权，与生产资料相结合，就一定能依靠自己的力量脱贫致富，实现共同富裕"。"省委明确宣布，凡是省委作出的决策，如在探索中发生失误，不怪罪下面，省委承担责任。这就有效地保护了干部群众改革探索的积极性，得以让新生事物在实践中逐步发展壮大"。① 浙江城乡居民收入差距缩小的群众基础离不开党和政府的引导、动员与担责,民众高涨的创业热情、干部群众开拓的创新精神也为浙江经济社会协调发展提供了源源不断的动力支持。

五、结语:夯实共同富裕建设的社会基础

浙江城乡收入差距缩小的社会基础可以概括为:浙江民营经济发达、税费征收"藏富于民"与政府财政汲取能力增强兼具的物质基础;政府二次分配、对乡村投入较多、政策支持力度大的制度基础;乡村民众创业热情高涨、就地城镇化的群众基础。由此可以看出,浙江缩小城乡收入差距并没有走缺少可持续性的"高税收、高福利"道路,而是走出了具有全民创业色彩的,体现发展性、共享性和可持续性②的道路。

大力发展乡村民营经济有助于缩小城乡收入差距,有助于推进共同富裕示范区的建设,浙江的成功为其他省份的发展提供了参考。浙江有接近800万人在乡村从事个体和私营经济活动,有大量的人口在小城镇创新创业。这是缩小城乡收入差距的强有力根基,也吸引了更多的社会固定资产投资进入乡村,再加上政府以财政投入大力推进的公共服务均等化建设以及"低收入群众增收行动计划",共同构成了浙江共同富裕示范区建设的社会基础和宝贵经验。

改革开放以来,我国民营经济发展的实践和理论经历了四个阶段的创新,民营经济从作为"社会主义公有制经济的附属和补充",到上升为我国"基本经济制度"的重要内容,对民营经济的态度从必须坚持"两个毫不动摇",到进一步明确"民营企业和民营企业家是我们自己人"。③ 2018 年 11 月 1 日,习近平总书记在民营企业座谈会上明确指出,"民营经济具有'五六七八九'的特征,即贡献了 50%以上的税收,60%以上的国内生产总值,

---

① 蓝蔚青,王兆斌. 全民创业、共同富裕:浙江改革发展 30 年的经验启示[J]. 求是,2008 (21).
② 郁建兴,任杰. 共同富裕的理论内涵与政策议程[J]. 政治学研究,2021 (3).
③ 张旭洺,刘迎秋. 开拓政治经济学中国话语新境界:中国民营经济理论的创新发展[J]. 中国社会科学,2021 (6).

70%以上的技术创新成果，80%以上的城镇劳动就业，90%以上的企业数量……民营经济是我国经济制度的内在要素，民营企业和民营企业家是我们自己人"。习近平总书记的讲话以及浙江的成功经验告诉我们，民营经济的繁荣能够缩小城乡居民收入差距，能够推动人民的共同富裕。

在本章分析过程中，笔者比较了浙江和江苏的异同。受制于社会基础和发展模式，江苏尽管在地区生产总值等方面全国领先，在财政税收、涉农支出、固定资产投资的绝对值上超过了浙江，但相比浙江，其在缩小城乡收入差距方面还有很大的改进空间。目前江苏民营经济呈增长势头、外资比例在下降，态势不错，但仍需要重点营造良好的营商和创业环境，减少第一产业从业人口，让更多的留在乡村的人进行创新创业，从事民营经济活动。

本章定位于回答浙江城乡收入差距缩小的原因与社会基础，因此没有关注省内地区之间的差异，数据分析限于省级层面的统计数据，没有分析各地市的数据情况。另外，受制于江浙两省统计年鉴公布的数据类目，有些分析难以进一步回答现状形成的原因，这是本章研究的不足。另外需要反思的是，浙江的发展离不开其他地区的人口流入，也离不开全国和全球市场，全国这么多省份不可能都成为浙江，这是浙江模式推广中需要注意的事项。尽管如此，浙江"藏富于民"的物质基础、改革创新的制度基础、民营创业的群众基础构成了浙江城乡居民收入差距缩小以及共同富裕建设的坚实社会基础，这是浙江模式推广中不应轻易改变的、打造区域发展社会基础的宝贵经验。

第九章　乡村振兴的平台和技术基础
——基于农民网商与电商平台关系的视角*

在农村电商飞速发展背景下，研究农民网商与电商平台之间的生产关系具有重要意义。电商平台从数据资源、数据技术和金融资本三个方面建构起平台的强势地位，形成了流量集中、品牌效应、海量资金等比较优势及数据精准匹配、技术赋能、货币数字化的平台能力。电商平台强势的发展地位、独特的比较优势和强大的平台能力最终为农民网商编织起生产关系的樊笼。农民网商探索多种策略，试图改变这种依附关系，包括规模壮大策略、非官方运营策略以及跳出平台或多平台策略，但受人才、技术和资金短缺，消费升级以及平台规训等因素制约，始终囿于依附电商平台的关系中。因此，为了推动农民网商高质量发展，应汇集多方力量加强农民网商市场能力建设，引导电商平台针对性扶持农民网商发展。本章最后部分对现有平台经济理论进行反思，提出平台经济中生产关系具有灵活多变属性。

---

* 原文标题为《农民网商对电商平台的依附关系及其形成机制》，发表于《上海对外经贸大学学报》2020 年第 3 期，收入本研究报告时进行了修订。

一、农民网商为何依附于电商平台？

近些年，中国农村电商发展迅速，根据阿里研究院统计，淘宝村和淘宝镇的数量分别从 2013 年的 20 个和 0 个，发展为 2019 年的 4 310 个和 1 118 个。仅在 2018 年 7 月 1 日至 2019 年 6 月 30 日一年时间里，全国淘宝村和淘宝镇的网店年销售额就超过 7 000 亿元，活跃网店数达到 244 万个。这些淘宝村、淘宝镇主要分布在浙江、广东、江苏等地，也陆续出现在中西部地区。除阿里巴巴集团的电商平台外，农村电商平台还有京东、拼多多、邮政、直播卖货以及一些区域自建平台等，农村电商实际规模远大于阿里研究院统计情况。

农村电商研究涉及几个关键概念，包括农村电商、网店、农民网商、农村网商等。农村电商指农村电子商务产业，而非人群；网店指网商或公司在电商平台上开设的网上商店；农民网商以户籍身份为划分标准，指具有农业户口（不局限于从事农业生产）并从事网上销售活动的人群，区别于非农网商；农村网商以地域为划分标准，指在农村中从事网上销售的人群，区别于城市网商。全国淘宝村和淘宝镇中有很多返乡或下乡创业的非农户口者，他们在网店运营技术、人力、财力与人脉资本等方面明显优于农民网商，因此农村网商群体的内部差异较大。本章重点关注农民网商群体，突出农民身份与资本禀赋对其网店经营以及他们同电商平台关系的影响。

农民网商从事的网络销售活动并不局限于商品流通领域，他们之所以能够在电商平台上开网店，依赖的是能在网上销售的商品（尤其是区别于城市大工业商品的农村本地特色产品），以及网络零售环节不断生产的信息产品。

互联网经济作用下商业模式的推陈出新带来了生产关系的变革，马克思指出，人们"只有以一定的方式共同活动和互相交换其活动，才能进行生产。为了进行生产，人们相互之间便发生一定的联系和关系"。① 一般而言，生产关系包含三个重要方面：生产资料所有制；人们在生产过程和交

---

① 马克思. 雇佣劳动与资本 [M]. 北京：人民出版社，2018：26.

换过程中所处的地位和关系；产品和利益的分配关系。① 本章只关注第二个方面的生产关系，即在生产过程和交换过程中农民网商与电商平台的地位关系。

　　电商平台属于交易型的互联网平台，关于平台经济的研究具有重要参考价值。平台经济首先面临的是如何打造双边或多边市场的问题，即需要吸引足够规模的供给方和需求方以形成积极的网络效应。在打造双边市场的过程中，平台方往往采取免费让利的策略，这时农村电商有利于"农消对接"，突破线下时空限制，改变农民在传统利益链中的地位。② 劳动者可以与生产资料直接结合，呈现为一种新的合作生产方式。③ 在形成双边市场后，平台方会平衡双边用户的利益。尽管如此，歧视性定价仍较为普遍，这取决于双边用户的话语权，而往往消费方的利益更受重视。

　　与上述观点相区别，一些学者强调平台方的数据、技术和资本优势。斯尔尼塞克提出了平台资本主义概念，认为平台资本对数字基础设施的渗透不断加深，而社会对数字基础设施的依赖性不断增强，越来越多人成为依赖平台的用户。④ 尽管平台方依赖非平台组织来完成价值增殖的循环，但数据资源的垄断促成了平台资本的垄断，产业资本不得不加深对平台资本的依附，形成了平台对非平台组织的支配关系。⑤ 平台经济中所谓的"独立承包商"只是假象，实质是一种从属雇员，它能够将成本和风险从平台方转嫁到网商身上，并构建多种机制促使劳动者自愿参与其中。⑥

---

① 程恩富，等. 马克思主义政治经济学基础理论研究［M］. 北京：北京师范大学出版社，2017；鲁品越. 生产关系理论的当代重构［J］. 中国社会科学，2001 (1).

② 刘亚军，陈进，储新民."互联网+农户+公司"的商业模式探析：来自"淘宝村"的经验［J］. 西北农林科技大学学报（社会科学版），2016, 16 (6).

③ 廖萍萍，李建建. 马克思合作思想视角下的共享经济研究［J］. 东南学术，2019 (2).

④ 斯尔尼塞克. 平台资本主义［M］. 程水英，译. 广州：广东人民出版社，2018.

⑤ 乔晓楠，郗艳萍. 数字经济与资本主义生产方式的重塑：一个政治经济学的视角［J］. 当代经济研究，2019 (5)；谢富胜，吴越，王生升. 平台经济全球化的政治经济学分析［J］. 中国社会科学，2019 (12).

⑥ Unni J. Formalization of the informal economy: perspectives of capital and labour［J］. The Indian journal of labour economics，2018, 61 (1)；Drahokoupil J, Piasna A. Work in the platform economy: beyond lower transaction costs［J］. Intereconomics，2017, 52 (6)；Zwick A. Welcome to the gig economy: neoliberal industrial relations and the case of Uber［J］. GeoJournal，2018, 83 (4)；吴清军，李贞. 分享经济下的劳动控制与工作自主性：关于网约车司机工作的混合研究［J］. 社会学研究，2018, 33 (4)；胡慧，任焰. 制造梦想：平台经济下众包生产体制与大众知识劳工的弹性化劳动实践：以网络作家为例［J］. 开放时代，2018 (6).

其实，平台经济不可一概而论，它可以划分为商品交易、信息资讯、社交互动、游戏娱乐、资源共享、基础设施、工业服务等多种类型，而且包含供应商、生产商、服务商、消费方等多边市场，又可区分初创期、竞争期、并购期、寡占期、垄断期等不同阶段。高度抽象地概括平台经济的本质和生产关系必然面临着形而上学的风险。研究农民网商与电商平台的地位关系，需要对已有平台经济理论进行修正。

已有平台经济理论强调平台方的数据、技术和资本优势，但这三个概念都不够准确，数据与技术不可割裂开来，数据概念有必要区分为数据资源和数据技术两类，并且因为数据资源和数据技术都属于平台资本，所以资本的概念过于笼统，需要注意到金融资本是平台经济建构强势地位的重要机制。居于强势地位的电商平台并不是高高在上，与广大网商不相往来，而是编织了一个有利可图但需要源源不断为平台输送利益以换取生存机会的生产关系樊笼，即一方面吸引广大网商积极参与其中，寻求获利机会，另一方面又让他们依附于平台而无可奈何。

农民网商为何会深陷对电商平台的依附关系而无法自拔？电商平台建构强势地位的机制以及农民网商无法摆脱依附关系的缘由是什么？为回答这些问题，本章从宏观的结构（包括信息技术、大数据、云计算、人工智能、货币金融等方面）入手，研究农民网商的微观处境如何被宏观结构所形塑，进而从农民网商的微观处境反思宏观结构的特质。本章研究所用经验材料包括：2014年9月、2015年6月、2015年11月调研浙江临安CH镇及BN村；2018年2月、2019年3月调研江苏宿迁GC镇；2018年2月调研江苏沭阳YJ镇YX村和SW村；2015年11月调研浙江杭州XNG食品有限公司、临安WY科技有限公司、临安GDF有限公司；2018年2月调研江苏宿迁电商产业园的JD·宿迁馆、江苏CM网络科技有限公司、江苏LW信息科技有限公司等；2014年11月，刘少杰教授课题组在"双十一"期间调研温州永嘉XA村、义乌QYL村、山东博兴WT村、河北QH县、河北BG镇、江苏睢宁SJ镇等；2016年4—5月，课题组成员王刘飞调研江苏睢宁SJ镇。

二、电商平台建构强势地位与关系的机制

在电商平台中,数据资源表现为用户流量和平台体量优势,拥有足够流量规模的电商平台才能够吸引更多的供应商、广告商和服务商;数据技术表现为能够精准、高效匹配海量供需关系,并运用技术赋能网商运营;金融资本表现为平台方借助金融支付平台汇聚海量流动资金,并实现货币资本集中获利。其中,平台体量优势是基础,没有足够的流量就无法形成网络效应,广大网商也不会积极投身其中寻求获利机会,数据资源更无从谈起,电商平台自然也不可能强势;平台数据技术是关键和支撑,能够持续形成积极的网络效应,让电商平台规模优势提档升级,在形成科技优势的同时,充分挖掘数据资源的各种潜在价值;金融平台是重要补充和保障,强化了电商平台的强势地位,并为其多方面发展提供源源不断的金融货币资本。

(一)平台体量优势:基于流量集中的市场寡占与用户黏性的品牌效应

2019年仅淘宝村、淘宝镇中就有224万个网店,同时农民网商还要与非农网商竞争,而一个网店就会有很多商品,可想而知海量商品在电商平台同台展示,能够让消费者看到、留意、加购、付费的网店和商品是非常有限的,同行竞争相当激烈。为获取网店和商品的流量,网商们需要积极参加电商平台的广告付费推广活动。

"'双十一'期间,我们的出价很高,千次展现出价在五六百元,甚至差不多700元的样子,直接导致的结果是点击率提升了。但是,跟SZSS比不了,SZSS在'双十一'期间所有付费推广的投放金额在1 000万元左右,我们公司只有40万元左右。"(XNG公司钻展推广LHF,2015-11-16)

即便是拥有一定老顾客规模的网店公司也离不开广告推广。众多网商在争夺广告和商品展位过程中积累了丰富的出价、投放和优化技巧,不过,

再多的技巧都依赖于预算是否充足。技巧所解决的不是如何减少广告费用支出的问题，而是如何提高广告推广成效的问题。广告和商品展位的价格因同行竞争，相互抬价而不断上涨，电商平台成为最终受益者。

资本积累的延续性依赖流量的忠诚度，电商平台与网店之间的流量存在竞争关系。笔者在2015年11月17日对XNG公司品牌部会员主管XG进行访谈时，其就指出："平台更希望的是顾客忠诚于我的平台而不是商家，你商家在我这卖得好，出去就卖不好。平台就利用商家做这样的一个事情。而商家更愿意去强化自己的一个品牌，客户是冲着我的品牌来的，不论我在哪儿，只要买我的牌子就行。"尽管电商平台中出现了少量的"淘宝牌"网店，有一定的老顾客免费流量，但大多数网店很难形成自己的品牌，很多农民网商往往投入了很多，收效却不理想。

"我们当时投放广告，相当于给'双十一'做广告……做广告投放的时候，一定不要被平台同质化，如果被平台同质化就等于去给大平台做广告！"（CM科技总经理TK，2018-02-02）

"虽然现在一年一两千万元的销售额，但做到现在，我心里没底，因为我是通过人家的平台去销售东西，虽然有交易量，但没有品牌，光有规模没有用，万一哪天它把你店关了，就没活路了。经营这么多年，你不能说我只是积累个人经验吧！"（宿迁GC镇WZ，2018-02-03）

农民网商的品牌效应是借助电商平台实现的，一旦离开这个平台，之前的努力都将付诸东流。这些努力包括网店积累的各类数据和网商积累的运营知识，如店铺综合得分、累计销量、用户评价、老顾客群体、推广经验、营销技巧、售后服务策略等。单纯依靠老顾客记住网店品牌并将他们转移到别的平台上是不现实的，只有严格遵守电商平台游戏规则，按要求运营并听话的网商才能维系生产和运行。

（二）平台数据技术：基于数据技术优势的精准匹配与技术赋能

平台经济之所以成功在于平台方能够有效匹配供求关系[1]，解决信息不

---

[1] Petropoulos G. Collaborative economy：market design and basic regulatory principles［J］. Intereconomics，2017，52（6）.

对称和时空不对称问题①，尤其是在处理海量数据和流量的情况下。举例来说，2019年天猫"双十一"订单峰值达到54.4万笔/秒，单日数据处理量达到970PB（1PB=2^{40}KB），阿里云成功撑住了"双十一"的世界级流量洪峰。② 这些数据不仅量大，处理时还要求做到实时、精准和个性化，背后依靠的是阿里云的强大算力，以及飞天云操作系统、神龙服务器、交换机等系统和技术的支撑。为优化用户体验，"千人千面"技术应运而生，它是运用大数据和人工智能技术而提供的一种网页排名和信息匹配智能算法。基于数据技术优势的精准匹配能力能够维护电商平台中积极的网络效应，同时，电商平台利用强大算法、规则指南、有效配置等方式严格且无形地控制从业者。③ 离开了电商平台的技术支撑，农民网商便无法在茫茫人海中精准找到跨时空的需求者。

电商平台也向广大网商进行技术赋能，如运用大数据、智能软件等手段进行网店运营。电商平台在控制住网店公司命脉的基础上渴望坐拥海量的优质"独立承包商"。马云曾在世界互联网大会上表示，阿里巴巴要做的是培养更多的京东，并且希望这样的公司能够成功。④ 更多更优秀的网商团队能够不断壮大平台的各方优势。

> "现在有补单，比如我今天用生意参谋看后台数据，哪一个关键词进店比同行的关键词进店流量少了，就把这个关键词给别人，他多次浏览后，第二天就来很多买家。我用的是生意参谋专业版，每年要花钱，能看到同行的数据，我把想关注的同行链接加上就可以监控起来，这就是大数据。"（宿迁GC镇ZT，2018-02-04）

通用的技术服务是免费的，而增值服务则需要付费。多数农民网商还是基于性价比、销量、评价等传统数据信息进行网店数据维护，大数据手段在

---

① Zhu G W, Li H S, Zhou L. Enhancing the development of sharing economy to mitigate the carbon emission: a case study of online ride-hailing development in China [J]. Natural hazards, 2018, 91 (2).

② 李立. 订单峰值54.4万笔/秒破纪录 阿里云撑住流量洪峰 [EB/OL]. (2019-11-12) [2023-08-31]. https://news.sina.com.cn/o/2019-11-12/doc-iihnzahi0290428.shtml.

③ Ahsan M. Entrepreneurship and ethics in the sharing economy: a critical perspective [J]. Journal of business ethics, 2018 (161).

④ 网易财经. 马云喊话刘强东：阿里要培养更多的京东 [EB/OL]. (2014-11-20) [2023-08-31]. http://money.163.com/14/1120/11/ABG951CH00252G50.html.

他们中的利用率还不高。在电商行业的竞争中，如果不充分利用信息化、智能化手段，不及时寻求网店体量的扩大，已经取得的成绩也会随之消减。

（三）金融平台：基于支付平台绑定的海量流动资金与货币数字化

单个资本家的积累依赖于"资本家把这样转化为货币的剩余价值，再转化为他的生产资本的追加的实物要素"，从而，"在生产的下一个循环内，会提供更多的产品"。① 在这个过程中，货币资本兑现速度的不同影响着再生产的规模。农民网商总是期盼着投入的货币资本能够快速转化为可销售商品，并且希望商品能够快速变现，否则周期拖得越久，需要投入的额外货币资本越多，越不利于扩大再生产。在电商平台中，消费者支付的货币先进入支付平台中，待用户收到货并验货后，可以选择确认付款或到规定时间（一般是10~15天）自动确认。由于很多消费者都是等到规定时间自动确认付款，这让电商平台赚取了海量的流动资金。对农民网商而言，这个资金回笼和追加扩大再生产的周期已经很长了。

很多电商平台都在打造自己的支付工具，如支付宝、百度钱包、京东支付、微信钱包、美团支付等，且这方面竞争非常激烈，因为谁占有了支付这块阵地，谁就相当于坐拥海量的货币资本。举例来说，2014年才正式成立的蚂蚁金服到2018年6月融资价值约1 500亿美元，超过了拥有一百多年历史的投资银行——高盛集团，被列为世界第九大互联网公司。②

随着大量的流动资金暂存在支付平台中，电商平台具有了货币的数字化能力。不同于"电子货币"或"数字货币"的概念，货币数字化是指一种支付工具，不论其占不占据垄断地位，只要将挤兑的风险控制在一定范围，都可以将货币异化为纯数字游戏。这并非平台经济所特有的现象，传统金融机构也会如此，不过在平台经济中，货币的数字化覆盖人群更广，广大的网商、服务商、供应商、消费者都被牵涉进来。

"支付的东西跟钱是息息相关的，不论你碰不碰电商，只要你的钱走

---

① 马克思. 资本论（节选本）[M]. 北京：人民出版社，2018.
② 新浪科技. 外媒：蚂蚁金服增长迅猛 市值超过高盛[EB/OL]. （2018-06-10）[2023-09-21]. https://tech.sina.com.cn/i/2018-06-10/doc-ihcufqif0727502.shtml.

到我的平台上就可以了。"(CM科技总经理TK,2018-02-02)

"它(某支付工具)太可怕了,比如我今天收到20万元,只是手机里显示的数字变化,实际上只要没取出来,钱真的增多了吗?那钱是我的吗?它玩个数字游戏,把这些钱用来投资。"(LW科技总经理DB,2018-02-05)

显然,占据垄断地位的支付平台更加可怕。货币的数字化变相地造成网商以及消费者的资金一直在电商平台那里。这种社会生活全面金融化的趋势对社会如何自我保护提出了严峻考验①,广大网商和消费者似乎无力挣脱金融工具之网。此外,电商平台也积极利用股市涨跌获利,或者借助互联网经济价值链延长的优势,在"羊毛出在猪身上,狗来买单"的策略中套现获利。

三、农民网商摆脱平台依附关系的制约因素

电商平台为农民网商提供了致富渠道,也建构了依附平台的生产关系。农民网商需要遵守电商平台的规则,积极参与各类付费推广活动,不断适应平台发展需要,而农民网商想要摆脱这种依附关系则困难重重,目前可选的策略不外乎以下几种:一种策略是在平台内壮大自身规模、积累老顾客群体、形成品牌效应,增加与电商平台讨价还价的余地;一种策略是不按照平台付费推广规则运营,采取低价跑量或者刷单做法,与平台方斗智斗勇;还有一种策略是跳出主流电商平台或"把鸡蛋放在多个篮子里",采取自建平台、多平台开店、全渠道发展等方法。然而,受到农村人才技术短缺、同质竞争激烈、流量秉性固化、平台规训、无力自建平台、多平台开店难以兼顾、超出农民自身能力范围等因素制约,农民网商这些策略少有成功。

(一)规模壮大策略遭遇的人才和技术制约

农民网商更想要什么样的劳动力呢?在农村,生产商品的劳动力很容

---

① 杨典,欧阳璇宇. 金融资本主义的崛起及其影响:对资本主义新形态的社会学分析[J]. 中国社会科学,2018(12).

易找到，很多商品是简易加工，对技术要求不高，况且即便需要使用机器，培训起来也较容易。而网店的成功运营、后台大数据信息运用以及同行业比较等都需要专业人才，这类人才才是农民网商急需的劳动力。有实证研究发现，在农村电商发展较好的地区，接近三成的农民网商在网店经营中使用大数据产品，大数据产品的使用能显著提升他们的收入水平，并促进网商内部收入差距的缩小。[1] 不过，农村在引才方面存在劣势，农民自己深入学习面临困难，农村中懂大数据运用的人才少之又少。

"现在不是特别需要木工，因为都有机器了，只要能懂、会使用就行。聪明点的小伙子10天左右就可以了。真正的老木工做不了这个，技术掌握不了，体力支撑不了。"（睢宁SJ镇木工，2016-04-15）

"还是要培养乡村的人才。懂电商运营、产品开发的人太少了。为什么有的大户有对路的产品，能够大量地卖出去，而有的网店就不行，就卖不出去？"（沭阳YJ镇YX村村支书LYC，2018-02-07）

"比如说年销售达到200万元之后再往上，就很难了。你不看数据就等于没有数据。还是没有经验，应该去外面学学人家的经验。"（沭阳YJ镇网创办经办人YJ，2018-02-07）

网店的提档升级需要专业团队的运营。很多农民网商往往缺少这种专业化的团队，他们更多的还是处于"卖货"阶段，没有适应消费升级的需要。一些淘宝村发展起来后，产业集群逐渐形成[2]，相关配套产业日渐丰富，如第三方运营、网页设计、摄影、美工等。尽管农民网商缺少专业团队的问题可以借助第三方运营公司来缓解，但第三方运营往往效果不太好，因为运营是需要及时调整的，第三方运营公司和农民网商之间的沟通成本很高，而且一般一个运营公司会同时运营多家网店，运营的精细化程度得不到保证。

（二）非官方运营策略遭遇的同质竞争、转型阵痛与平台规训

目前所有的"淘宝村"几乎是主营一个具体类目的商品，不同的淘宝

---

[1] 曾亿武，张增辉，方湖柳，等. 电商农户大数据使用：驱动因素与增收效应［J］. 中国农村经济，2019（12）.

[2] Guo G，Liang Q，Luo G. Effects of clusters on China's E-Commerce: evidence from the Junpu Taobao Village. International journal of business and management，2014，9（6）.

村之间商品类目上也会有交叉重叠。当一个商品类目下的网商不断增多时，大部分网商在能力上并没有提升，往往依靠降低价格来销售。农民网商想要实现资本的扩大再生产，要么依靠生产和销售过程的成本控制，要么依靠商品款式创新和差异化生产。而很多农民并不具备自主创新能力，应对竞争的办法就是模仿或抄袭。

"一般是去大品牌看看今年有啥新款，另外还参加一些家具展销会。至少知道流行什么款，这样我们结合实际改装一下，不是说做得一样，会稍微改动下款式。"（临安 WY 科技有限公司 WY，2016-04-17）

农民网商受创新能力所限，自己网店内的商品往往与其他网店区分度不高，在不具备其他优势的情况下，只能依靠"低价跑量"或"亏本营销冲销量"策略来换取相对"好看"的网店数据，以减少电商平台的推广费用。不过，长期采取"低价跑量"策略会导致网店很难转型升级。流量不只是体量和规模，流量的背后是真真切切的人。大到一个平台、小到一个网店，里面的流量都包含着每个人的脾气秉性。习惯低价的流量一旦商品价格涨一点就会迅速跑掉，消费能力强的用户也不太会去小店闲逛。

"我以前采用的是淘宝 C 店的路线，后来转型了，转型过程中，老顾客走掉很多，差不多 30%～40% 吧，主要是因为价格走掉的。但我们主要是想做好产品和售后。"（临安 BN 村 FQ，2015-11-12）

"某 App 的峰值是一亿注册用户，日活（30 天里每天都登录的人数）600 万到 700 多万。流量最高时，公司一天要接待 26 家想与我们合作的企业。当时老板做了一个尝试，把这些厂商提供的产品免费回馈给大家，各种试用整整免费送了三年。后来我们才开始商业化，我当时负责这个项目，八个月时间烧掉了整整两亿元。结果，所有的用户都在我们的讨论区里面闹，都在问：为什么不免费？这个项目后来失败了，因为我们的流量用错了，用户养习了。"（CM 科技总经理 TK，2018-02-02）

农民网商的"低价跑量"路线可以说是越走越窄：一方面同质竞争越来越激烈，另一方面消费需求在升级。他们想要寻求转型升级，但店铺过去积累的流量秉性难以改变，转型过程必然伴随原有流量的流失和效益的降低，同时需要追加更多资本投入产品研发和网店运营中。

现阶段，国内几大网络零售平台已经集聚了海量的人气、流量，已经拥有了流量寻租的权力。① 这种情况下，平台以往的包容态度发生了改变，从对刷单行为的默许到选择性惩罚再到目前的严打。"不听话"的网商会被惩罚，如封店、降权、流量控制、活动限制等，这个规训过程强化了电商平台的生产关系樊笼，非平台官方运营策略逐渐失效了。

"上次我的店铺被降权了（表现为搜索工具搜不到我的商品），当时我店铺整个流量就下来了，对我影响很大。平台能控制我的流量，它会根据你有没有虚假交易，以及流量、访客、转化等要素运用算法给你流量。"（宿迁 GC 镇 ZT，2018 - 02 - 04）

（三）跳出平台或多平台策略遭遇的流量有限与能力不足挑战

一是自建电商平台，避免平台流量垄断带来的寻租问题。自建平台需要付出庞大的推广费用，单靠农民网商自己根本不可能。一些地方政府做了尝试，但区域性自建平台往往很难形成足够规模的双边市场，无法形成积极的网络效应，难以供养参与其中的网店，综合性电商平台的流量垄断优势始终占据主导。

"为什么很多人一接触电商，第一个会想到去跟平台合作？因为这些平台背后有大量的用户。我们很难在自建平台的初期花几千万元甚至几亿元去'砸'我们自己的用户。"（淘宝 6 年主讲师 CYC，2018 - 02 - 02）

二是同时开几个网店、在不同的电商平台上开店。这要求农民网商有很好的研究决断和指挥分工能力，同时具备充沛的精力，因为不同的网店尤其是不同平台的网店，在运营重点、流量高峰、游戏规则等方面都不尽相同。目前而言，这种策略更适合返乡创业青年。

三是全渠道发展与全域运营。以家具为例，全渠道发展包括设计、装修、定制、代加工等，实现线上线下相结合。这对农民网商的要求更高了，除网店运营能力外，还涉及专业知识、前沿信息与渠道等。树欲静而风不止，很多电商平台推出了新的游戏规则，如内容营销、小程序、全域运营

---

① 邵占鹏. 规则与资本的逻辑："淘宝村"中农民网店的型塑机制［J］. 西北农林科技大学学报（社会科学版）. 2017, 17（4）.

等。以全域运营为例,以往站内运营(如淘宝网站内部运营)只是解决如何卖更多货的问题,但随着越来越多的人更注重消费体验,简单地卖货已经不能满足消费者需求。全域运营则让数据打通消费者认知、兴趣、购买、忠诚及分享反馈的全链条,全域运营与内容营销的结合是让消费者在日常生活中不知不觉进入购物场景。运营手段的推陈出新并没有给农民网商带来福音,新的运营技巧已经超出了他们目前的能力范围。

电商发展到现在,如果刚起步想做网商需要具备几方面条件:一款特色的较多人想买并且竞争不是很激烈的商品(这往往很难找到)、一定的货币资本积累(用于前期推广和日常运营)、较强的网店运营能力等,最好还能去市场上购买一个相对成气候的网店。

> "现在愁的就是销量,关键是我原来的店铺没了,从零开始做的话,跟以往两三年、三四年前不一样。那个时候倒了一个店,花两三万块钱,新店就起来了,现在花了将近15万元,销量还是上不去。"
> (沭阳YJ镇SW村ZYP,2018-02-07)

面对电商平台和部分大型网店公司的资本积聚趋势,多数农民网商并没有太多的应对办法,只能采取价格战,这样的话他们更不会去追加过多资本投入,哪天网店开不下去再另寻出路。很多农民网商基本上不愿雇人,而是把自己变成全能型选手,包办进原料、生产、拍照上传、运营、接单、客服、打包、售后等全过程,用自己的免费劳动力控制成本来打价格战,尽可能延长自己的劳动时间、提高劳动效率来维持网店经营。

四、结语:营造乡村振兴的平台和技术基础

在农村电商如火如荼发展的同时,我们有必要清醒地认识农民网商与电商平台之间的地位关系,尤其是在如今几家主流电商平台形成寡占的情况下,虽然平台间的竞争在继续,但寡占竞争并没有让农民网商摆脱电商平台编织的生产关系樊笼。原有平台经济理论并不能很好地揭示这种依附关系的形成机制。体量优势、数据技术和金融平台是电商平台建构强势地位的三个法宝,由此形成了流量集中、品牌效应、海量资金等比较优势以

及数据精准匹配、技术赋能和货币数字化的能力。限于规模壮大策略、非官方运营策略以及跳出平台或多平台策略遭遇的人才技术制约，同时面临同质竞争、转型阵痛与平台规训，以及流量有限与能力不足的挑战，农民网商始终依附于电商平台而无可奈何。随着越来越多的网店公司进入平台经济中，破局之道在哪里呢？恐怕还是要从产品创新、规模扩大、品牌营销、专业团队建设、多平台开店这些路径上想办法。相比较而言，与其烧钱打造区域性自建平台而收效甚微，不如投入更多的人力、物力、精力在农民网商市场能力建设上。地方政府需要联合电商平台和协会、商会等多方力量，多措并举帮助农村网商提档升级，引导电商平台更有针对性地扶持农民网商，真正让互联网平台经济的红利惠及农村和农民。

现有平台经济理论或者过多强调平台经济里的共享、合作成分，或者过多强调平台经济中的剥削、支配成分，在此基础上给平台经济定性。实际上，不同类型、不同主体、不同阶段的平台经济，其生产关系都不一样。电商平台编织的生产关系樊笼限定为居于寡占位置的电商平台与农民网商之间的地位关系，因为农民网商可与电商平台互惠的资本太少。即便如此，这种依附关系也不是僵化甚至一成不变的，它的依附程度受到网店规模、竞争程度、应对策略、平台需求、网络效应、平台竞争等多种因素影响。生产关系的灵活多变属性是平台经济、数字经济、共享经济等新组织模式带给人们的真正改变与挑战。

后　记

"中国人民大学中国社会发展研究报告"项目由中国人民大学社会学理论与方法研究中心负责实施。2021年3月到7月期间,以中国人民大学社会学理论与方法研究中心刘少杰教授为负责人的团队行走在祖国南北大地上,积极而深入地开展了两个项目的调查研究,其中"长三角一体化发展的乡村社会基础研究"是安徽大学文科重大科研项目,"实施数字乡村建设行动研究"属于研究阐释党的十九届五中全会精神国家社科基金重大项目。课题组成员包括中国人民大学、中央财经大学、吉林大学、安徽大学、济南大学、河海大学、西安交通大学、西北农林科技大学、西北师范大学、华东政法大学、浙江财经大学等高校的百余名师生,先后对安徽省、陕西省、甘肃省、山东省、浙江省、吉林省等省份的20个县域发展的社会基础和数字乡村建设情况开展了调查研究。

对区域发展乡村社会基础的关注源于2020年兰州社会发展高层论坛会议期间,课题组主要成员结合国家区域协调发展重大战略进行了深入讨论和社会学专业视角的解读,清晰了社会学学科研究区域社会协调发展的理论意义和实践价值。课题组成立后,来自不同高校的教师和研究生协同合作,多次开展线上研讨和进行线下调研,通过经典文献阅读、线上读书会、经验交流会等方式形成区域社会协调发展研究的指标体系和调研提纲。经过近两年的研究和调研,课题组成员获取了丰富的实践资料,取得了丰硕的研究成果，区域发展的乡村社会基础成了大家共同关注的主题。

本报告的研究者来自区域社会协调发展的课题组成员，由导论和九章构成，各部分标题和作者如下：

导论 积极优化区域发展的社会基础（教育部文科重点研究基地中国人民大学社会学理论与方法研究中心主任、中国人民大学社会学院教授、安徽大学讲席教授刘少杰）

第一章 区域发展的研究现状与乡村社会基础（吉林大学哲学社会学院社会学系主任、教授董运生，吉林大学哲学社会学院社会学硕士研究生毕雨辉）

第二章 乡村耕地经营权流转的社会基础（西南科技大学马克思主义学院教授姚伟）

第三章 新乡村建设的组织基础（西北农林科技大学人文社会发展学院教授马良灿，西北农林科技大学人文社会发展学院社会学博士研究生李净净）

第四章 激活乡村社会发展的动力基础（安徽大学社会与政治学院社会学系教授张荣）

第五章 乡村社会发展的秩序基础（西北师范大学社会学与社会工作系主任、教授尹广文）

第六章 文旅融合特色村落的空间基础（东北师范大学马克思主义学部社会学院院长、教授刘迟）

第七章 乡村"三治"融合路径优化的人力基础（安徽大学社会与政治学院副院长、教授张军）

第八章 城乡收入差距缩小的社会基础（河海大学公共管理学院社会学系副教授邵占鹏）

第九章 乡村振兴的平台和技术基础（河海大学公共管理学院社会学系副教授邵占鹏）

本报告主编中国人民大学社会学理论与方法研究中心张建明教授、洪大用教授和刘少杰教授对初稿进行了认真审阅，提出了针对性的修改意见，为报告的后续出版提供了诸多支持。特别是刘少杰教授在报告主题的确定、框架结构的修订、章节内容的审定等方面给予了持续的帮助和指导，亲力亲为、事无巨细，不断关心和推进报告的写作和完善工作。报告初稿形成之后，吉林大学社会学系的研究生毕雨辉、张光岩、史皓杰、袁叶、周全等同学对各章内容的格式和编排的修订投入了大量的时间，做了大量的工作。此外，中国人民大学出版社的编辑对书稿进行了专业的审校和编辑，付出了艰辛劳动，作出了卓越贡献，促成了报告的最终出版。对于各位老师和同学的付出和努力，课题组表示由衷的感谢！

由于疫情时期的不确定性和主客观原因，本报告难免存在诸多问题和不足，恳请读者批评指正。

董运生

2024 年 5 月

图书在版编目(CIP)数据

中国人民大学中国社会发展研究报告.2022：区域发展的乡村社会基础 / 张建明，洪大用，刘少杰主编.
北京：中国人民大学出版社，2024.7. -- ISBN 978-7-300-33080-8

Ⅰ.D668

中国国家版本馆 CIP 数据核字第 20240U9E84 号

中国人民大学
中国社会发展研究报告 2022
区域发展的乡村社会基础
主　　编　张建明　洪大用　刘少杰
执 行 主 编　董运生
Zhongguo Shehui Fazhan Yanjiu Baogao 2022

出版发行	中国人民大学出版社		
社　　址	北京中关村大街 31 号	邮政编码	100080
电　　话	010-62511242（总编室）	010-62511770（质管部）	
	010-82501766（邮购部）	010-62514148（门市部）	
	010-62515195（发行公司）	010-62515275（盗版举报）	
网　　址	http://www.crup.com.cn		
经　　销	新华书店		
印　　刷	唐山玺诚印务有限公司		
开　　本	720 mm×1000 mm　1/16	版　次	2024 年 7 月第 1 版
印　　张	15.75 插页 3	印　次	2024 年 7 月第 1 次印刷
字　　数	256 000	定　价	68.00 元

版权所有　　侵权必究　　印装差错　　负责调换